Der Restwert bei der Schadensabrechnung im Kraftfahrthaftpflicht- und Kaskobereich

# Europäische Hochschulschriften

Publications Universitaires Européennes
European University Studies

**Reihe II**
**Rechtswissenschaft**

Série II Series II
Droit
Law

**Bd./Vol. 4500**

PETER LANG
Frankfurt am Main · Berlin · Bern · Bruxelles · New York · Oxford · Wien

Roland Berchtold

# Der Restwert bei der Schadensabrechnung im Kraftfahrthaftpflicht- und Kaskobereich

PETER LANG
Europäischer Verlag der Wissenschaften

**Bibliografische Information der Deutschen Nationalbibliothek**
Die Deutsche Nationalbibliothek verzeichnet diese Publikation in der Deutschen Nationalbibliografie; detaillierte bibliografische Daten sind im Internet über <http://www.d-nb.de> abrufbar.

Zugl.: Mainz, Univ., Diss., 2006

D 77
ISSN 0531-7312
ISBN-10: 3-631-55762-0
ISBN-13: 978-3-631-55762-4



www.peterlang.de

## Vorwort

Diese Arbeit wurde im Sommersemester 2006 von der rechtswissenschaftlichen Fakultät der Johannes-Gutenberg-Universität zu Mainz als Dissertation angenommen. Das Manuskript war im Juni 2006 abgeschlossen. Die mündliche Prüfung fand am 18.07.2006 statt.
Berichterstatter waren Herr Prof. Dr. Ulrich Haas als Erstgutachter und Herr Prof. Dr. Andreas Roth als Zweitgutachter. Beiden danke ich für ihre Arbeit bei der Erstellung der Gutachten.
Herrn Prof. Dr. Haas gilt mein ganz besonderer Dank für die intensive Betreuung dieser Arbeit sowie der Möglichkeit, diese Arbeit überhaupt schreiben zu dürfen.
Danken möchte ich auch meiner Ehefrau Marion sowie meinen beiden Kindern Christina und Lara Selina für ihr Verständnis während des Erstellens der Arbeit. Danken möchte ich auch meinen Kollegen, insbesondere Herrn Rechtsanwalt Hahn, der mir häufig den Rücken frei hielt und mir den zeitlichen Rahmen für das Erstellen der Arbeit ermöglichte. Schließlich möchte ich mich auch bei meiner Sekretärin, Frau Salaba, bedanken, die stets in ihrer Freizeit bereit war, zahlreiche Änderungen zu Papier zu bringen.

Wiesbaden, im September 2006

**Inhaltsverzeichnis**

# 1. Kapitel: Einleitung

## A. Tatsächliche Bedeutung von Verkehrsunfällen

Im Jahre 2004 wurden in Deutschland insgesamt 2,26 Mio. Unfälle polizeilich erfasst, darunter ca. 339.000 mit Personenschäden[1]. Während bei Unfällen mit Personenschäden oder gar Todesfällen im Vergleich zu den Vorjahren ein Rückgang zu verzeichnen ist, blieb die Gesamtzahl der Unfälle nahezu gleich. Im Jahre 2003 waren es 2,25 Mio. und 10 Jahre vorher, d.h. im Jahre 1993 betrug die Unfallzahl 2,271 Mio[2]. Dieser Trend setzte sich auch im Jahre 2005 fort. Im ersten Halbjahr erfasste die Polizei insgesamt 1,09 Mio. Straßenverkehrsunfälle, etwa genauso viele wie im ersten Halbjahr des Jahres 2004[3]. Aus diesen Statistiken ergeben sich aber bei weitem nicht die tatsächlichen Unfallzahlen, da in der Regel nur noch solche mit Personenschäden oder ganz erheblichen Sachschäden polizeilich aufgenommen werden. Zum Teil werden selbst Unfälle im 5-stelligen EURO-Bereich nicht mehr registriert und finden sich deshalb in keiner Statistik wieder. Die vorgenannten Zahlen bilden daher nur einen kleinen Ausschnitt des tatsächlichen Unfallgeschehens[4].

Die Ausgaben der Haftpflicht-Versicherer für Verkehrsunfallschäden sind beträchtlich. So mussten sie für die Regulierung von Unfallschäden im Jahre 2002 ca. 13 Mrd. € und im Jahre 2003 ca. 12,8 Mrd. € aufwenden[5]. Diese Zahlungen unterstreichen eindringlich die volkswirtschaftliche Dimension der Straßenverkehrs-unfälle[6].

Auch wenn ein großer Teil der Verkehrsunfälle problemlos abgewickelt wird, kommt es im Rahmen der Schadensabwicklung immer wieder zu Schwierigkeiten. Im Mittelpunkt stehen dabei Auseinandersetzungen über den Umfang des zu ersetzenden Schadens. Die Gründe hierfür sind vielfältig. Selbst wenn es nur um den Ersatz von Sachschäden geht, sind die im Streit stehenden Beträge zumeist beträchtlich und übersteigen vielfach den finanziellen Rahmen vieler Haushalte[7]. Dies gilt erst recht in wirtschaftlich schwierigen Zeiten. Es verwundert daher nicht, wenn die Schadensabwicklung immer häufiger in gerichtliche Auseinandersetzungen mündet. Dabei waren in der Vergangenheit unterschiedliche Schadensersatzpositionen im Fokus der Versicherer. Mal stand die Höhe der Mietwagenkosten im Vordergrund, dann die Angemessenheit der Sachverständigengebühren. Beide „Probleme“ weisen insoweit eine deutliche Parallele auf, als sowohl die Kosten für den Sachverständigen als auch für einen Mietwagen Folge der Inanspruchnahme Dritter durch den Geschädigten sind[8]. In beiden Fällen besteht die Gefahr, dass sich der Geschädigte diese „Dienste“ zu

---

1 Statistisches Bundesamt Wiesbaden: Unfallbilanz 04, www.destatis.de/d./verktab.8.php, abgerufen am 21.03.06.

2 Statistisches Bundesamt, Jahresbericht 94 der Fachserie 8, Reihe 7 (Verkehrsunfälle), 34.

3 Statistisches Bundesamt Wiesbaden: Unfallbilanz 04, www.destatis.de/d./verktab.8.php, abgerufen am 21.03.06.

4 Splitter / Kuhn, 7; Hellwig, R 120, 23.

5 Lemcke, r+s 05, 45.

6 Splitter/Kuhn, a.a.O.

7 Greger, 1, Rdnr. 1.

8 Grunsky, NZV 00, 4.

teuer einkauft[9]. Die Geschädigten dürfen zwar die Schadensbehebung nach § 249 Abs. 1 Satz 1 BGB in die eigene Hand nehmen, müssen jedoch die Kosten, zumindest wenn die Alleinschuld des Unfallgegners feststeht, nicht tragen. Aus diesem Grund besteht für sie kein Verhaltensanreiz, die Dienste der Dritten zu besonders günstigen Konditionen zu erlangen[10]. Zu zahlen hat hier ein anderer, in aller Regel eine anonyme Versicherung.

Aufgrund einiger höchstrichtlicher Urteile waren diese Streitpunkte lange weitgehend geklärt[11]. Gleichwohl ist die Diskussion bis heute nicht ganz zur Ruhe gekommen. Immer wieder muss sich der BGH mit diesem Thema befassen[12]. Nachdem der BGH im Jahre 1996[13] entschieden hatte, dass nahezu jeder Unfallersatztarif zu ersetzen ist[14], der im Vergleich zu anderen Unfallersatztarifen nicht völlig aus dem Rahmen fällt, hat er nunmehr in kurzer Zeit in fünf Urteilen zur Erstattungsfähigkeit von unfallbedingten Mietwagenkosten neue Leitlinien formuliert.[15]. Die Diskussion um die Erstattungsfähigkeit von Mietwagenkosten wurde dadurch neu entfacht, was sich auch anhand zahlreicher neuer Stellungnahmen in der Literatur belegen lässt[16].

Noch kontroverser stellt sich die Situation in Bezug auf die Frage dar, inwieweit ein verunfalltes Fahrzeug, das nicht mehr reparaturwürdig ist, bei der Schadensabwicklung berücksichtigt werden muss, d.h. wie das Fahrzeugwrack zu bewerten bzw. der so genannte Restwert des verunfallten Fahrzeugs im Rahmen der Schadensabwicklung anzusetzen ist.

## B. Bedeutung des Fahrzeugwracks für die Unfallregulierung

### I. Allgemeine Bedeutung

Der Restwert des Unfallfahrzeuges, also der Betrag, den jemand bereit ist, für das verunfallte Fahrzeug zu zahlen, wird nach der derzeitigen Praxis immer dann ermittelt, wenn dies der Auftraggeber ausdrücklich wünscht oder wenn die Abrechnung auf Totalschadenbasis für einen wirtschaftlich denkenden Geschädigten in Betracht kommt[17]. Eine Änderung könnte diese Praxis durchaus aufgrund eines neuen BGH-

---

9 Lemcke, r+s 05, 45.

10 Lemcke, a.a.O.

11 Fuchs, SP 04, 413.

12 Lemcke, a.a.O.

13 BGH, NJW 96, 1958.

14 vgl. Eggert, VerkR aktuell 05, 115, 117

15 BGH, NJW 05, 51, 135, 1041, 1043 und 1933 = NZV 05, 32, 34, 301, 302, 357. Nach diesen Entscheidungen ist ein „Unfallersatztarif" nur insoweit ein „erforderlicher" Aufwand zur Schadensbeseitigung gemäß § 249 S. 2 BGB a.F. als die Besonderheiten dieses Tarifs einen gegenüber dem „Normaltarif" höheren Preis aus betriebswirtschaftlicher Sicht rechtfertigen, weil sie auf Leistungen des Vermieters beruhen, die durch die besondere Unfallsituation veranlasst und infolge dessen zur Schadensbehebung erforderlich sind. Bei einem Normaltarif handelt es sich um einen Tarif, der für Selbstzahler Anwendung findet und unter marktwirtschaftlichen Gesichtspunkten Anwendung findet.

16 z.B. Griebenow, NZV 05, 113.; diess. NZV 06, 13 ff.; Eggert, VersR Aktuell 05, 115, 117.

Urteils vom 07.06.05 erfahren[18]. Danach stehen dem Geschädigten fiktive Reparaturkosten nur dann zu, wenn die Kosten der Instandsetzung geringer sind als die Differenz aus Wiederbeschaffungs- und Restwert. Für den Sachverständigen folgt hieraus, dass er letztlich den Restwert des Fahrzeuges immer ermitteln muss, um die nach dem BGH erforderliche Vergleichskontrollrechnung durchführen zu können.

Die praktische Bedeutung der Restwertermittlung ist enorm. Dies folgt bereits daraus, dass die Unfallschadensregulierung ein Massengeschäft ist[19]. Jährlich werden in Deutschland etwa 3,5 Mio. Gutachten von Sachverständigen erstellt, wobei in mehr als 1 Mio. Fällen die Sachverständigen eine Stellungnahme zum Restwert des verunfallten Fahrzeuges abgeben[20]. Diese Zahl wird sich aufgrund des vorgenannten BGH-Urteils in Zukunft sicherlich noch weiter erhöhen[21]. Trotz dieses Massencharakters der Schadensregulierung klaffen die Werte in den Gutachten der Geschädigten und der Kfz-Haftpflichtversicherer zum Restwert vielfach weit auseinander. Restwertdifferenzen, die zum Teil 100 % und mehr betragen, sind keine Seltenheit. Bei einer vor einigen Jahren von einer Versicherung für den Raum Düsseldorf in Auftrag gegebenen Untersuchung hat sich herausgestellt, dass pro Schadensfall durchschnittlich ein höherer Restwert von ca. 500,00 € hätte erzielt werden können, wenn für dessen Ermittlung nicht nur örtliche, sondern auch überregionale Kaufinteressenten berücksichtigt worden wären. Bei dieser Erhebung wurden ca. 3.000 Gutachten überprüft, bei denen eine Stellungnahme zum Restwert erfolgt war[22]. Dabei wurde lediglich ein Vergleich zwischen örtlichen Aufkäufern, wie Autohäusern und Werkstätten einerseits sowie speziellen Restwertaufkäufern andererseits, vorgenommen. Nicht berücksichtigt wurden Angebote überregionaler oder gar ausländischer Aufkäufer. Hätte man auch diese Nachfrager von verunfallten Fahrzeugen bei der Restwertermittlung einbezogen, wäre die Differenz noch weitaus höher gewesen. Der Gesamtbetrag des aus der Sicht der Versicherungswirtschaft aufgrund unzureichender Restwertermittlung „zuviel" gezahlten Schadensersatzes reicht immerhin an die Summe der jährlichen Schmerzensgeldzahlungen heran. Diese liegt nach Angaben der Versicherungswirtschaft bei jährlich ca. 600 Mio. €[23]. Nicht zuletzt aufgrund dieser „Zuvielzahlungen" nimmt Deutschland in Europa beim Schadensausgleich eine Spitzenstellung ein[24]. Das Interesse der Versicherer, den beschädigten Wagen möglichst hoch zu bewerten, ist damit leicht nachvollziehbar[25]. Bei einer entsprechenden Weitergabe des hierin liegenden Einsparpotenzials an die Versicherungsnehmer könnte dies de facto zu einer Senkung der Beiträge in der Kfz-Haftpflichtversicherung zwischen 7 und 10 % führen[26]. Eine jährliche Versicherungsprämie von beispielsweise 1.000,00 € könnte deshalb auf 900,00 € reduziert werden.

---

17 Beck, VGT 02, 135 (so auch die Mindestanforderungen an Kfz-Sachverständigen-Gutachten der IHK und die Leitsätze des Instituts für Sachverständigenwesen e.V. – IFS).

18 BGH, NJW 05, 2541.

19 Speer, VersR 02, 17; Freyberger, NZV 05, 231; Hellwig, R 120, 23.

20 Witte, SP 97, 26.

21 BGH, a.a.O.

22 Witte, a.a.O.

23 vgl. Geier, VersR 96, 1457, 1458.

24 Geier, zfs 96, 321 ff = VersR 96, 1457 ff.

25 Speer, a.a.O.

## II. Aktuelle Entwicklung

Die Differenzen zwischen rechnerischem Restwert, d.h. dem vom Sachverständigen regelmäßig festgestellten und dem tatsächlich erzielbaren Wert (Marktrestwert) waren über viele Jahre vergleichsweise gering. Dies hat sich erst in jüngerer Zeit verändert. Ursache hierfür ist das Entstehen immer globalerer Restwertmärkte, nämlich durch Auftreten professioneller Restwerthändler aus dem In- und Ausland, sowie die ständige Ausbreitung und Nutzung des Internets.

Während die Versicherer eine den Geschädigten begünstigende Abrechnungsmodalität[27] zu Beginn der 80-iger Jahre noch weitgehend hingenommen haben, laufen sie in den letzten Jahren zunehmend dagegen Sturm[28]. Gab es seinerzeit nur wenige meist auch nur den Versicherern bekannte Restwertaufkäufer[29], hat sich die Marktlage heute, veranlasst durch die Öffnung der Ostmärkte und die Erweiterung der EU, dramatisch gewandelt [30]. Gerade durch die Aufnahme von Ländern wie Polen, Tschechien sowie der Slowakei hat der Markt für Unfallfahrzeuge einen ungeheuren Auftrieb bekommen, da mit der Osterweiterung ursprünglich bestehende Einfuhrzölle, Handelsbeschränkungen sowie Zollformalitäten etc. weggefallen sind.

Dies hat auch dazu geführt, dass immer weniger Fahrzeuge in Deutschland repariert und dort die entsprechenden Ersatzteile verwendet werden. Stattdessen ist eine deutliche Verlagerung insbesondere ins europäische Ausland, aber auch, beispielsweise nach Südafrika, zu verzeichnen. Ca. 85 % aller verunfallten Fahrzeuge werden derzeit ins Ausland exportiert[31].

Die Folge hiervon ist, dass die Versicherer noch mehr als früher versuchen, an diesem Geschäft zu partizipieren. Sie bemühen sich deshalb ihrerseits dem Geschädigten höhere Restwertangebote als die, die im Gutachten angegeben sind zu unterbreiten, um so ihre Schadensersatzleistung reduzieren zu können. Dies können sie jedoch erst dann tun, wenn sie von dem Unfall bzw. von den geltend gemachten Schadensersatzansprüchen Kenntnis erlangt haben. Damit besteht die Gefahr, dass die höheren Angebote der Versicherer den Geschädigten zu spät erreichen, d.h. zu einem Zeitpunkt, in dem dieser über das Unfallfahrzeug bereits verfügt hat[32]. Um in einem solchen Fall nicht auf dem „Mehraufwand" sitzen zu bleiben, gehen die Versicherer neuerdings verstärkt dazu über, Regress bei dem vom Geschädigten mit der Restwertschätzung beauftragten Kfz-Sachverständigen zu nehmen[33].

---

26 Geier, VersR 97, 1457, 1458 = zfs 96, 321; s. auch Lemcke, r+s 97, 334; Trost, VersR 02, 795, 797; Fuchs, SP 04, 413; Witte, SP 97, 26 ff.

27 Eggert, ZAP 97, Fach 9, 451; ähnlich Staudinger/Schiemann, § 251, Rdnr. 55; Grunsky, JZ 97, 764, 825, 826.

28 Fuchs, Jahrbuch Verkehrsrecht 00, 81 f.

29 Trost, VersR 02, 795 ff.

30 Steffen, DAR 97, 297, 300; Rode, DAR 98, 52, 53.

31 Trost, VersR 02, 795 ff.

32 Diehl, Anmerkung zu Urteil BGH, zfs 05, 600, 602, 603.

33 Nickel, zfs 98, 409; Fuchs, Der Restwertregress gegen den Kfz-Sachverständigen, 3; LG Kaiserslautern, zfs 06, 150.

### III. Risikoverteilung bei der Restwertfestsetzung

Veräußert der Geschädigte das Fahrzeug zu dem vom Sachverständigen im Gutachten angegebenen Restwert, hat die Haftpflichtversicherung des Schädigers regelmäßig keine Möglichkeit, einen darüber hinausgehenden, höheren Restwert, ihrer Schadensabrechnung zugrunde zu legen. Zum einen kann sich der Geschädigte bei der Bemessung des Restwertes in aller Regel auf die Feststellungen in dem von ihm eingeholten Sachverständigengutachten verlassen[34]. Zum anderen wird das Fahrzeug, wenn der Versicherung das Gutachten vorliegt, zumeist bereits veräußert sein. Eine eigene Verwertung durch den Geschädigten ist offensichtlich umso leichter, je geringer der vom Gutachter festgestellte Restwert ist. Sein Interesse geht deshalb dahin, dass der Restwert vom Gutachter möglichst niedrig veranschlagt wird. Zudem hat er die Möglichkeit, durch besondere Anstrengungen einen besseren Preis zu erzielen, ohne sich diesen bei der Schadensabrechnung anrechnen lassen zu müssen[35]. Demgegenüber ist dem Versicherer daran gelegen, dass der Restwert möglichst hoch veranschlagt wird, da dann die von ihm zu zahlende Regulierungsleistung an den Geschädigten geringer ausfällt. Der Haftpflichtversicherer wird deshalb versuchen, sich beim Sach-verständigen schadlos zu halten, wenn er dem Geschädigten eine vermeintlich überhöhte Ersatzleistung erbracht hat. Zur Begründung wird angegeben, dass der Sachverständige eine fehlerhafte Restwertermittlung vorgenommen und den Restwert schuldhaft zu niedrig festgestellt hat, so dass der Versicherung ein Schaden entstanden sei[36].

Hat der vom Geschädigten beauftragte Sachverständige beispielsweise einen Restwert von 1.000,00 € festgestellt und der Geschädigte das Fahrzeug zu diesem Preis veräußert, bzw. in Zahlung gegeben, lässt sich ein höheres Angebot des Versicherers, dem es gelungen ist einen Aufkäufer zu finden, der 2.000,00 € bietet, nicht mehr realisieren. Aus diesem Grunde wendet sich der Versicherer dann an den Sachverständigen und verlangt von diesem die Zahlung von 1.000,00 € mit der Begründung, er hätte den Restwert um diesen Betrag zu niedrig angesetzt.

Trotz der Möglichkeit, gegebenenfalls gegenüber dem Sachverständigen Regress zu nehmen[37], muss es Ziel der Versicherer sein, dem Geschädigten frühzeitig und konkret Hinweise zur Verwertung des beschädigten Fahrzeuges zu geben, um so erfolgreich die Schadensregulierungskosten senken zu können. Dies stellt jedenfalls im Vergleich zu einem gesonderten Verfahren mit ungewissem Ausgang gegenüber den Sachverständigen den einfacheren Weg dar.

---

34 BGH, VersR 92, 457; BGH, VersR 93, 769; BGH, VersR 00, 467 = NJW 00, 800, BGH, SP 05, 90 ff. = DAR 05, 152 ff.; AG Recklinghausen, NZV 05, 424 f.

35 BGH, NZV 05, 140.

36 Fuchs/Otting, Der Sachverständige 97, 27 f.; LG Kaiserlautern, zfs 06, 150.

37 van Bühren/Lemcke, Anwaltshdb. Verkehrsrecht, Teil 3, Rdnr. 215; LG Kaiserlautern, zfs 06, 150.

## IV. Die gerichtliche Auseinandersetzung

Die Problematik der Restwertberechnung wird von den Gerichten nicht einheitlich gehandhabt[38]. Sie wird deshalb auch als Dauerbrenner bzw. Unruheherd im Schadensrecht bezeichnet[39]. Festzustellen ist, dass nach wie vor eine Vielzahl von gerichtlichen Verfahren, vor allem bei den Instanzgerichten, anhängig sind und die Fülle der Gerichtsentscheidungen zu dieser Frage gerade in den letzten Jahren deutlich zugenommen[40] hat. So waren beispielsweise im Jahre 2003 alleine vor den Amtsgerichten 121.832 Verfahren aus dem Verkehrsunfallrecht anhängig, was 8,2 % aller amtsgerichtlicher Verfahren ausmachte[41]. Nicht nur die Zahl der Verfahren hat zugenommen, sondern auch die Vehemenz, mit der die Auseinandersetzungen geführt werden. 30-seitige Klageschriften und nicht minder umfangreiche Folgeschriftsätze mit zahllosen Anlagen und Fußnoten, die den Boden einer sachlich-rechtlichen Auseinandersetzung verlassen, sind ein deutliches Indiz für die Bedeutung der Problematik[42].

Die bislang ergangenen BGH-Entscheidungen[43] haben keine Ruhe an der Restwertfront bewirkt[44]. Zum Teil wird sogar die Auffassung vertreten, dass die Streitpunkte aufgrund der BGH-Entscheidungen zur Restwertproblematik zugenommen haben[45]. Auch ist der BGH zumindest mit seinen Aussagen zur Restwertproblematik durchaus zurückhaltend. Er verweist gern auf das tatrichterliche Ermessen des § 287 ZPO sowie darauf, dass der zuständige 6. Senat des BGH nur Anregungen geben könne[46]. Den Instanzgerichten, vor allem aber der außergerichtlichen Regulierungspraxis wäre jedoch daran gelegen, dass feste Bezugspunkte angegeben werden[47]. Hinzu kommt, dass fast alle Restwertfälle wegen der häufig zu geringen Streitwerte zumindest bis zur ZPO-Reform im Jahre 2002 beim Landgericht endeten[48]. Nach der Neuregelung der ZPO haben die Landgerichte die Möglichkeit vom § 543 Abs. 1, Satz 1 ZPO Gebrauch zu machen und häufiger die Revision zulassen[49]. Diese ist nach § 543 Abs. 2 ZPO immer dann zuzulassen, wenn

1. die Rechtssache grundsätzliche Bedeutung hat oder
2. die Fortbildung des Rechts oder die Sicherung einer einheitlichen Rechtsprechung eine Entscheidung des Revisionsgerichts erfordert.

---

38 Fuchs, SP 04, 413; Greger, Kurskorrekturen beim Kraftfahrzeugschaden, NZV 06, 1.
39 Steffen, DAR 97, 297 ff. sowie Gebhardt, NZV 02, 249.
40 Fuchs, Jahrbuch Verkehrsrecht 00, 81.
41 Statistisches Bundesamt, Fachserie 10, R 2.1, 03.
42 Fuchs, Der Restwertregress gegen den Kfz-Sachverständigen, 3.
43 BGH, VersR 92, 457; BGH, VersR 93, 769.; BGH, VersR 00, 467 = NJW 00, 800 ff., BGH, SP 05, 90; BGH, NJW 05, 3134.
44 Gebhardt, MittBl der Arge VerkR 02, 6 ff.; Greger, Kurskorrekturen beim Kraftfahrzeugschaden NZV 06, 1.
45 Gebhardt, a.a.O.
46 Steffen, Homburger Tage 91, 7, 15 = NZV 191, 1 ff.
47 Huber, MDR 03, 1205.
48 Marcelli, NZV 92, 432, 433.
49 Greger, Kurskorrekturen beim Kraftfahrzeugschaden, NZV 06, 1.

Gleiches gilt für die Berufung nach § 511 Abs. 4 ZPO, wonach auch die Amtsgerichte die Möglichkeit haben, bei grundsätzlichen Fragen ein Rechtsmittel ohne Rücksicht auf den ansonsten für die Berufung erforderlichen Beschwerdewert von mindestens 600,00 €, zu eröffnen[50]. Damit ändert sich die Funktion der Revisionsinstanz von der Streitwert abhängigen Einzelfallkontrolle weg hin zur Klärung von Grundsatzfragen. Dadurch kann der BGH auch auf den Gebieten für Rechtsklarheit sorgen, bei denen es in der Regel um geringere oder mittlere Streitwerte geht. Erfreulicher Weise nimmt der 6. Zivilsenat diese Aufgabe zunehmend wahr[51], was sich auch darin zeigt, dass seit dem Jahr 2003 insgesamt 22 Entscheidungen des BGH im Verkehrszivilrecht, davon allein 12 zur Bemessung des Fahrzeugsubstanzschadens ergangen sind[52]. Von den ergangenen Entscheidungen betrafen allein vier die Berechnung des Schadens[53].

Der zuletzt vom BGH zum Restwert entschiedene Fall[54] ist ebenfalls ein Beispiel hierfür. Der Streitwert in diesem Verfahren belief sich nur auf 765,00 €.

## C. Restwertbeeinflussende Faktoren – vom Schrottwert zum begehrten Wirtschaftsgut

### I. Das Unfallfahrzeug als Ersatzteillager

Obwohl der Gebrauchtwagenmarkt als solcher lahmt, floriert das Geschäft mit beschädigten Fahrzeugen. Dies gilt grundsätzlich für alle gängigen Fahrzeuge, insbesondere für Großserienfahrzeuge namhafter Hersteller. Hintergrund ist, dass selbst bei „normalen Reparaturen" bzw. dem Austausch von Verschleißteilen immer mehr Fahrzeughalter auf gebrauchte Teile zurückgreifen. Dies gilt zumindest dann, wenn der Schaden selbst zu zahlen ist. Besondere Bedeutung hierbei hat in jüngster Zeit der Handel über das Internet erlangt. Dies gilt nicht nur für den Kauf eines Autos, den im Jahre 2003 mehr als 600.000 Bundesbürger und damit mehr als doppelt so viel wie 1 Jahr zuvor, über das Internet angebahnt haben, sondern insbesondere auch für den Internethandel mit Zubehörteilen. Laut einer Studie hat sich die Zahl innerhalb eines Jahres mit mehr als 3 Mio. Online-Käufen mehr als verdoppelt. Gleichzeitig gaben die Käufer in diesem Segment im Jahresdurchschnitt ca. 70 % mehr als im Vorjahr aus[55].

Folge dieser drastischen Steigerung auf der Nachfrageseite ist, dass die Preise nach Gebrauchtteilen stetig anziehen[56]. Gerade in Zeiten knapper Kassen ist es vielen nicht möglich, ihr defektes Fahrzeug in einer Fachwerkstatt reparieren zu lassen. Es bleibt ihnen aus finanziellen Gründen häufig gar nichts anderes übrig, als mit Hilfe gebrauchter Ersatzteile Reparaturen selbst vorzunehmen oder durchführen zu lassen. Deshalb werden insbesondere Türen, Klappen, Getriebe und sogar Motoren aus

---

50 Zöller/Gummer, § 511, Rdnr. 35 ff; Mü-Ko/Rimmelspacher, ZPO, § 511, 61 ff.

51 Greger, Kurskorrekturen beim Kraftfahrzeugschaden, NZV 06, 1.

52 Greiner, zfs 06, 63.

53 BGH, NJW 03, 2085; BGH, NJW 05, 1110.; BGH, NJW 05, 1108; BGH, NJW 05, 2541 ff.

54 BGH, NJW 05, 3134.

55 Autohaus Online-Newsletter v. 23.04.04, www.autohaus-online.de/newsletter

56 Trost, VersR 02, 795, 803.

zweiter Hand nachgefragt. Ein verunfalltes Fahrzeug dient insoweit als „Ersatzteillager".
Anders als bei Neufahrzeugen, die nicht zuletzt wegen bestehender Garantieansprüche überwiegend in den Fachwerkstätten instand gesetzt[57] werden müssen[58], gilt dies für die Behebung von Schäden bei älteren Fahrzeugen nicht. Bei diesen werden Reparaturen überwiegend in Eigenregie, d.h. kostengünstiger unter Zuhilfenahme von Gebrauchtteilen durchgeführt[59]. Die Reparaturdurchführung in Vertragswerkstätten wird überwiegend nur bei maximal 2-3 Jahre alten Fahrzeugen veranlasst. Dann nämlich endet die Gewährleistung bzw. die Garantie des Herstellers. Fahrzeuge, die 8 Jahre und älter sind, werden nur noch zu rund 28 % in Vertragswerkstätten instand gesetzt. Dem gegenüber steigt der Anteil an Reparaturarbeiten, die in sonstigen Werkstätten bzw. Tankstellen durchgeführt werden und bei denen regelmäßig gebrauchte Teile von Unfallfahrzeugen zur Verwendung kommen. Bei Fahrzeugen jenseits der 8 Jahre beträgt der Anteil rund 50 %, während Pkw, die nicht älter als 2 Jahre sind, nur zu rund 1 % in diesen Einrichtungen repariert werden. Die Eigenleistungen sind bei Fahrzeugen, die älter als 8 Jahre sind, mit rund 16 % außergewöhnlich hoch[60]. Einzelheiten ergeben sich aus der nachfolgenden Tabelle:

| **Fahrzeughalter** | **Marktanteile** | **Marktanteile** | **Marktanteile** | **Marktanteile** |
|---|---|---|---|---|
| | Vertrags-Werkstatt | Sonst. Werstatt/ Tankstell | Do-it-yourself | Keine Angabe |
| unter 2 Jahren | 93 % | 1 % | 1 % | 5 % |
| 2 bis unter 4 Jaren | 81 % | 5 % | 4 % | 10 % |
| 4 bis unter 6 Jaren | 65 % | 20 % | 9 % | 6 % |
| 6 bis unter 8 Jaren | 28 % | 50 % | 16 % | 6 % |
| alle | 53 % | 30 % | 11 % | 6 % |

Die gesteigerte wirtschaftliche Bedeutung, die dem unfallbeschädigten Fahrzeug hierbei als Teilelieferant zukommt, zeigt sich auch in der verwendeten Terminologie. Während vor einiger Zeit in den entsprechenden Beiträgen und Abhandlungen immer etwas abfällig von Schrott oder Schrotthandel[61] die Rede war, spricht man heute durchweg von der Verwertung des Wracks, das zu einem begehrten Handelsobjekt geworden ist[62].

## II. Export der verunfallten Fahrzeuge ins Ausland (Osten)

Auftrieb hat die Restwertproblematik schließlich auch durch die Auslandsnachfrage nach Unfallfahrzeugen, insbesondere aus Osteuropa, allen voran Polen, erhalten.

---

57 Reinking/Eggert, Der Autokauf 05, 682 ff.
58 Crentzig, Recht des Autokaufs 80, 152 ff.
59 Witte, SP 97, 26, 30.
60 Deutsche Automobil Treuhand GmbH (DAT v. 30.06.04).
61 Höke, NZV 02, 254.
62 Rode, DAR 98, 52.

Trotz eines hohen Steuersatzes auf importierte Gebrauchtwagen erfreuen sich westliche Altautos in Polen wachsender Beliebtheit. In den ersten beiden Monaten nach dem EU-Beitritt, d.h. Mai und Juni 2004 wurden 159.839 „schrottreife“ Fahrzeuge aus dem Westen importiert.[63] Dies sind mehr als dreimal so viel wie im gesamten Jahr 2003, wobei das Durchschnittsalter der Fahrzeuge rund 10 Jahre beträgt.[64] Im gesamten Jahr 2004 sind mindestens 800.000 Altautos nach Polen eingeführt worden, wobei die tatsächliche Zahl sogar bei knapp 1 Mio. Fahrzeuge liegen dürfte.[65] Diese Tendenz hat sich auch im Jahre 2005 fortgesetzt. Allein im April 2005 sind insgesamt 80.070 Gebrauchtwagen nach Polen importiert worden. Dies waren 9 % mehr als im März 2005. Dabei finden vor allem Altfahrzeuge den Weg über die polnischen Grenzen. Gebrauchte des Baujahrs 1992 mit 13,1 % haben den größten Anteil, gefolgt von den Baujahren 1994 und 1993[66].

Viele der Fahrzeuge werden nach der Reparatur wieder nach Deutschland exportiert. Der größere Teil der instand gesetzten Fahrzeuge verbleibt jedoch in Polen. Dies heißt, dass in Polen sehr viele Altfahrzeuge zugelassen sind, was wiederum zwangsläufig dazu führt, dass häufig Defekte an den Verschleißteilen wie Lichtmaschine, Anlasser etc. auftreten. Auch in Zukunft wird deshalb gleichwohl die Nachfrage nach Altfahrzeugen hoch bleiben, weil sie jedenfalls als „Teilelieferanten“ für die Verschleißteile benötigt werden.

Hauptverantwortlich für die „Altautoschwemme“ ist nach Auskunft des polnischen Finanzministeriums der Wegfall der strengeren Abgasnorm EURO II zum 01.05.2004. Seither dürfen auch Gebrauchtwagen, die nur unter die Norm EURO I fallen, eingeführt werden. Zwar erwägt das Verkehrsministerium in Polen, der Einfuhr verunfallter Fahrzeuge einen Riegel vorzuschieben. Es sollen neue Vorschriften geschaffen werden, die einen Mindeststandard für Fahrzeuge vorschreiben, die auf Polens Straßen rollen. Geplant ist, dass alte Autos, die nicht als ausreichend verkehrssicher gelten, gar nicht erst importiert werden dürfen. Ob eine solche Regelung jedoch in nächster Zukunft erfolgt, bleibt abzuwarten[67].

Anders als in Polen schränken andere Länder die Einfuhr von gebrauchten Fahrzeugen, die ein bestimmtes Alter überschritten haben, ein oder verbieten sie sogar. Die serbische Regierung beispielsweise hat die Einfuhr von Gebrauchtfahrzeugen, die älter als 3 Jahre sind, generell verboten. Alle künftig importierten Gebrauchtfahrzeuge müssen außerdem die EURO-III Norm erfüllen und dürfen keine Unfallautos sein[68].

---

63 Auskunft polnisches Finanzministerium.

64 a.a.O.

65 Autohaus Online newsletter 04, www.autohaus-online.de/newsletter.

66 www.autohaus-online.de v. 03.06.05, www.autohaus-online.de/newsletter.

67 Autohaus Online Newsletter v. 19.08.04, www.autohaus-online.de/newsletter

68 Serbisches Staatsfernsehen RTS v. 08.10.04.

### III. Zeitwertgerechte Instandsetzung

Einfluss auf den Restwertmarkt hat auch das Bestreben der Versicherer, zu einer so genannten zeitwertgerechten Instandsetzung überzugehen[69]. Unter Berufung darauf, dass der Geschädigte durch die Beseitigung des Schadens zwar nicht schlechter, aber auch nicht besser gestellt werden darf, haben in jüngster Zeit auch die Versicherer die Möglichkeit einer Unfallinstandsetzung mit gebrauchten Teilen ins Spiel gebracht[70].

Für die Behebung eines Schadens reicht es gemäß § 249 Abs. 1 BGB grundsätzlich aus, dass der Zustand wieder hergestellt wird, der ohne das schädigende Ereignis bestehen würde. Wird allerdings bei einem beispielsweise 6 Jahre alten VW Golf die Fahrertür so beschädigt, dass eine Reparatur nicht mehr in Betracht kommt, wird von den Sachverständigen in diesen Fällen der Preis für eine neue Tür bei der Schadenskalkulation zugrunde gelegt und bisher auch von den Versicherern bezahlt. Dies könnte jedoch nicht dem Inhalt des Gesetzes und der Systematik des Schadensersatzrechtes entsprechen. Nach § 249 Abs. 1 BGB muss derjenige, der zum Schadensersatz verpflichtet ist, nur den Zustand wieder herstellen, der bestehen würde, wenn der zum Ersatz verpflichtende Umstand nicht eingetreten wäre. Der Geschädigte soll sich durch den Unfall nicht bereichern können[71]. Vor dem Unfall befand sich im VW Golf des Beispielfalls eine 6 Jahre alte Tür und keine neue. Die Folge ist, dass der Geschädigte auch nur Anspruch auf eine 6 Jahre alte Tür haben dürfte. Soweit eine Reparatur mit einem gebrauchten, dem Geschädigten im Übrigen gleichwertigen Ersatzteil, möglich ist, soll der Geschädigte die Reparatur mit einem Neuteil nicht verlangen können[72]. Besteht er gleichwohl darauf, müsste er verpflichtet sein, die Differenz zwischen einem gebrauchten und einem Neuteil zu erstatten, bzw. sich eine solche bei einer Regulierung in Abzug bringen zu lassen (so genannter Abzug neu für alt[73]). Ein solcher Abzug kommt jedoch nur dann in Betracht, wenn der Wert des Fahrzeuges durch den Einbau eines neuen Teiles erhöht worden ist. Bei Gegenständen wie Türen etc. wird dies jedoch von den Gerichten überwiegend abgelehnt[74]. Anders ist dies aber u.U. bei Verschleißteilen, die ohnehin irgendwann einmal ausgetauscht werden müssen.

In vielen anderen Ländern, beispielsweise in den USA und Schweden, ist die Reparatur mit gebrauchten Ersatzteilen seit langem üblich und zwar auch dann, wenn es sich um Schäden handelt, für die letztlich ein Versicherer aufzukommen hat. Die Gesamtreparaturkosten konnten damit in den USA um 6 % und in Schweden um 8 % reduziert werden. Die Schätzungen für Deutschland über mögliche Einsparungen liegen zwischen 3,5 % bis hin zu 15%[75]. Würde sich dieser Weg auch in Deutschland

---

69 Witte, SP 03, 95 ff.; LG Braunschweig, VersR 97, 1290.

70 Buschbell, § 23, Rdnr. 44; Otting, Jahrbuch Verkehrsrecht 99, 182 ff.; Reinking, DAR 99, 56 ff.

71 z.B. BGB, NJW 03, 2085; BGH, NJW 05, 2541, Greger, Kurskorrekturen beim Kraftfahrzeugschaden, zfs 06, 63, 64.

72 Budel, zfs 00, 90; VersR 89, 1461; Walter, NZV 99, 21; Witte, SP 97,26 ff.

73 LG Magdeburg, SP 97, 469.

74 LG Magdeburg, a.a.O.

75 Pamer, DAR 00, 151; Budel, zfs 00, 91; Anselm, NZV 99, 149; Witte, SP 97, 26, 30.

durchsetzen, hätte dies zwangsläufig auch Auswirkungen auf die Nachfrage nach verunfallten Fahrzeugen. Die Folge hiervon wäre, dass der Restwertmarkt einen weiteren deutlichen Aufschwung erfahren würde[76], denn Angebot und Nachfrage bestimmen im Wirtschaftsleben den Marktwert eines jeden Wirtschaftsgutes, auch den verunfallter Fahrzeuge[77].

**1. Voraussetzungen für den Einbau gebrauchter Ersatzeile**

Erstmals hat sich der Arbeitskreis VII des 37. Verkehrsgerichtstages 1999 ausführlich mit der Problematik „gebrauchter Ersatzteile" befasst. Seinerzeit wurden als Voraussetzungen für die Durchführung von Reparaturen mit Gebrauchtteilen genannt:

*„1. Aus ökologischen wie ökonomischen Gründen ist es sinnvoll, die Kfz-Unfallreparatur mit gebrauchten Ersatzteilen auch beim Versicherungsschaden einzusetzen.*

*2. Bei dieser Reparatur muss sicher gestellt sein, dass der vorherige Zustand des Kraftfahrzeugs voll wieder hergestellt ist.*

*3. Ein funktionierender Gebrauchtteilemarkt setzt voraus:*
- *eine Liste verwendbarer Teile,*
- *die einheitliche Bezeichnung und Nummerierung der Ersatzteile,*
- *die Festlegung von Qualitätsstandards und*
- *Prüfmethoden (Qualitätssiegel),*
- *die EDV-gestützte Abrufbarkeit der Teile,*
- *den Aufbau von Netzwerken der Teileanbieter,*
- *transparente und verbindliche Preisangebote.....*

*4. Die Anbieter werden aufgefordert, gebrauchte Teile mit ausreichender Garantie- und Gewährleistung zu versehen[78]".*

So sinnvoll die Reparatur mit gebrauchten Teilen auch ist, so liegt das Hauptproblem doch darin, dass eine flächendeckende und kurzzeitige Ersatzteilversorgung mit geprüften und gleichwertigen Teilen zumindest heute noch nicht sichergestellt ist[79]. Letztlich wird es deshalb Sache der Haftpflichtversicherer sein, dafür Sorge zu tragen, dass einerseits eine große Palette von gängigen Ersatzteilen vorgehalten wird und andererseits diese schnell verfügbar sind[80]. Dies erfordert die Einrichtung entsprechender Datenbanken, auf die jederzeit und von überall Zugriff genommen werden kann. Für die Regulierungspraxis der nächsten Jahre wird zudem entscheidend sein, ob die Versicherer die Voraussetzungen definieren und schaffen können, die notwendig sind, um den Geschädigten in einem möglichst großen Umfang gebrauch-

---

76 Witte, a.a.O.

77 Höke, VGT 02, 160, 162.

78 Dokumentation zum 37. Verkehrsgerichtstag 99, Hamburg 99, 13.

79 Pamer, DAR 00, 151; Schneider, ADAC-Motorwelt 11/97, 95.

80 Witte, SP 97, 26, 29; Reinking, DAR 99, 57.

te Ersatzteile in einer Qualität anbieten zu können, die eine Herstellung des Zustands ermöglichen, der ohne das schädigende Ereignis bestehen würde.

Von diesen Voraussetzungen ist man derzeit aber noch weit entfernt. Zwar haben die Versicherer eine Art „Pool" gegründet, in dem sämtliche für eine Gebrauchtteilereparatur in Betracht kommenden Teile registriert werden[81]. Auch hat sich ein Arbeitskreis beim Verein Deutscher Ingenieure (VDI) mit der Qualitätssicherung von Gebrauchtteilen auseinandergesetzt und diese in einer VDI-Richtlinie zusammengefasst. Nach wie vor fehlt es aber an einem Verwerternetz, das schnell und zuverlässig Gebrauchtteile in der geforderten Qualität zur Verfügung stellen kann. Positive Erfahrungen gibt es allenfalls partiell nämlich für Türen, Kotflügel, Stoßfänger, Motorhauben, Aggregate oder Teile der Innenausstattung[82]. Gleichwohl ist die anfängliche Euphorie zwischenzeitlich wieder verflogen. Das liegt daran, dass der Versicherer, der den Geschädigten auf eine zeitwertgerechte Reparatur verweist, Gefahr läuft, sich selbst schadensersatzpflichtig zu machen. Dies ist etwa der Fall, wenn infolge der verspäteten Lieferung von Ersatzteilen zusätzliche Mietwagenkosten, Standkosten usw. beim Geschädigten anfallen. Dann werden jedenfalls die vermeintlichen Vorteile eines Einsatzes von Gebrauchtteilen durch diese Zusatzkosten schnell wieder aufgewogen.

## 2. Gerichtliche Akzeptanz

Von den Gerichten wird die Verwendung von Gebrauchtteilen vielfach bereits akzeptiert[83], wobei dies sicherlich von den Umständen des Einzelfalls abhängig ist. Das Amtsgericht Hagen hat beispielsweise in einer Entscheidung wörtlich ausgeführt:

*„Mit dem Sachverständigen ist das Gericht der Auffassung, dass jedenfalls das konkret vorgefundene Fahrzeug mit Hilfe der zum Teil gebrauchten Ersatzteile ordnungsgemäß repariert worden ist, was den fachgerechten Reparaturaufwand durch den Kraftfahrzeugbetrieb angeht. Angesichts des Alters des Fahrzeuges ist die Reparatur als zeitwertgerecht anzusehen... Im vorliegenden Fall wäre vielmehr einem Geschädigten der Einwand des § 251 Abs. 2 BGB oder gar des § 254 BGB entgegenzuhalten, weil gerade ein wirtschaftlich vernünftig denkender Mensch ein Fahrzeug des Erhaltungs- und Alterszustands des Klägers gerade nicht vollständig, falls möglich, mit Neuteilen reparieren lässt, um damit den zur Reparatur erforderlichen Kostenaufwand im vertretbaren Rahmen gering zu halten."*

Im gleichen Sinne hat auch das OLG Oldenburg entschieden. Danach ist für eine fachgerechte Reparatur im Sinne des § 249 Abs. 1 BGB entscheidend, ob der Zustand vor der Beschädigung des Fahrzeuges auch durch den Einbau von gebrauch-

---

81 Anforderungskatalog und Ersatzteilkauf einer Reparatur mit gebrauchten Originalteilen .... „Fahrzeug und Karosserie 10/00, 52; Witte, a.a.O.

82 mot 20/00, 64; Kfz-Betrieb 46/99, 28.

83 OLG Oldenburg, zfs 00, 339; OLG Düsseldorf, Urteil v. 25.04.01, Az: 1 U 9/00, n.v.; LG Mönchengladbach, Urteil v. 26.10.94, Az: 10 O 183/93, n.v.; AG Hagen, DAR 00, 411 mit Anm. Fuchs; AG Hof, DAR 00, 276 mit Anm. Heinrich; AG Landstuhl, DAR 99, 555; Witte, SP 97, 26, 30.

ten Teilen erreicht worden ist und nicht von einer Teil- oder Billigreparatur gesprochen werden kann[84].

## IV. Die Bedeutung des Restwerts wegen knapp werdender Ressourcen

Rohstoffe werden immer knapper. Damit wird aber auch die Wiederverwendung und –aufbereitung von gebrauchtem Stahl interessanter. So hat eine erhebliche Nachfrage nach Stahl, insbesondere aus China, dazu geführt, dass die Preise in den letzten 5 Jahren um rund 60 % gestiegen sind. Neben Stahl sind auch die Ausgaben der Autoindustrie für Öl, Kautschuk und Aluminium enorm gestiegen. All dies hat zu erheblichen Belastungen der Autoindustrie geführt. Was den Anteil von Aluminium in den Fahrzeugen betrifft, hat sich dieser beispielsweise seit 1988 um 50 % auf derzeit durchschnittlich 100 kg erhöht. Innerhalb der nächsten 5 Jahre erwartet man eine nochmalige Steigerung auf 160 kg pro Fahrzeug. Benötigt werden mittlerweile in Deutschland etwa 2 Mio. Tonnen Aluminium überwiegend für die Automobilindustrie. Neu hergestellt werden derzeit in Deutschland aber nur 0,67 Mio. Tonnen. Darüber hinaus wird verstärkt Aluminium aus Recyclingmaterial geschmolzen und dem Produktionsprozess wieder zugeführt. Die recycelte Menge entspricht nahezu der Menge des neu hergestellten Aluminiums und liegt derzeit ebenfalls bei knapp 0,67 Mio. Tonnen[85]. Dies führte dazu, dass der Materialwert der verunfallten Fahrzeuge stärker in den Vordergrund rückt und vermehrt auf noch verwendbare Fahrzeuge und deren Rohstoffe bzw. Materialien zurückgegriffen wird. Auch dies wird die Restwerte der Unfallfahrzeuge beeinflussen.

## V. Die Bedeutung des Restwertes in Verbindung mit der Altauto-Verordnung

Mit der Verordnung über die Entsorgung von Altautos und der Anpassung straßenverkehrsrechtlicher Vorschriften (Altauto-Verordnung) ist 1997 die Altautoentsorgung neu geregelt worden. Die betroffenen Wirtschaftsverbände hatten 1996 mit einer freiwilligen Selbstverpflichtung einheitliche Bedingungen für eine Entsorgung von Altautos festgelegt. Gut drei Jahre später setzte das Europäische Parlament und der Rat eine Richtlinie über Altfahrzeuge (2000/53/EG)[86] in Kraft, mit der die Altautoentsorgung in allen Mitgliedstaaten geregelt werden sollte. Die Mitgliedstaaten hatten die Richtlinie bis spätestens 21.04.2002 in nationales Recht umzusetzen.

Der deutsche Gesetzgeber hat dies mit dem „Gesetz zur Entsorgung von Altfahrzeugen" (AltfahrzeugG) getan. Dieses Gesetz ist zum 01.07.2002 in Kraft getreten[87]. Danach trifft die Hersteller/Importeure die Verpflichtung, Altfahrzeuge unentgeltlich vom Letzthalter zurückzunehmen und ordnungsgemäß zu entsorgen. Für die vor dem 01.07.2002 zugelassenen Fahrzeuge tritt diese Verpflichtung ab dem 01.07.2007 in Kraft. Eigentümer bzw. Letzthalter von Altfahrzeugen sind dann verpflichtet, ihr Fahrzeug entweder einer anerkannten Annahmestelle, einer anerkannten Rücknahmestelle oder einem anerkannten Demontagebetrieb zu überlassen (§ 4

---

84 OLG Oldenburg, zfs 00, 339.

85 Autohaus Schadenmanager Nr. 15 v. 05.08.05, 3; www.autohaus.de/newsletter

86 ABlG Nr. L 269 v. 21.10.00, 34.

87 BGBl 02, Teil I, Nr. 41, 2199.

Abs. 1 AltfahrzeugV)[88]. Die Rücknahme über eine anerkannte Rücknahmestelle oder einen vom Hersteller bestimmten Demontagebetrieb ist für den Letzthalter kostenfrei, sofern das Altfahrzeug nach dem 01.07.2002 in Verkehr gebracht wurde. Für vor dem 01.07.2002 bereits im Verkehr befindliche Fahrzeuge tritt die unentgeltliche Rücknahmeverpflichtung zum 01.01.2007 in Kraft.
Da die kostenfreie Rücknahmepflicht lediglich für Autos besteht, die nach dem 01.07.2002 zugelassen wurden und für bereits im Verkehr befindliche Fahrzeuge diese Verordnung erst ab 2007 gilt, fallen für viele Eigentümer bzw. Letzthalter von Fahrzeugen derzeit Entsorgungskosten an. Für diese ist es deshalb wichtig, dass beispielsweise bei verunfallten Fahrzeugen nicht nur ein Restwert im Gutachten ausgewiesen ist, sondern ein möglichst hoher, da nur dann eine vernünftige Basis vorhanden ist, das verunfallte Fahrzeug mit dem Verwertungsaufwand zu verrechnen. Fehlen Angaben über den Restwert, wird dieser erfahrungsgemäß nicht berücksichtigt[89]. Ist in einem Gutachten beispielsweise kein Restwert festgehalten, wird der Fahrzeughalter zu den Verschrottungskosten herangezogen, die etwa bei 250,00 € pro Fahrzeug liegen. Weist das Gutachten allerdings einen Restwert von 250,00 € aus, erreicht der Geschädigte zumindest, dass er nicht noch Geld für die Entsorgung zu zahlen hat. Eine Studie des ADAC[90] belegt, dass bei von 30 von ihm getesteten Firmen nur zwei überhaupt eine Kostenerstattung für das verunfallte Fahrzeug anboten, obwohl das Testauto, ein VW Golf II aus dem Jahre 1988 einen nachweisbaren Restwert von mehreren Hundert Euro hatte. 6 weitere Verwerter wollten laut ADAC das Fahrzeug immerhin kostenlos ausschlachten. Die übrigen verlangten eine Entsorgungsgebühr.

### VI. Restwert und Designschutz

Durch das Geschmacksmustergesetz[91] werden Muster oder Modelle gewerblicher Gegenstände geschützt, die den ästhetischen Farb- oder Formsinn ansprechen. Voraussetzung sind hierbei die Neuheit sowie die Eigentümlichkeit des Gegenstandes, also eine gestalterische Tätigkeit des Designers. Schutzfähig sind zum Beispiel Designs technischer Geräte, die Designs von Verbrauchsgegenständen oder auch Verpackungen. Für die Kraftfahrzeuge bedeutet dies, dass Ersatzteile wie zum Beispiel Kotflügel, Motorhaube oder Stoßfänger als Geschmacksmuster geschützt werden, sofern sie auch als Einzelteil die Schutzvoraussetzungen erfüllen.

In der EU hat der Handel mit sichtbaren, designgeschützten Karosserieteilen, wie beispielsweise Kotflügel, einen Umfang von etwa 10 Milliarden € erreicht. Bislang gibt es keine einheitliche Rechtslage in Europa. In Deutschland und Frankreich beispielsweise halten die Hersteller nach Branchenangaben unter Berufung auf den Geschmacksmusterschutz ein Produktmonopol für Ersatzteile[92]. In Spanien, Italien sowie Großbritannien gibt es hingegen für Ersatzteile keine markenrechtlichen Privilegien. Die Werkstätten dort können also auch Ersatzteile einbauen, die nicht vom Autohersteller stammen. Die Folge in Deutschland und Frankreich ist, dass die Kfz-

---

88 BGBl 02, Teil I, Nr. 41, 2214.

89 Autoservice Praxis v. 20.07.04.

90 www.adac.de.

91 BGBl 04, Teil I, 390 ff.

92 Wenker, VersR 05, 917 f.

Hersteller allen freien Ersatzteilanbietern untersagen können, diese Teile zu produzieren bzw. zu verkaufen, so dass die Fahrzeughersteller die Preise für Ersatzteile wie Kotflügel, Außenspiegel, Scheinwerfer und Windschutzscheiben mangels Wettbewerbs und wegen fehlender Konkurrenz beliebig festsetzen können[93].

Gleichzeitig wird der Geschädigte zur Wahrung von Gewährleistungs- und Garantieansprüchen verpflichtet, die Originalteile des Herstellers oder ein von ihm autorisiertes Lizenzprodukt einbauen zu lassen. Für den Sachverständigen bedeutet dies, dass er bei seiner Schadenskalkulation die Originalersatzteile des Herstellers zu Grunde legen muss. Hierdurch werden höhere Ersatzteilkosten und damit auch höhere Reparaturkosten kalkuliert, was nicht selten dazu führt, dass diese hohen Reparaturkosten den Wiederbeschaffungswert übersteigen und eine Abrechnung auf der Basis eines Totalschadens, unter Berücksichtigung des Restwertes, die Folge ist. Bei einer Kalkulation auf der Basis günstigerer, nicht vom Hersteller stammender Originalersatzteile verbliebe es in Grenzbereichen hingegen bei der Kalkulation auf der Basis eines Reparaturschadens und damit bei geringeren Schadensersatzleistungen der Versicherer.

## VII. Lackschadenfreie Ausbeultechnik / technische Entwicklung

Häufig kommt es vor, dass bei Unfällen Kfz-Teile, wie Türen, Stoßstange, Kotflügel etc. nur leicht beschädigt werden. Mitursächlich für die Vielzahl dieser Schäden ist, dass Autobleche immer dünner werden. Dies spart zwar Gewicht und Treibstoff, die Karossen aber werden auch anfälliger für Dellen und Beulen.
Viele dieser kleineren Dellen bis etwa zur Größe eines 2 Euro-Stücks könnten statt des herkömmlichen Ausbeulens mit Schleifen, Spachteln und Lackieren auch mit speziellem Werkzeug und entsprechendem Fingerspitzengefühl wieder beseitigt werden[94]. Für besonders knifflige und von innen unzugängliche Stellen stehen dem Karosseriebauer Ziehwerkzeuge zur Verfügung. Dazu werden Kunststoff-Pads mit Heißkleber auf eine Beule aufgeklebt. Diese können dann von einer speziellen Zange angegriffen und die Delle mit manueller Kraft aus dem Blech gehebelt werden. Der Vorteil dieser Art der Schadensbeseitigung liegt einerseits darin, dass die Kosten mindestens 50 % unter denjenigen liegen, die der Sachverständige kalkuliert hat.

Außerdem behält das Auto seinen Originallack, so dass eine (teure) Lackabgleichung unterbleiben kann. Sowohl für den Geschädigten als auch für den Sachverständigen lassen sich entsprechende Firmen ohne weiteres mithilfe des Internet ausfindig machen[95]. Die Anzahl solcher Firmen wächst stetig.

Auf die Schadensabrechnung hätte diese Abrechnungsweise ebenfalls erhebliche Auswirkungen. Derzeit nämlich sind die Sachverständigen noch nicht dazu übergegangen, diese Möglichkeiten der Schadensbehebung in ihre Kalkulation mit einzubeziehen.

---

93 Witte, SP 03, 95 ff.

94 OLG Karlsruhe, DAR 03, 559; Hellwig, R 120, 6.

95 www.Dellmeister.de, www.mfa-mobil.de, www.dellen-repair.de, www.automaseur.de.

Wurde durch einen Unfall neben einem größeren Schaden auch noch die Tür oder ein Kotflügel leicht in Mitleidenschaft gezogen, kann die Feststellung eines Reparatur- oder eines Totalschadens davon abhängen, welchen Instandsetzungsaufwand der Sachverständige für die leicht beschädigte Tür festsetzt. Hat das Fahrzeug beispielsweise einen Wiederbeschaffungswert von 5.000,00 € und belaufen sich die kalkulierten Reparaturkosten ohne Berücksichtigung der lackschadenfreien Ausbeultechnik auf 5.500,00 € bei einem Restwert von 300,00 €, muss eine Kalkulation auf Totalschadenbasis erfolgen. Kommt der Sachverständige jedoch nur zu Reparaturkosten von 4.500,00 €, weil die beschädigte Tür eben nicht ausgetauscht werden muss, sondern mit der neuen Reparaturtechnik instand gesetzt werden kann, erfolgt eine Abrechnung als Reparaturschaden auf Reparaturkostenbasis. Statt 5.200,00 € wie bei der ersten Alternative sind von der Versicherung nur 4.500,00 € als Schadenssumme zu leisten.

Verständlich ist, dass ein Geschädigter von dieser Art der Kalkulation durch den Sachverständigen nicht sehr begeistert ist, denn Fahrzeuge mit derartigen „Nebenschäden" sind für den Geschädigten aus vielerlei Gründen interessant. Einerseits ist es ihm möglich, im Wege der „smart repair" sein Fahrzeug wieder vollständig herstellen zu lassen, ohne dass er die vom Sachverständigen kalkulierten Kosten benötigt. In einem solchen Fall erzielt er also neben der vollständigen und fachgerechten Instandsetzung des Fahrzeuges einen Gewinn. Andererseits ist ein Fahrzeug mit solchen Schäden auch für eine Veräußerung interessant, da auch ein Erwerber, der beispielsweise über eine eigene Werkstatt etc. verfügt, die gleichen Vorteile hat, wie der Geschädigte selbst. Immerhin hat sich zwischenzeitlich auch die obergerichtliche Rechtsprechung mit dieser Problematik befasst. Das OLG Karlsruhe etwa[96] will diese Form der Reparatur berücksichtigen, wenn hiermit eine 100 %-ige Schadensbeseitigung erreicht werden kann. Ist das der Fall, ist der Kfz-Sachverständige gehalten, bei gleichwertigen Reparaturmethoden die kosten-günstigste Variante zu wählen. Sofern sichergestellt ist, dass die günstigere Reparatur auch dem Stand der Technik entspricht, ist hiergegen nichts einzuwenden. Sollte sich diese Rechtsprechung durchsetzen, wird dies auch für die Anzahl der Schäden, die auf Totalschadenbasis abzurechnen sind und damit auch für die Restwerte der verunfallten Fahrzeuge von Bedeutung sein.

## D. Schadensabwicklung innerhalb des Kraftfahrthaftpflichtbereichs

### I. Ausgangssituation

Das verkehrszivilrechtliche Schadensersatzrecht liegt im Spannungsverhältnis zwischen dem Ausgleichsgedanken[97] einerseits und dem Bestreben der Schädigerseite bzw. der dahinter stehenden Haftpflichtversicherung möglichst wenig an Schadensersatzleistung erbringen zu müssen. Im Mittelpunkt des Ausgleichsgedankens steht dabei das Interesse des Geschädigten an einer vollständigen Restitution[98]. Der Schadensersatz muss daher so bemessen sein, dass sich die Vermögenslage des Geschädigten, sofern er wirtschaftlich vernünftig verfährt, nicht besser, aber auch

---

96 OLG Karlsruhe, NJW 03, 3208; Hellwig, R 120, 6.

97 Greger, Einl., Rdnr. 20.

98 BGH, VersR 04, 876 und BGH, VersR 04, 1180, 1181 m.w.N.; BGH, NJW 97, 520.

nicht schlechter darstellt, als wenn der Schadensfall nicht eingetreten wäre[99]. Der Anspruch beschränkt sich grundsätzlich auf den Betrag, der zur Herstellung des nach § 249 Abs. 1 BGB geschuldeten Zustandes erforderlich ist[100]. Die Beurteilung der Erforderlichkeitsgrenze steht unter dem Wirtschaftlichkeitsgebot, so dass nur diejenigen Kosten zu ersetzen sind, die vom Standpunkt eines vernünftigen und wirtschaftlich denkenden Menschen in der Lage des Geschädigten zur Behebung des Schadens zweckmäßig und angemessen sind[101]. Der Geschädigte braucht deshalb weder im Interesse des Schädigers zu sparen noch sich daran zu orientieren, was er aufwenden würde, wenn er den Schaden selbst tragen müsste[102].

Konflikte im Rahmen des Schadensausgleiches haben ihre Ursache insbesondere in menschlichen Wesenszügen, zum Beispiel das Bedürfnis nach Genugtuung für die erlittene Unbill, das Verdrängen eigener Schuld und die gegenüber einem anonymen und vermeintlich finanzstarken Schuldner (Haftpflichtversicherer) besonders ausgeprägten Begehrlichkeiten[103]. Die Folge hiervon ist, dass die Kosten, die durch die Beseitigung eines Unfallschadens entstehen, maßgeblich dadurch beeinflusst werden, ob sie vom Geschädigten persönlich getragen werden müssen oder von dem Unfallverursacher bzw. dem gegnerischen Haftpflichtversicherer[104]. Muss der Geschädigte nämlich den Schaden aus eigener Tasche zahlen, weil etwa der Unfall von ihm selbst verschuldet wurde oder aber der Schädiger nicht festgestellt werden kann[105], gehen die Überlegungen in aller Regel doch dahin, den Schaden am Fahrzeug möglichst kostengünstig zu beheben bzw. ganz auf eine Reparatur zu verzichten.

Wird durch einen fremdverschuldeten Verkehrsunfall beispielsweise die Tür eines Fahrzeuges beschädigt, ist es aus der subjektiven Sicht des Geschädigten regelmäßig keine ausreichende Schadenskompensation, wenn die Tür nur ausgebessert wird. Vielmehr möchte er in einem solchen Fall, dass sie erneuert und das Fahrzeug der Einheitlichkeit des Farbbildes wegen komplett neu lackiert wird. Muss er den Schaden hingegen selbst bezahlen, erledigen sich erfahrungsgemäß solche Gedankenspiele.

Die Versicherer sind keine sozialen oder karitativen Institutionen, sondern Wirtschaftsunternehmen[106]. Eine gesamtwirtschaftliche Betrachtung zeigt, dass die Zuerkennung von Schadenspositionen, gerade angesichts der Häufigkeit von Fahrzeugschäden, über die Versicherungsprämien ausgeglichen wird und im Ergebnis zu

---

99 BGH, SP 05, 250; Berz / Burmann/ Born, – Handbuch des Straßenverkehrsrechts, Rdnr. 7.

100 Erman/Kuckuk, § 249, Rdnr. 77.

101 BGH, NJW 70, 1454; BGH, NJW 74, 34; BGH, NJW 75, 160; BGH, NJW 76, 1396; BGH, NJW 85, 2469; BGH, NJW 92, 302; OLG Nürnberg, r+s 84, 166 Hellwig, R 120, 40.

102 BGHZ 63, 295, 300; Erman/Kuckuk, § 249, Rdnr. 77; Heß, NZV 05, 246 f.

103 Greger, Einl., Rdnr. 20.

104 Lemcke, r+s 05, 45.

105 Bezeichnend ist insoweit der Inhalt eines Aufklebers, den der Verfasser kürzlich auf einem nicht mehr ganz taufrischen Fahrzeug gesehen hat, nämlich: „Fahr drauf, ich brauch' Kohle".

106 Bachmeier, Jahrbuch Verkehrsrecht 00, 39, 40.

deutlichen Mehrbelastungen aller Fahrzeughalter führt[107]. Je mehr die Versicherer für die Schadensregulierung aufzubringen haben, umso mehr müssen sie über die Versicherungsbeiträge umlegen, um ein betriebswirtschaftliches Minus zu vermeiden. Betragen die Ausgaben für Schäden beispielsweise pro Jahr 5 Mio. €, die Einnahmen über Versicherungsprämien aber nur 4,5 Mio. €, bleibt der Versicherung letztlich nichts anderes übrig, als die Differenz in Höhe von 500.000,00 € früher oder später im Rahmen einer Prämienanpassung auf die Versicherungsnehmer umzulegen. Im umgekehrten Fall wäre eine Prämienreduzierung möglich. Die Aufgabe der Versicherer ist es daher zwangsläufig schon im Interesse ihrer Versicherungsnehmer, ein möglichst günstiges Betriebsergebnis zu erzielen und zu diesem Zwecke die für die Unfallregulierung aufzuwendenden Beträge möglichst gering zu halten[108].

## II. Verschiedene Möglichkeiten der Schadenskompensation

Gemäß § 249 Abs. 1 BGB ist der Zustand wieder herzustellen, der ohne das schädigende Ereignis bestehen würde. Bei Beschädigung einer Sache kann dies entweder durch eine tatsächliche Reparatur oder durch die Zahlung der hierfür erforderlichen Kosten erfolgen. Eine über diese Restitutionsverpflichtung hinausgehende Belastung des Schädigers findet im Gesetz keine Stütze und muss daher unterbleiben[109].

### 1. Erstattung der Kosten bei Reparaturdurchführung

Grundsätzlich sind mehrere Möglichkeiten der Restitution gegeben. Verhältnismäßig einfach ist der Fall, wenn der Geschädigte sein Fahrzeug auf der Basis eines Kostenvoranschlages oder eines Gutachtens tatsächlich reparieren lässt. Die dann anfallenden Kosten sind grundsätzlich zu ersetzen. Streitpotenzial gibt es allenfalls dann, wenn beispielsweise die Reparaturkosten den im Gutachten ausgewiesenen Betrag erheblich übersteigen oder die Reparatur längere Zeit in Anspruch nimmt, als im Gutachten vorgegeben. Die Versicherer weigern sich dann häufig, die für den längeren Zeitraum anfallenden teureren Mietwagenkosten bzw. die Nutzungsausfallentschädigung bei Nichtanmietung eines Ersatzfahrzeuges, zu übernehmen. Insoweit ist allerdings in der Rechtsprechung[110] anerkannt, dass der Schädiger und damit die hinter ihm stehende Versicherung dieses Werkstattrisiko zu tragen hat[111]. Der Geschädigte, der sein Fahrzeug in einer Fachwerkstatt reparieren lässt, kann den Schädiger auf die Reparaturkostenrechnung verweisen, die sodann Basis für die Schadensregulierung ist. Der tatsächliche Kostenaufwand für die durchgeführte Reparatur geht in einem solchen Fall dem Gutachten vor, stellt also den zur Reparatur „erforderlichen Geldbetrag" dar[112]. Gleichwohl versuchen die Versicherer auch insoweit frühzeitig Einfluss auf den Geschädigten zu nehmen und die Kosten gering zu halten. In Standardbriefen der Versicherer werden beispielsweise immer wieder folgende Sätze verwandt:

---

107 Geigel/Schlegelmilch, Kap. 3, Rdnr. 2.

108 Bachmeier, Jahrbuch Verkehrsrecht 00, 40.

109 Lange, Einl. III 2a; a.A. Mü-Ko/Oetker, § 249, Rdnr. 8, 9 ; Erman/Kuckuk, § 249, Rdnr. 77.

110 BGH, VersR 92, 61; BGH, VersR 89, 1056; BGH, VersR 76, 389.

111 BGH, in Cramer/ Berz/ Gontard, Nr. 9 zu § 249 BGB; OLG Stuttgart, in Cramer/ Berz / Gontard Nr. 148 a zu § 249 BGB.

112 OLG Nürnberg, VersR 90, 391.

„Damit eine schnelle Reparatur möglich ist, sollte die Werkstatt die Ersatzteile vor Reparaturbeginn beschaffen. Bitte sorgen Sie dafür, möglichst kein Wochenende in die Reparaturzeit fallen zu lassen. Bitte sorgen Sie mit der Werkstatt dafür, dass die Reparatur schnell und ohne Standzeiten – zum Beispiel in der Lackiererei – erfolgt."

Letztlich sind solche Aufforderungen der Versicherer noch als nachvollziehbar und legitim anzusehen. Probleme treten erst dann auf, wenn die Versicherer meinen Abzüge vornehmen zu müssen, weil sich der Geschädigte nicht an die Empfehlungen gehalten hat.

### 2. Fiktive Abrechnung aufgrund eines Kostenvoranschlages oder eines Gutachtens

Auch bei der fiktiven Abrechnung eines an einem reparaturwürdigen Fahrzeug entstandenen Schadens, d.h. wenn der Geschädigte das Fahrzeug entweder gar nicht reparieren lässt oder die Reparatur in Eigenregie vornimmt, sind die Probleme überschaubar. Grundlage der Schadensregulierung ist hier nämlich entweder das Sachverständigengutachten oder ein vom Geschädigten eingeholter Kostenvoranschlag, denn der Geschädigte hat grundsätzlich das Recht, auf der Basis eines Voranschlages[113] oder Gutachtens[114] abzurechnen.

### 3. Situation bei Totalschaden

Probleme im Rahmen der Schadensregulierung ergeben sich, wenn ein so genannter Totalschaden vorliegt. Dies ist zunächst der Fall, wenn das verunfallte Fahrzeug so stark zerstört wurde, dass eine Wiederherstellung, d.h. eine Reparatur schlicht ausgeschlossen ist[115]. Einer solchen „Zerstörung" des Fahrzeugs steht es gleich, wenn:

1. Die Reparatur technisch nicht möglich ist oder keine Betriebssicherheit gewährleistet (so genannter technischer Totalschaden)[116];

2. die Reparatur unwirtschaftlich ist, weil ihre Kosten nach der Kalkulation des Sachverständigen 130 % des Fahrzeugwerts vor dem Unfall überschreiten und damit ein wirtschaftlicher Totalschaden[117] vorliegt;

3. die Reparatur zwar technisch möglich und wirtschaftlich sinnvoll ist, vom Geschädigten aber die Weiterbenutzung des reparierten Fahrzeugs nicht erwartet werden kann (so genannter unechter oder uneigentlicher Totalschaden[118]).

---

113 AG Schwabach v. 23.09.03, Az: 8 C 0821/02, n.v.; AG Hamburg v. 04.12.02, Az: 911 F C 2/02 n.v.; AG Hamburg v. 02.06.05, Az: 51B C 5/05, n.v.

114 LG Kleve, zfs 99, 239; LG München, zfs 91, 123; Fleischmann/Hillmann, § 7, Rdnr. 125.

115 Hellwig, Der Schaden, T 40, 2; Witte, SP 97, 26.

116 BGH, LM, § 249 (Hd), Nr. 10.

117 Luckey, VersR 04, 1525; Palandt/Heinrichs, § 251, Rdnr. 7, § 249, Rdnr. 23; Staudinger/Schiemann, 251, Rdnr. 22; Mü-Ko/Oetker, § 251, Rdnr. 41 ff.; Soergel/Mertens, § 251, Rdnr. 13.

Die letzte Fallgestaltung tritt vor allem bei älteren Fahrzeugen ein. Danach liegt ein Totalschaden vor, wenn das Kfz so umfangreiche Schäden erlitten hat, dass die Weiterbenutzung unter Berücksichtigung der Fahrleistung und des Alters, sowie des Risikos verborgener Mängel nicht zuzumuten ist[119]. In diesen Fällen darf der Geschädigte nicht Ersatz der Reparaturkosten verlangen, vielmehr wird er hier auf die für den Ersatzpflichtigen im Regelfall günstigere Wiederbeschaffung, d.h. den Erwerb eines entsprechenden Ersatzfahrzeuges, verwiesen[120].

Für eine Abrechnung auf der Totalschadensbasis ist zunächst der Wiederbeschaffungswert oder Zeitwert des Fahrzeuges zu bestimmen. Damit ist der Betrag gemeint, den der Geschädigte für den Kauf eines gleichwertigen, gebrauchten Fahrzeuges nach gründlicher technischer Überprüfung bei einem seriösen Händler mit entsprechender Werkstattgarantie aufwenden müsste[121]. Auf einen eventuell günstigeren Kauf „von Privat" braucht er sich nicht verweisen zu lassen. Wesentliche Anhaltspunkte für die aktuellen Händlerpreise liefern die publizierten Markterhebungen (z.B. DAT-Tabellen, Schwacke-Bericht)[122], die üblicherweise auch vom Sachverständigen herangezogen werden. Anhand des Baujahres, der Ausstattung des Fahrzeuges, der Fahrleistung etc. lässt sich mit Hilfe dieser Listen der Wiederbeschaffungswert ohne größere Probleme ermitteln. Ausnahmen mag es geben für Oldtimer oder „Exotenfahrzeuge", die aufgrund geringer Nachfrage nicht oder nicht mehr gelistet sind oder für die es keine Vergleichsfahrzeuge gibt. Hier werden „Liebhaberpreise" bezahlt, die anhand objektiver Kriterien schwer zu bestimmen sind. In der Praxis haben derartige Fälle aber kaum Bedeutung und können hier daher vernachlässigt werden.

Macht der Geschädigte den Wiederbeschaffungswert geltend, ist zu berücksichtigen, dass das verunfallte Fahrzeug immer noch einen Wert besitzen kann. Diesen Wert muss sich der Geschädigte im Rahmen des Vorteilsausgleichs anrechnen lassen[123]. Dabei kann es sich auch nur um den Wert der Teile des Fahrzeugs handeln, die bei dem Unfall nicht in Mitleidenschaft gezogen worden sind. Es geht dabei regelmäßig um den Veräußerungswert, den das Unfallfahrzeug unrepariert noch hat[124]. Letzteren nennt man auch den Restwert.

### 4. Sonderfall: Neue oder neuwertige Sache

Ausnahmen von den vorgenannten Grundsätzen bestehen dann, wenn Neufahrzeuge bereits nach kurzer Zeit durch einen Verkehrsunfall erheblich beschädigt werden. Der Geschädigte möchte in derartigen Fällen sein neues Fahrzeug in aller Regel nicht mehr reparieren lassen und sodann weiter benutzen, da ihm der Makel eines

---

118 Palandt/Heinrichs, § 249, Rdnr. 23; Mü-Ko/Oetker, § 251, Rdnr. 26; Soergel/ Mertens, § 249, Rdnr. 81 und § 251, Rdnr. 6.

119 OLG Bremen, VersR 71, 912; Hamm, DAR 89, 188.

120 Erman/Kuckuk, § 249, Rdnr. 79; BGH, DAR 85, 318; OLG Köln, VersR 93, 1290; BGH, VersR 92, 61; OLG München, VersR 90, 864.

121 BGH, NJW 66, 1454, 1455; BGH, NJW 82, 1864; Staudinger/Medicus, § 251, Rdnr. 49.

122 Greger, Haftungsrecht des Straßenverkehrsrechts, 708.

123 Speer, VersR 02, 17.

124 Steffen, zfs 02, 161.

Unfallfahrzeuges anhaftet. Vielmehr will er ein unfallfreies Neufahrzeug erhalten[125]. Sofern kein echter Totalschaden vorliegt, stellt sich daher die Frage, ob die Reparatur des beschädigten Neufahrzeugs dem Geschädigten unter Berücksichtigung der wechselseitigen Interessen der Beteiligten zugemutet werden kann[126]. Eine Reparatur ist danach jedenfalls dann nicht zuzumuten, wenn ein fabrikneues bzw. neuwertiges Fahrzeug beschädigt wurde[127]. Wann allerdings ein Fahrzeug als neuwertig anzusehen ist, ist streitig.

Die Rechtsprechung geht von einem neuwertigen Fahrzeug überwiegend dann aus, wenn dieses nicht länger als einen Monat zugelassen ist oder eine Fahrleistung von nicht mehr als ca. 1.000 km hat[128]. Diese Grenze wird jedoch nicht starr gehandhabt. Sie gilt vielmehr als Faustregel, von der es auch Ausnahmen gibt[129]. Außerhalb dieser Grenze kann die Abrechnung auf Neuwagenbasis aber nur unter zusätzlichen Voraussetzungen erfolgen. Diese liegen vor, wenn der Zustand des Fahrzeuges vor dem Unfall bei objektiver Beurteilung durch eine Reparatur auch nicht annähernd wiederhergestellt werden kann[130]. Hiervon wird dann auszugehen sein, wenn auch nach Durchführung einer ordnungsgemäßen Reparatur optische oder technische Mängel zurückbleiben. Ohne Schäden dieser Art scheidet dagegen eine Abrechnung auf Neuwagenbasis aus[131].

Von diesem Grundsatz wird allerdings auch nach unten abgewichen. So haben Gerichte einen so genannten unechten Totalschaden auch bei einer Laufleistung des Unfallfahrzeuges von unter 1.000 km abgelehnt. Dies betraf Fälle, in denen nicht zu erwarten war, dass ein technischer Minderwert nach der Reparatur verbleibt. Dies trifft in der Regel zu, wenn die beschädigten Teile durch neuwertige Ersatzteile ausgetauscht werden können[132]. Das Baualter ist für die Frage der Neuwertigkeit nicht entscheidend[133]. Selbst ein als Neuwagen verkauftes, vor ca. 16 Monaten gefertigtes Automobil, kann daher noch als fabrikneu und damit als neuwertig gelten, wenn das Modell unverändert weitergebaut wird und das Fahrzeug unbenutzt und unbeeinträchtigt von Witterungsverhältnissen gelagert worden ist[134]. Gleiches gilt auch für ein Fahrzeug mit Tageszulassung[135].

In diesen Fällen braucht sich der Geschädigte nicht auf die aus technischer Sicht mögliche Reparatur verweisen zu lassen, sondern kann den für die Anschaffung ei-

---

125 Hellwig, R 120, 30 ff.

126 Fleischmann/ Hillmann, § 7, Rdnr. 157 und 308 ff.; Geigel,/ Schlegelmilch, Kap. 3, Rdnr. 18 m.w.N.; Wussow/Karczewski, Kap. 41, Rdnr. 15.

127 Erman/Kuckuk, § 49, Rdnr. 88; BGH, NJW 72, 1800.

128 Buschbell, a.a.O., § 23, Rdnr. 33; OLG Düsseldorf, SP 04, 158 ff.; OLG Zweibrücken, SP 04, 160; BGH, VersR 84, 46; LG Mönchengladbach, NZV 06, 211 f.

129 LG Schweinfurt, NZV 06, 42; BGH, NJW 05, 3134.

130 BGH, VersR 82, 163; BGH, VersR 84, 46; BGH, VersR 83, 658.

131 LG Schweinfurt a.a.O.

132 OLG Celle, SP 03, 59; LG Nürnberg-Fürth, SP 02, 348; LG Köln, SP 01, 311 m.w.N.; Erman,/Kuckuk, § 249, 89; OLG Nürnberg, MDR 85, 844; OLG Köln, NJW-RR 89, 857.

133 Hellwig, R 120, 32.

134 OLG Karlsruhe, MDR 86, 233; OLG Ffm, DAR 00, 567.

135 BGH, NZV 05, 304.

nes gleichwertigen Fahrzeuges erforderlichen Geldbetrag verlangen[136]. Dabei ist der Neuwagenpreis zugrunde zu legen[137]. Der Geschädigte muss in diesem Fall dem Schädiger jedoch den verunfallten Wagen zur Verfügung stellen und braucht sich den Restwert des Fahrzeuges nicht auf seinen Schadensersatzanspruch anrechnen zu lassen[138]. Dessen Höhe ist deshalb in diesen Fällen ohne Bedeutung. Der Schädiger bzw. der Versicherer ist bei dieser Konstellation für die Verwertung selbst verantwortlich.

Höchst streitig ist die Frage, ob die Neuwertentschädigung nur bei tatsächlicher Anschaffung eines Ersatzfahrzeuges verlangt werden kann. Dies wird in der Literatur überwiegend bejaht[139], da sonst eine Besserstellung des Geschädigten vorläge. Nach anderer Auffassung soll auch eine fiktive Neuwertentschädigung möglich sein[140]. Hierfür spricht, dass die Neuwertentschädigung keinen besonderer Vorteil gewährt, sondern ebenso wie der Neuerwerb selbst, in solchen Fällen alle vermögenswerten Nachteile ausgleicht und es der Dispositionsfreiheit des Geschädigten unterliegt, wie er bei der Schadensregulierung verfährt[141]. Da letztlich nur eine Restitution unter den besonderen Bedingungen der Beschädigung eins Neufahrzeuges erfolgt, ist der Auffassung der Vorzug zu geben, die eine fiktive Neuwertentschädigung anerkennt.

### III. Streit um Ermittlung des Restwertes

Dem Grundsatz nach gilt für den Geschädigten, dass er bei einem Totalschaden vom Schädiger bzw. dessen Haftpflichtversicherung die Differenz zwischen dem Wiederbeschaffungswert des verunfallten Fahrzeuges und dem Restwert als Schadensersatz beanspruchen kann[142]. Aus Sicht des Geschädigten ist im Normalfall[143] somit der Wiederbeschaffungswert derjenige Wert, der letztlich seinen „Gesamterlös" bestimmt. Ist der Restwert hoch angesetzt, so fällt sein Ersatzanspruch gegenüber dem Schädiger entsprechend geringer aus. Je niedriger der Restwert ist, desto höher ist demgegenüber sein Ersatzanspruch. An seinem Vermögen änderst sich per se bei beiden Konstellationen nichts[144]. Dies gilt freilich nur auf den ersten Blick. Es gilt nämlich zu beachten, dass der rechnerische, d.h. der vom Sachverständigen festgestellte und der tatsächlich erzielbare Restwert keineswegs übereinstimmen müssen. Der tatsächlich erzielte oder erzielbare Erlös für das verunfallte Fahrzeug liegt jeden-

---

136 Mü-Ko/Oetker, § 251, Rdnr. 26 ff.; Greger, Haftungsrecht des Straßenverkehrs, Anh. 1, Rdnr. 32 ff.; Staudinger/Schiemann, § 251, Rdnr. 38.

137 Mü-Ko/Oetker, § 251, Rdnr. 26 ff.; Staudinger/Schiemann, § 251, Rdnr. 38.

138 BGH, NJW 83, 2624; BGH, NJW 72, 1800; OLG Düsseldorf, VersR 74, 604; Erman/Kuckuk, § 249, Rdnr. 88.

139 so Eggert, DAR 97, 129, 136; Fleischmann/Hillmann, Kap. 7, Rdnr. 317, 325.

140 KG, NJW –RR 87, 16; Geigel,/Schlegelmilch, Kap. 3, Rdnr. 20; LG Mönchengladbach, NZV 06, 211, 212.

141 Geigel/Schlegelmilch, a.a.O.

142 Rode, DAR 98, 52; Zu Einzelfällen, in denen eine andere Berechnung des Ersatzes möglich ist, vgl. Harneit, DAR 94, 93, 94 und Lemcke, r+s 97, 334.

143 ausgenommen sind die Reparaturfälle in den Grenzen der 130 %-Rechtsprechung des BGH, vgl. BGH, NJW 85, 2469.

144 Speer, VersR 02, 17 ff.

falls in der Praxis häufig weit über dem Restwert, den der Sachverständige festgestellt hat. Dies lässt sich anhand der Rechtsprechung leicht verdeutlichen. Der BGH hat sich bereits verschiedentlich, etwa 1992, 1993, 2000, 2004 und 2005 mit der Frage der Ermittlung des Restwertes auseinandergesetzt. Im ersten Fall (1992) hatte der vom Geschädigten mit der Feststellung des Fahrzeugschadens beauftragte Sachverständige einen Restwert von 3.000,00 DM festgestellt. Der Versicherer des Schädigers wandte demgegenüber einen Restwert von 15.000,00 DM ein, was von einem Gerichts-sachverständigen auch tatsächlich bestätigt wurde[145]. In dem zweiten vom BGH entschiedenen Fall belief sich die Differenz zwischen den Restwertangaben auf 7.500,00 DM[146]. Beim dritten Fall betrug die Differenz zwischen den ermittelten Restwerten 4.500,00 DM[147]. Bei dem im Jahre 2004 vom BGH entschiedenen Fall schließlich machte der Differenzbetrag 4.400,00 DM[148] aus. Letztlich ging es damit bei allen Entscheidungen – sieht man einmal von der Entscheidung aus dem Jahr 2005 ab[149] - um ganz erhebliche Differenzen.

Die Bestimmung der Höhe des Restwertes ist in der Praxis außerordentlich schwierig. Anders als bei der Ermittlung des Wiederbeschaffungswertes gibt es zur Bestimmung des Restwertes keine Listen oder PC-Programme, auf die sich ein Sachverständiger berufen oder die er als Hilfe heranziehen kann. Auch existiert keine mathematische Formel, nach der der Restwert berechnet werden könnte[150]. Der Versuch, den Restwert anhand der Vorschrift des § 9 Abs. 2 BeWG zu konkretisieren, wie dies der Verkehrsgerichtstag vorgeschlagen hatte[151], führt ebenfalls nicht weiter, da die Definition in § 9 Abs. 2 BeWG gleichfalls zu unbestimmt ist. Danach wird die Höhe des Restwertes durch die Besonderheiten des Marktes bestimmt und hängt somit von mannigfachen Umständen ab. Neben der Nachfrage nach einem bestimmten Fahrzeugtyp, der Art des Schadensbildes und des hiermit verbundenen Reparaturaufwandes können auch die Jahreszeit oder die augenblickliche Werkstattauslastung eines Autohauses entscheidend sein. Wird beispielsweise ein Cabrio bei einem Unfall beschädigt, wird der Preis für das Fahrzeugwrack im Frühjahr oder Sommer höher sein als im Winter, da erfahrungsgemäß im Winter die Nachfrage nach Cabrios weitaus geringer ist. Für ein marktgängiges Serienfahrzeug ist ein Erwerber eher bereit einen höheren Preis zu zahlen, als für ein Fahrzeug, das bereits im unbeschädigten Zustand als Gebrauchtwagen kaum zu veräußern ist. Ein potenzieller Erwerber würde sich deshalb sehr genau überlegen, ob er ein nicht marktgängiges Fahrzeug repariert und anschließend Gefahr läuft, dieses nicht veräußern zu können oder aber erhebliche Abschläge beim Preis hinnehmen zu müssen. Geschah der Unfall dann auch noch zu einem Zeitpunkt, in dem in einer Werkstatt eine Auftragsflaute herrschte, ist der Inhaber froh, zur Beschäftigung seines ohnehin von ihm zu bezahlenden Personals eine Reparatur des Fahrzeuges durchführen lassen zu können und dieses sodann zum Verkauf anzubieten. Er wird hier sicherlich bereit sein, einen höheren Betrag für das verunfallte Fahrzeug zu investieren als bei einer vollen Werkstattaus-

---

145 BGH, VersR 92, 457.

146 BGH, VersR 93, 769.

147 BGH, VersR 00, 467 = NJW 00, 800.

148 BGH, DAR 05, 152.

149 BGH, NJW 05, 3134.

150 Höke, VGT 02, 795 ff

151 VGT 90, zfs 90, 39; anders Trost, VersR 02, 795 ff.

lastung. Ferner bietet sich in diesen Fällen die Gewährung eines „versteckten Rabatts“ an, wenn der Händler daran interessiert ist, dem Geschädigten ein neues Fahrzeug zu veräußern. Auch wenn es das Rabattgesetz nicht mehr gibt[152], lässt sich gleichwohl noch immer mit einem höheren als im Gutachten ausgewiesenen Restwertangebot ein potenzieller Erwerber dazu bewegen, ein Neufahrzeug bei dem Autohaus zu kaufen. Hiervon unabhängig hat natürlich auch der Geschädigte die Möglichkeit, sich selbst um eine günstigere Veräußerung des Fahrzeuges zu bemühen und etwa über das Internet Kontakt zu einem professionellen Restwerthändler aufzunehmen, der seinerseits weitreichendere Verwertungsmöglichkeiten hat und deshalb bereit ist, einen höheren Preis zu zahlen[153]. Auch insoweit gilt, je geringer der angegebene Restwert laut Gutachten, desto größer der mögliche Gewinn im Falle einer Veräußerung.

## IV. Streit um die Ermittlung der Reparaturkosten

Neben dem Bestreben der Versicherer, einen möglichst hohen Restwert bei der Schadensabrechnung in Ansatz zu bringen[154], ist es ebenso ihr Ziel, die Reparaturkosten im Rahmen einer fiktiven Schadensabrechnung „zu drücken“. In Verbindung mit einem hohen Restwert können niedrigere fiktive Reparaturkosten nämlich dazu führen, dass der Versicherer die für ihn günstigere Abrechnung auf der Basis eines Wiederbeschaffungswertes abzüglich Restwert vornehmen kann. Selbst wenn dies nicht möglich ist, etwa weil die Reparaturkosten wesentlich unter dem Wiederbeschaffungswert für ein vergleichbares Fahrzeug liegen, ergeben sich so für den Versicherer dennoch Möglichkeiten, im Rahmen der von einem Sachverständigen oder innerhalb eines Kostenvoranschlages vorgenommenen Reparaturkostenkalkulation Kürzungen in Ansatz zu bringen[155]. Auch wenn der Geschädigte grundsätzlich die Möglichkeit hat auf der Basis eines Gutachtens oder eines Kostenvoranschlages abzurechnen[156], bleibt es dem Schädiger nämlich unbenommen durch substantiierte Einwendungen Einzelpunkte des Gutachtens oder des Kostenvoranschlages in Zweifel zu ziehen.

Neben der eher seltenen Diskussion technischer Fragen beziehen sich die Einwände häufig auf solche Schadenspositionen, die im Reparaturfall auftreten können, aber nicht müssen. Hier stellt sich sodann im Rahmen der fiktiven Schadensabrechnung die Frage, ob diese angesetzt werden dürfen und von den Versicherern zu zahlen sind. In der Praxis geht es dabei vielfach um die Kosten für die Verbringung zur Lackiererei, die Aufschläge auf die unverbindlichen Preisempfehlungen der Fahrzeughersteller für Original-Ersatzteile („UPE-Aufschläge“) und die Höhe der kalkulierten Lohnkosten[157].

---

152 Speer, VersR 02, 17.

153 BGH, SP 05, 90 = DAR 05, 152.

154 Witte, SP 97, 26 ff.

155 BGH, VersR 89, 1056.

156 AG Schwabach v. 23.09.03, Az: 8 C 0821/02, n.v.;AG Hamburg v. 04.12.02, Az: 911F C 2/02 n.v.; AG Hamburg v. 02.06.05, Az: 51B C 5/05, n.v.; LG Kleve, zfs 99, 239; LG München, zfs 91, 123; Fleischmann/Hillmann, § 7, Rdnr. 125.

157 Wenker, VersR 05, 917 f.

### 1. Verbringungskosten

Eine Möglichkeit, die Reparaturkosten im Rahmen der fiktiven Schadensabrechnung zu senken, besteht darin, die Verbringungskosten nicht zu erstatten. Hierbei handelt es sich um Geldaufwendungen, die erforderlich sind, um ein Fahrzeug von der Werkstatt zum Zwecke der Lackierung in eine Lackiererei zu überführen[158]. Diese Kosten entstehen somit nicht unmittelbar aufgrund der unfallbedingten Beschädigungen, sondern setzen voraus, dass das reparierte Fahrzeug nicht in der Reparaturwerkstatt lackiert werden kann, sondern in einen Lackierbetrieb „verbracht" werden muss. Auf den ersten Blick hat es den Anschein, als könnten Verbringungskosten somit nur dann erstattet werden, wenn sie tatsächlich angefallen sind und nachgewiesen wurden. Letzteres steht freilich mit der Dispositionsbefugnis des Geschädigten in einem Spannungsverhältnis.

Danach bleibt es dem Geschädigten überlassen, welche Werkstatt er mit der Reparatur beauftragen will. Er muss insbesondere keine Erkundigungen einziehen, welche Werkstatt über eine eigene Lackiererei verfügt, d.h. wo Verbringungskosten anfallen würden und wo nicht. Die Rechtsprechung zu dieser Problematik ist uneinheitlich. Teilweise werden die Verbringungskosten auch bei einer fiktiven Abrechnung zugesprochen[159], teilweise wird dies gerade verneint[160].

Letztlich dürfte der Auffassung der Vorzug zu geben sein, die die Verbringungskosten auch bei einer fiktiven Abrechnung zuspricht. Nach ständiger höchstrichterlicher Rechtsprechung hat der Geschädigte eines Verkehrsunfalls grundsätzlich einen Anspruch auf Ersatz der in einer Vertragswerkstatt anfallenden Reparaturkosten unabhängig davon, ob er den Wagen tatsächlich voll, minderwertig oder überhaupt nicht reparieren lässt[161]. Ziel des Schadensersatzes ist die Totalreparation. Der Geschä-

---

158 Wellner, Homburger Tage 03, 27 ff.

159 AG Verden, zfs 01, 18; AG Mainz, DAR 96, 322; AG Solingen, DAR 97, 449; AG Weilburg, zfs 97, 298; AG Kiel, DAR 97, 159; LG Wiesbaden, v. 13.07.04, Az: 1 S 44/03, n.v.; OLG Dresden, DAR 01, 454 ff.; AG Landstuhl, DAR 02, 77; OLG Düsseldorf, VersR 02, 68 f.; Palandt/Heinrichs § 249 Rdnr. 6 a; Thüringer OLG, MittBl der Arge VerkR 05, 64; AG Würzburg Zweigstelle Ochsenfurt, MittBl der Arge VerkR 05, 65; AG Lüdenscheid, SP 03, 102; LG Essen, SP 03, 102; so auch Hellwig, R 120, 26.

160 AG Saarbrücken, SP 05, 198; AG Rostock, SP 03, 20; AG Ludwigshafen, SP 03, 20; AG München, SP 03, 61; AG Aachen, SP 03, 137; AG Hadamar, SP 03, 137 f.; AG Leipzig, SP 03, 425 f. Wie kontrovers und uneinheitlich die Rechtsprechung ist, ist auch daran zu erkennen, dass häufig kurzzeitig hintereinander von denselben Amtsgerichten, aber unterschiedlichen Richtern differierende Urteile bzgl. der Verbringungskosten gefällt werden. Während das AG Saarbrücken, SP 05, 238, die Verbringungskosten zugesprochen hat, hat das AG Saarbrücken, SP 05, 198, diese abgelehnt und dabei auf seine bisherige ständige Rechtsprechung verwiesen. Ähnlich ist die Situation beim AG Augsburg. Während in dem Urteil des AG Augsburg, MittBl der Arge VerkR 2/05, das Gericht die Verbringungskosten zugesprochen hat, hat das selbe Gericht in einem Verfahren 14 C 5599/04 am 15.02.05 einen Beweisbeschluss erlassen und darin den Gutachter aufgefordert zu beachten, dass nach Ansicht des Gerichts fiktive Verbringungskosten nicht zu ersetzen sind.

161 BGH, NJW 03, 2086 = VersR 03, 920 m.w.N.

digte ist nach schadensrechtlichen Grundsätzen sowohl in der Wahl der Mittel zur Schadensbehebung als auch in der Verwendung des vom Schädiger zu leistenden Schadensersatzes frei[162]. Wenn die Verbringungskosten in den örtlichen Fachwerkstätten anfallen, da diese über keine eigene Lackiererei verfügen, würde die Dispositionsfreiheit des Geschädigten eingeschränkt und ihm auferlegt, einen aufwändigen Preisvergleich der einzelnen Werkstätten zu erstellen, um eine Reparatur im Rahmen der seitens des Schädiger zuerkannten Preise zu erhalten[163]. Dies ist ihm aber nicht zuzumuten und geht auch über seine Pflichten zur Schadensminderung deutlich hinaus.

## 2. UPE-Aufschlag

Ähnlich ist die Problematik bei den so genannten UPE-Aufschlägen. Es handelt sich dabei um die Aufschläge, die viele Werkstätten auf die unverbindlichen Preisempfehlungen der Hersteller für die Lieferung von Ersatzteilen, für Lagerung, Dispositionen etc. vornehmen. Auch bei dieser Frage ist die Rechtsprechung uneinheitlich. Zum Teil wird die Auffassung vertreten, dass auch die UPE-Aufschläge nicht in jedem Fall bei einer Reparatur anfallen. Deshalb sei ihre Berücksichtigung nur dann zulässig, soweit sie im Rahmen einer konkreten Schadensabrechnung tatsächlich nachgewiesen werden[164]. Nach anderer Auffassung handelt es sich aber auch bei diesen Aufschlägen um Schadensposten, die zumindest von einem Teil der Werkstätten berechnet werden. Da bei der fiktiven Abrechnung der Geschädigte noch keine Werkstätte beauftragt hat, ist er auf die Berechnung des Gutachtens, die als solche nicht zu beanstanden ist, angewiesen[165]. Da er seinen Schaden berechtigt als fiktiven Schaden abrechnet, sind diese Kosten ebenso fiktiv zu erstatten, auch wenn sie im konkreten Abrechnungsfall eventuell unberechnet bleiben[166]. Dieses Risiko trägt aber nicht der Geschädigte sondern der Schädiger bzw. dessen Haftpflichtversicherer.

Die Schadensabrechnung auf Gutachtenbasis soll den Geschädigten in die Lage versetzen, eine Reparatur nicht sogleich, sondern erst nach Leistung des Schadensersatzes vorzunehmen. Anderenfalls würde derjenige Geschädigte unangemessen benachteiligt, der Reparaturkosten nicht aus eigenen Mitteln vorlegen kann. Er könnte nur gekürzte Schadensersatzleistungen im Klagewege erreichen und damit nach Erhalt eine vollständige Reparatur nicht durchführen[167]. Aus diesem Grunde ist auch hier der Meinung der Vorzug zu geben, die eine Erstattung der UPE-Aufschläge im Rahmen der fiktiven Schadensabrechnung anerkennt.

---

162 BGH, BGHZ 155, 1 ff. m.w.N.

163 LG Aachen, DAR 02, 72.

164 LG Bielefeld, Urteil v. 31.07.96, Az: 1 S 36/96; AG Eberswalde Urteil v. 15.08.97, Az: 2 C 1179/96; AG München, Urteil v. 25.11.99, Az: 131 S 29218/99; LG Essen, Urteil v. 16.06.98, Az: 13 S 175/98, alle n.v.; AG Aachen, SP 05, 167 ff.; AG München, SP 03, 61; AG Lüdenscheid, SP 03, 102; LG Essen, SP 03, 102; AG Berlin-Mitte, SP 03, 276.

165 AG Gronau, DAR 98, 478; Thüringer OLG, MittBl der Arge VerkR 05, 64; OLG Hamm, MittBl der Arge VerkR 98, 58; LG Aachen, DAR 02, 72; OLG Düsseldorf, NZV 02, 87; OLG Dresden, DAR 01, 454; Wortmann, zfs 99, 365 ff.

166 AG Darmstadt, NZV 05, 199.

167 AG Schweinfurt, DAR 98, 478 f.; AG Pforzheim, DAR 96, 501; AG Überlingen, DAR 95, 296.

### 3. Stundenverrechnungssätze

Welche Stundenverrechnungssätze der Werkstätten bei der fiktiven Abrechnung zugrunde zu legen sind, wird ebenfalls kontrovers diskutiert. Seitens der Versicherer wurde in der Vergangenheit immer wieder versucht, die Schadensabrechnung auf Gutachterbasis, auf die so genannten „mittleren ortsüblichen Stundenverrechnungssätze" zu beschränken. Diese werden von der DEKRA[168], einem heute bundesweit im technischen Gutachter- und Sachverständigenbereich tätigen Dienstleister, ermittelt. Insgesamt unterhält die DEKRA 84 Niederlassungen und 114 Außenstellen. Die Datenerhebung erfolgt einmal pro Jahr und zwar im Mai. Die Ergebnisse der Mai-Erhebung werden dann von der DEKRA in der Regel im Juli in Form einer Gesamtübersicht der Ergebnisse aller DEKRA-Niederlassungen im Bundesgebiet veröffentlicht.

Für die Zugrundelegung der mittleren Stundenverrechnungssätze im Rahmen der fiktiven Abrechnung könnte sprechen, dass bei der Beauftragung des Gutachters häufig noch nicht feststeht, wo der Geschädigte letztendlich das Fahrzeug reparieren lässt[169]. Es können deshalb sowohl billige als auch teure Werkstätten in Betracht kommen, so dass man in der Tat daran denken könnte, einen Mittelwert zugrunde zu legen.

Dagegen spricht jedoch zum einen, dass der Schädiger zur vollständigen Behebung des Schadens unabhängig von den wirtschaftlichen Dispositionen des Geschädigten verpflichtet ist. Zum anderen würde die Möglichkeit der Schadensbehebung in eigener Regie eingeschränkt werden. Hinzu kommt außerdem, dass die Realisierung einer Reparatur zu dem von dem Beklagten vorgetragenen Preisen die Entfaltung erheblicher eigener Initiative durch den Geschädigten erfordern würde, wozu dieser nicht verpflichtet ist[170]. Maßgebend für die Vergabe eines Reparaturauftrages ist schließlich neben dem Stundensatz auch die Werkstatterfahrung, gerade in Bezug auf die entsprechende Fahrzeugmarke. Diese Frage spiegelt sich aber in einem Mittelwert nicht wider.

Der BGH[171] hat den Streit zwischenzeitlich dahin entschieden, dass sich der Geschädigte nicht auf mittlere Stundenverrechnungssätze verweisen lassen muss, sondern die Sätze geltend machen kann, die von einer bestimmten Werkstatt in seiner Nähe tatsächlich verlangt werden[172].

---

168 ursprünglich: Deutscher Kraftfahrzeug Überwachungsverein.

169 OLG Hamm, DAR 96, 400; LG Berlin, SP 02, 390; AG Gießen, zfs 98, 51; AG Wetzlar, SP 02, 391.

170 BGH, BGHZ 132, 373, 378 bzw. BGH, BGHZ 143, 189, 194 zur Bestimmung des Restwertes bei Inzahlunggabe des Fahrzeugs.

171 BGH, VersR 03, 920.

172 Anders, und vom BGH bisher auch nicht entschieden, kann der Fall jedoch dann liegen, wenn beispielsweise zwei Fach- bzw. Vertragswerkstätten mit unterschiedlichen Stundenverrechnungssätzen in der Nähe sind. Dann muss der Versicherer die Möglichkeit haben, im Falle einer fiktiven Abrechnung die geringeren Stundenverrechnungssätze zu Grunde zu legen.

## E. Schadensabwicklung innerhalb der Kaskoversicherung

### I. Wesen der Kaskoversicherung und Unterschiede zur Kraftfahrthaftpflichtversicherung

Gegenstand der Kaskoversicherung ist das Eigentümerinteresse an der Erhaltung des versicherten Fahrzeuges[173]. Grundsätzlich unterscheidet man zwei Arten der Kaskoversicherung, einmal die Fahrzeugteilversicherung (Teilkasko) und Fahrzeugvollversicherung (Vollkasko). Die Teilkaskoversicherung ersetzt Schäden, die durch die Beschädigung, die Zerstörung oder den Verlust des eigenen Fahrzeuges, einschließlich versicherter Zubehörteile entstehen. Gedeckt ist – falls nichts anderes vereinbart ist – der unmittelbar am Fahrzeug entstandene Schaden, also nicht Sachfolgeschäden wie zum Beispiel Mietwagenkosten, Gutachterkosten, Spesen oder sonstige Vermögensnachteile[174]. Die Vollkasko beinhaltet die Leistungen der Teilkaskoversicherung. Außerdem umfasst der Versicherungsschutz Schäden durch selbstverschuldete Unfälle, wenn kein Verursacher zu ermitteln ist oder auch bei mutwilligen Handlungen fremder Personen[175].

Anders als bei der Kraftfahrzeughaftpflichtversicherung handelt es sich bei der Kaskoversicherung nicht um eine Pflicht- sondern um eine freiwillige Versicherung[176]. Deshalb bestimmen sich im Haftpflichtrecht die Rechte und Pflichten bei der Kaskoversicherung allein aus dem Vertrag zwischen dem Versicherer und dem Versicherungsnehmer[177]. Fraglich ist deshalb, ob sich die Probleme der Restwertermittlung im Kaskobereich ebenso stellen wie im Verhältnis zwischen dem Geschädigten und der Haftpflichtversicherung des Unfallgegners.

Auf den ersten Blick unterliegt die Restwertermittlung im Kaskoschadensfall den gleichen Grundsätzen wie im Haftpflichtfall[178]. Bei näherer Betrachtung aber ist die Ausgangslage in beiden Fällen sehr unterschiedlich[179]. Im Haftpflichtfall folgt die Schadensabwicklung streng nach den gesetzlichen Regeln[180]. Die Anspruchsgrundlage stellen § 7 StVG bzw. § 823 I BGB in Verbindung mit den §§ 249 ff. BGB dar. Damit wird die Restwertdiskussion von den schadensersatzrechtlichen Grundsätzen geprägt. Wird hingegen ein Schaden auf der Grundlage einer Vollkaskoversicherung abgewickelt, so richtet sich dies nach den Vereinbarungen, den Regelungen des Versicherungsvertragsgesetzes (VVG) und den Allgemeinen Bedingungen für die Kraftfahrtversicherung (AKB)[181].

Im Rahmen der vertraglichen Vereinbarungen sind die Parteien frei von den gesetzlichen, schadensersatzrechtlichen Grundsätzen abzuweichen. Hiervon machen die

---

173 vgl. nur BGH, VersR 64, 479.
174 BGH, VersR 88, 949; Prölss/Martin/Knappmann, § 12 AKB, Rdnr. 2.
175 Prölss/Martin/Knappmann, § 12 AKB, Rdnr. 2.
176 Prölss/Martin/Knappmann, AKB Vorbemerkung zu § 7 AKB, Rdnr.10.
177 Prölss/Martin/Knappmann, AKB Vorbemerkung zu § 7 AKB Rdnr. 1.
178 Fuchs, Der Restwertregress gegen den Kfz-Sachverständigen, 19.
179 Huber, DAR 02, 337.
180 Kääb, NZV, 93, 465, 466.
181 Engelke, SP 01, 280, 281.

Versicherer in ihren Versicherungsbedingungen intensiven Gebrauch[182]. Die Versicherungsgesellschaften verwenden in den Kaskoversicherungsverträgen ausnahmslos eine Klausel (§ 7 Abs. 3 AKB), die dem Versicherer ein Weisungsrecht bei der Verwertung des Restwertes einräumt. Sinngemäß lautet diese Klausel bei allen Versicherungsgesellschaften etwa wie folgt:

„In Fällen der Fahrzeugversicherung hat der Versicherungsnehmer vor Beginn der Instandsetzung oder der Verwertung die Weisung des Versicherers einzuholen, soweit ihm das zuzumuten ist."[183]
Mit diesem Weisungsrecht steht und fällt die Restwertfrage in der Kaskoversicherung. Der Kaskoversicherer diktiert dem Versicherungsnehmer gegenüber letztlich, was mit dem verunfallten Fahrzeug zu geschehen hat[184]. Der Versicherungsnehmer darf ohne Zustimmung des Versicherers das Fahrzeug nicht verkaufen. Worauf der Versicherer nun seine Entscheidung stützt, der beabsichtigen Veräußerung zuzustimmen oder nicht, ist einzig und allein seine Sache[185]. Der Versicherungsnehmer hat insoweit keinerlei Mitspracherecht. Es versteht sich deshalb von selbst, dass der Versicherer das beschädigte Kfz besichtigen und begutachten darf[186]. Nur so hat er nämlich die Möglichkeit, die Höhe der Reparaturkosten bzw. die Höhe des Restwertes feststellen zu können.

Demgegenüber ist es dem Versicherungsnehmer sicher zuzumuten, vor der Verwertung seines Fahrzeuges (hierzu gehört der Verkauf des unreparierten Fahrzeuges[187] und nicht nur des reparaturunwürdigen Fahrzeugwracks[188]) bei dem Versicherer nachzufragen und dessen Weisung einzuholen[189]. Tut er dies nicht, besteht für ihn die Gefahr, dass er sein Fahrzeug „zu billig" veräußert und einen Teil seines Schadens nicht ersetzt erhält. Fraglich ist, ob sich der Geschädigte ein Restwertangebot auch entgegenhalten lassen muss, wenn er das Fahrzeug gar nicht veräußern will, sondern weiter benutzen möchte. Letztlich ist es für die Erstattungspflicht des Kaskoversicherers jedoch unerheblich, ob das Fahrzeug tatsächlich veräußert wird. Entscheidend ist, dass der Versicherer gemäß § 7 Abs. 3 AKB eine Weisung und damit ein Angebot abgeben darf. Ob es der Versicherte annimmt, steht diesem frei. Er kann sich allerdings durch den Nichtverkauf nicht besser stellen[190].

Missachtet der Versicherungsnehmer rechtmäßige Weisungen oder holt er diese schuldhaft nicht ein, ist der Versicherer gemäß § 7 Abs. 5 Satz 4 in Verbindung mit § 6 Abs. 3 VVG unter Umständen sogar leistungsfrei[191]. Jedenfalls ist bei der Anrechnung des Restwertes von dem Preis auszugehen, den der Versicherungsnehmer bei

182 Hellwig, 0 10, 42.
183 Prölss/Martin/Knappmann, § 7 AKB, Rdnr. 62.
184 Hanseatisches OLG, SP 05, 61; LG Düsseldorf, SP 04, 418 f.; OLG Frankfurt, SP 04, 240 f.
185 Rode, DAR 98, 52, 53.
186 Prölss/Martin/Knappmann, § 7 AKB, Rdnr. 62.
187 Feyok/Jacobsen/Lemor, Kraftfahrzeugversicherung, Rdnr. 126.
188 so aber Stiefel/Hofmann, § 7 AKB, Rdnr. 209 a.
189 OLG Frankfurt/Main, SP 04, 240 f.; LG Düsseldorf, SP 04, 418 f.; Hellwig, O 10, 42.
190 AG Frankfurt/Main, SP 03, 28.
191 Prölss/Martin/Kappmann, § 7 AKB, Rdnr. 65 f.

hinreichenden Bemühungen und unter Beachtung der Weisungen seines Versicherers hätte erzielen können. Das Weisungsrecht des Versicherers führt dazu, dass gerichtliche Streitigkeiten über den Restwert im Kaskobereich – ganz anders als in den Haftpflichtfällen – eher selten sind[192].

## II. Grenzen des Weisungsrechts

### 1. Zeitliche Begrenzung

Da die Kaskoversicherung nicht die Schäden abdeckt, die dadurch entstehen, dass das Fahrzeug während der Reparaturdauer oder der Suche nach einem geeigneten Käufer nicht genutzt werden kann, kann das Abwarten von Weisungen für den Versicherungsnehmer mit täglichen, finanziellen Opfern verbunden sein. So können zum Beispiel Standkosten anfallen oder zusätzliche Abschleppkosten entstehen, etwa wenn das Fahrzeug an einen anderen Ort verbracht werden muss, weil es dort, wohin es unmittelbar nach dem Unfall geschleppt wurde, nicht länger bleiben kann. Kehrseite des Weisungsrechts ist daher die Verpflichtung des Versicherers, unverzüglich sein Weisungsrecht auszuüben. Ein Warten über das unbedingt notwendige Maß hinaus kann dem Versicherungsnehmer im Sinne des § 7 Abs. 3 AKB billigerweise nicht zugemutet werden[193]. Grundsätzlich ist davon auszugehen, dass spätestens innerhalb 1 Woche nach Eingang der Meldung das Gutachten vorliegen muss, damit gegebenenfalls auch der Versicherungsnehmer seinerseits disponieren kann. Diese zeitliche Begrenzung des Weisungsrechts spielt vor allem in solchen Fällen eine Rolle, in denen die Schuldfrage nicht geklärt ist und eine Schadensteilung, mit welcher Quote auch immer, in Betracht kommt. Hier könnte nämlich andernfalls die Gefahr einer Pflichtenkollision bestehen. Die vertragliche Pflicht gegenüber der Kaskoversicherung, Weisungen abzuwarten, kollidiert hier nämlich mit der Schadensminderungspflicht des Geschädigten (Versicherungsnehmer), die dieser in Bezug auf seine Haftpflichtansprüche gegenüber dem Schäbiger und dessen Haftpflichtversicherung zu beachten hat. Hiervon können beispielsweise zusätzliche Kosten für die Anmietung eines Ersatzwagens oder Standkosten betroffen sein, wenn sich etwa die Mietdauer für das Ersatzfahrzeug wegen verzögerter Weisungen des Versicherers hinauszieht oder eine längere als notwendige Standzeit beim Abschleppunternehmer anfällt. Ein Anspruch auf Ersatz dieser Standkosten aus der Kaskoversicherung besteht nicht[194]. Letztlich ergibt sich schon aus dem Wortlaut der Versicherungsbedingungen in § 7 Abs. 3 AKB, dass das Abwarten der Weisungen zeitlich begrenzt ist, nämlich auf den Zeitraum, der dem Versicherungsnehmer billigerweise zugemutet werden kann. § 7 Abs. 3 Satz 1 AKB entspricht einer vertraglichen Nebenverpflichtung des Versicherers, die Schadensfeststellung zu beschleunigen und sich baldmöglichst zu erklären[195].

Eine Verletzung der Obliegenheit seitens des Versicherungsnehmers könnte jedoch dann vorliegen, wenn die Verzögerung ganz oder teilweise auf sein eigenes Verschulden zurückzuführen ist, z.B. weil er nicht genügend Angaben über die Art des

---

192 Rode, DAR 98, 52, 53.

193 Stiefel/Hofmann, § 7 AKB, Rdnr. 210 f.

194 LG München I, SP 03, 357.

195 Prölss/Martin/Knappmann, § 7 AKB, Rdnr. 62; OLG Frankfurt, VersR 72, 578.

Schadens, den Zustand und Standort des Fahrzeuges usw. gemacht hat[196]. Bereits die Nichtbeantwortung einer Frage könnte eine Verletzung der Aufklärungspflicht darstellen[197]. Gleiches gilt, wenn seine Angaben nicht ausreichen, um dem Versicherer die Dringlichkeit der eigenen Weisungen hinreichend vor Augen zu führen oder wenn diese irreführend sind. In diesen Fällen bleibt die Obliegenheit des Versicherungsnehmers, die Weisungen des Versicherers zunächst abzuwarten, weiterhin bestehen[198], da er seinerseits nicht alles getan hat, um den Versicherer alle Grundlagen für eine Entscheidungsfindung zu liefern.

### 2. Bestimmtheit des Angebots

Weitere Voraussetzung für eine wirksame Weisung des Versicherers ist ferner, dass der Versicherungsnehmer dieser Weisung unschwer nachkommen kann. Die Weisungen müssen deshalb klar und verständlich sein. Dies bedeutet, dass nur eine solche Weisung vom Versicherungsnehmer zu befolgen ist, für die er seinerseits keine größeren Anstrengungen unternehmen muss. In Bezug auf das Angebot eines Restwertaufkäufers bedeutet dies, dass nicht nur der Name des Aufkäufers und dessen vollständige Anschrift angegeben sein müssen, sondern das Angebot insgesamt so konkret und bestimmt sein muss, dass für den Versicherungsnehmer ein Anruf ausreicht, um den Verkauf des Fahrzeugs abzuwickeln[199]. Weitergehende eigene Recherchen, wie etwa die Ermittlung der Telefonnummer des Aufkäufers etc. werden von ihm nicht verlangt, so dass es keine Obliegenheitsverletzung darstellt, wenn er auf ein solch unterbreitetes „Angebot" nicht eingeht[200]. Dies gilt auch für die Fälle, wenn der Aufkäufer telefonisch nicht innerhalb bestimmter Zeit zu erreichen ist.

## III. Verwertung auf der Grundlage eines übersandten Gutachtens

In der Praxis ist es keinesfalls selten, dass dem Versicherungsnehmer von seinem Versicherer das Schadensgutachten kommentarlos, ohne Weisungen und ohne weitergehendes Restwertangebot übersandt wird. Es stellt sich dann für den Versicherungsnehmer die Frage, ob er vor einer Veräußerung gleichwohl nochmals bei seiner Versicherung Rücksprache halten und deren Weisungen abwarten muss, oder sich auf die Angaben im Gutachten verlassen darf. Hier dürfte wohl danach zu differenzieren sein, ob es sich um das Gutachten eines bei der Versicherung angestellten oder um eines von der Versicherung beauftragten selbstständigen Sach-verständigen handelt. Im Falle der Einschaltung eines externen Sachverständigen durch die Versicherung spricht jedenfalls wenig dafür, von einer generellen Vorab-Zustimmung des Versicherers zur Verwertung des Fahrzeuges auf dieser Basis auszugehen. Dies folgt daraus, dass im Gutachten Fehler oder Mängel vorhanden sein können, die der Versicherer selbst noch überprüfen und gegebenenfalls korrigieren kann. Dies ist jedoch dann nicht möglich, wenn er vom Inhalt des Gutachtens keine Kenntnis hatte.

---

196 OLG Koblenz, VersR 76, 1080.

197 Prölss/Martin/Knappmann, § 7 AKB, Rdnr. 12; Dies führt jedoch nur zur Leistungsfreiheit des Versicherers, wenn seine Interessen nachweisbar ernsthaft gefährdet wurden, OLG Koblenz a.a.O.

198 Stiefel/Hofmann, § 7 AKB, Rdnr. 210 f.

199 BGH, NJW 00, 800.

200 OLG Köln, SP 05, 95 f.

Hat jedoch ein Angestellter der Versicherung selbst die Schadensermittlung durchgeführt, liegt es nahe, den im Gutachten notierten Restwert als vorab genehmigt zu betrachten. Das Gutachten stammt dann nämlich von dem Versicherer selbst und ist praktisch als Angebot zur Verwertung des Fahrzeuges zu dem ausgewiesenen Restwert anzusehen. Fehler des hauseigenen Sachverständigen müssen sich die Versicherer zurechnen lassen. Sofern er dies verhindern möchte, wird er dies im Gutachten zum Ausdruck bringen müssen, etwa durch einen entsprechenden Vorbehalt oder sonstigen Hinweis.

## IV. Abrechnung auf der Grundlage eines eigenen Gutachtens

Schließlich gibt es Fälle, in denen der geschädigte Versicherungsnehmer zunächst selbst ein eigenes Gutachten in Auftrag gibt und auf der Basis desselben mit seinem Kaskoversicherer abrechnen will, wozu auch die Verwertung des Fahrzeuges zu dem im Gutachten angegebenen Restwert gehört. Derartige Fälle kommen in der Praxis häufig vor. Zumeist handelt es sich hierbei um die Konstellation, dass der Versicherungsnehmer zunächst von einer „Alleinschuld" des Unfallgegners ausgegangen ist, sich aber später herausstellt, dass der Versicherungsnehmer die „Schuld" an dem Unfall allein oder zumindest teilweise trägt. Man stelle sich beispielsweise den Fall vor, dass auf den ersten Blick ein typischer Auffahrunfall vorliegt, der für ein „Alleinverschulden" des Unfallgegners spricht. Der Versicherungsnehmer schildert dies in dieser Form einem von ihm beauftragten Rechtsanwalt, der ihm sodann rät, ein Sachverständigengutachten einzuholen, um die Abrechnung mit der gegnerischen Versicherung auf der Basis dieses Gutachtens vorzunehmen. Stellt der vom Geschädigten eingeschaltete Gutachter einen Totalschaden des Fahrzeugs fest, kann der Geschädigte über das Fahrzeug disponieren, was er in der Folgezeit auch tut[201]. Erst längere Zeit danach stellt sich heraus, dass die Schuldfrage nicht so eindeutig ist, wie ursprünglich angenommen, weil beispielsweise ein unnötiges abruptes Bremsen vorgelegen hat. Nunmehr wird der Geschädigte versuchen, seinen restlichen, d.h. den von der Haftpflichtversicherung des Unfallgegners nicht ersetzten Schaden bei seiner eigenen Kaskoversicherung geltend zu machen. Noch bevor diese reagieren und ihm beispielsweise ein Restwertangebot übersenden kann, veräußert er das Fahrzeug zu dem in den von ihm eingeholten Gutachten angegebenen Restwert. Fraglich ist, ob der Kaskoversicherer das höhere Restwertangebot bei der Abrechnung zugrunde legen darf oder letztlich an den Restwert gebunden ist, der sich aus dem vom Geschädigten bzw. dem Versicherungsnehmer eingeholten Sachverständigengutachten ergibt. Man könnte einerseits der Auffassung sein, dass der Versicherungsnehmer guten Gewissens das Fahrzeug zu dem ihm bekannten Restwert veräußert hat, andererseits aber könnte dem entgegengehalten werden, dass er § 7 Abs. 3 AKB umgangen und seinem Kaskoversicherer die Möglichkeit genommen hat, ein höheres Angebot zu unterbreiten. Letztlich verdient diese Auffassung den Vorzug, da der Kaskoversicherer, wie sich aus den Vertragsbedingungen ergibt, ein Weisungsrecht hat. Es ist deshalb dem Versicherungsnehmer verwehrt, sein von ihm selbst eingeholtes Gutachten bzw. den dort angegebenen Restwert der Schadensabrechnung seiner Kaskoversicherung gegenüber zugrunde zu legen. Man kann in diesem Fall einem Geschädigten nur empfehlen, sich nicht auf das eigene Gutachten zu verlassen, sondern schon sicherheitshalber in jedem Fall vor einer Veräußerung den

---

201 BGH, zfs 05, 600 mit Anmerkung Diehl.

Kaskoversicherer zu kontaktieren. Anders ist die Rechtslage allenfalls dann, wenn der Versicherungsnehmer bereits zu dem Zeitpunkt, als er von der Alleinschuld des Unfallgegners ausgehen durfte, das Fahrzeug auf der Basis des von ihm eingeholten Gutachtens veräußert hat, da er zu diesem Zeitpunkt noch nicht damit rechnete überhaupt mit seiner Kaskoversicherung abrechnen zu müssen.

Zusammenfassend lässt sich damit feststellen, dass dem Versicherungsnehmer grundsätzlich ein Abwarten von Weisungen billigerweise zuzumuten ist[202]. Zumindest kann der Kaskoversicherer verlangen, telefonisch vor Verkauf des Fahrzeuges informiert zu werden. Kommt der Versicherungsnehmer dieser Informationspflicht nicht nach und liegt dem Kaskoversicherer ein höheres Angebot vor, liegt ein Verstoß des Versicherungsnehmers gegen § 7 Abs. 3 AKB vor, mit der Folge, dass der Versicherungsnehmer den Differenzbetrag zwischen den beiden Gutachten nicht erstattet erhält in Bezug auf die unterschiedlichen Restwerte. Behauptet nun der Versicherungsnehmer, das von der Kaskoversicherung vorgelegte Angebot sei nicht ernsthaft und realisierbar gewesen, trägt er hierfür die Darlegungs- und Beweislast. Ein solcher Nachweis dürfte dem Versicherungsnehmer jedoch in der Praxis kaum gelingen, da ihm insoweit zumindest geeignete Beweismittel fehlen werden.

## V. Gerichtliche Auseinandersetzungen im Kaskobereich

### 1. Überblick

Im Hinblick auf die ausdrücklichen und umfassenden vertraglichen Regelungen zwischen den Parteien im Kaskobereich sind gerichtliche Auseinandersetzungen in Bezug auf die Schadensabwicklung die Ausnahme[203]. Soweit es überhaupt zu gerichtlichen Auseinandersetzungen kommt, betreffen diese in der Regel nicht die Höhe des Restwertangebotes, sondern die Frage, ob und in welcher Weise ein Pflichtenverstoß des Versicherungsnehmers gegen § 7 AKB vorliegt[204]. Anders als in den Haftpflichtfällen kommt hier dem Gutachten eine gänzlich andere Funktion zu. Dieses ist hier – ganz anders als in den Haftpflichtfällen – kein Mittel, um Waffengleichheit zwischen den Beteiligten herzustellen. Vielmehr dient es in den Kaskofällen allein der „internen Kenntnisbildung" des Versicherers und hat damit keine Schutzwirkung zugunsten des Versicherungsnehmers[205]. Hinzuweisen ist schließlich auch darauf, dass für Unstimmigkeiten aus dem Versicherungsverhältnis in § 14 AKB ein besonderes Sachverständigenverfahren vorgesehen und vorgegeben ist.

### 2. Verfahren gem. § 14 AKB

Die Bestimmung in § 14 AKB sieht vor, dass bei Meinungsverschiedenheiten zwischen dem Versicherungsnehmer und dem Versicherer über die Höhe des Schadens, einschließlich der Feststellung des Wiederbeschaffungswertes, über den Um-

---

202 Stiefel/Hofmann, § 7 AKB, Rdnr. 210 f.; LG Düsseldorf, SP 04, 418; OLG Frankfurt/Main, SP 04, 440.

203 Rode, DAR 98, 52, 53; OLG Karlsruhe, VersR 98,45; Höke NZV 02, 254.

204 In dem beispielsweise vom LG Düsseldorf entschiedenen Fall, SP 04, 418 ff. oder dem Urteil des OLG Frankfurt/Main, SP 04, 440.

205 OLG Nürnberg, VersR 01, 1552.

fang der erforderlichen Wiederherstellungsarbeit aber auch über den Restwert des beschädigten Fahrzeuges, ein Sachverständigenausschuss entscheiden soll[206]. Es handelt sich hierbei um ein Schiedsgutachterverfahren, das vor einer gerichtlichen Auseinandersetzung zwingend durchzuführen ist. Es ist somit eine Prozessvoraussetzung[207]. Freilich können die Parteien konkludent auf die Durchführung des Sachverständigensverfahren verzichten. An einem solchen Verzicht sind aber hohe Anforderungen zu stellen. Ein solcher liegt noch nicht vor, wenn der Versicherer vor Einleitung des Sachverständigenverfahrens ein Gutachten einholt, um einen Entschädigungsvorschlag vorzubereiten[208]. Im Einzelfall kann die Berufung des Versicherers auf Durchführung des Schiedsgutachterverfahrens allenfalls verwirkt sein. Hiervon ist allerdings dann nicht auszugehen, wenn der Versicherer zunächst zur Klage des Versicherungsnehmers rügelos verhandelt, er die Regulierung bereits dem Grunde nach ablehnt oder aber den Versicherungsnehmer zuvor ausdrücklich auf den Klageweg verwiesen hat[209].

Die praktische Bedeutung des Schiedsgutachterverfahrens ist sehr gering. Das Verfahren ist nämlich zeit- und kostenintensiv. In einem ersten Schritt muss der Gutachterausschuss gebildet werden. Dieser besteht aus zwei Mitgliedern, von denen der Versicherer und der Versicherungsnehmer je eines benennt. Sinn und Zweck des Schiedsgutachterverfahrens ist es, die Tatsachen verbindlich festzustellen. Dies gilt auch, soweit sich die Streitigkeit auf die Höhe des Restwertes bezieht. Die Abgrenzung von Rechts- und Tatsachenfragen ist dabei nicht immer einfach. Der Streit etwa, welche Angebote ein Sachverständiger seiner Wertermittlung zugrunde zu legen hat und welche Märkte zu berücksichtigen sind, betrifft eine Rechtsfrage, die von dem Gutachter nicht verbindlich geklärt werden kann. Insoweit würde das Sachverständigenverfahren nach § 14 AKB eine gerichtliche Auseinandersetzung ohnehin nicht obsolet machen.

## 2. Kapitel: Der Restwert als Bestandteil der fiktiven Schadenabrechnung

### A. Fiktive Schadensabrechnung

Ist das Eigentum eines anderen zurechenbar und schuldhaft verletzt oder bei Betrieb eines Kraftfahrzeuges beschädigt worden, dann ist der haftungsbegründende Tatbestand eines gesetzlichen Schadensersatzanspruches aus den §§ 823 ff. BGB bzw. § 7 StVG erfüllt. An die Feststellung dieses anspruchsbegründende Tatbestandes schließt sich die Frage an, inwieweit der hierdurch verursachte Schaden zu ersetzen ist. Da das BGB keine Definition oder auch nur Umschreibung dessen enthält, was im Sinne seiner Regelungen schon oder noch als Schaden anzusehen ist, finden sich im Schrifttum eine Vielzahl von Versuchen, den Schadensbegriff zu definieren. Ihnen ist letztlich gemeinsam, dass es sich jeweils um eine Einbuße an rechtlich geschützten Positionen handelt, die – soweit es sich um vermögensrechtliche Positio-

---

206 Halbgewachs, 41 f.

207 Fuchs, Der Restwertregress gegen den Kfz-Sachverständigen, 19; LG Köln, SP 03, 106, 107.

208 OLG Köln, a.a.O.

209 Prölss/Martin, Voit/Knappmann, § 64 VVG, Rdnr. 16, Anm.; Stiefel/Hofmann, § 14 AKB Rdnr. 8, jeweils m.w.N.

nen handelt – messbar sein muss[210]. Die Messbarkeit orientiert sich an der Differenzhypothese, also dem Vergleich zwischen der gegenwärtigen Vermögenslage einer Person nach und derjenigen, welche ohne Eintritt des schädigenden Ereignisses zum maßgeblichen Zeitpunkt bestanden hätte[211]. Wie die Höhe des Schadensersatzes zu bestimmen ist, ergibt sich letztlich aus den §§ 249-254 BGB. Sie dienen nicht als Anspruchsgrundlage und treffen keine Aussage darüber, ob eine Schadensersatzverpflichtung besteht. Vielmehr setzen sie die Haftung voraus und füllen diese aus[212]. Auf welche Haftungsnorm der Schadens-ersatzanspruch beruht, ist für die Anwendung der §§ 249 ff. BGB grundsätzlich bedeutungslos[213].
Im Mittelpunkt des haftungsausfüllenden Tatbestandes steht § 249 Abs. 1 Satz 1 BGB, der den Grundsatz der Naturalrestitution festschreibt. Danach ist der Schädiger verpflichtet den Zustand wieder herzustellen, der ohne das schädigende Ereignis bestehen würde[214]. Hierfür stellt das Gesetz zwei Wege zur Verfügung. Neben der Naturalrestitution in Form der tatsächlichen Wiederherstellung des schadensfreien Zustandes gibt das Gesetz dem Geschädigten auch die Möglichkeit, statt der tatsächlichen Wiederherstellung den entsprechenden Geldbetrag zu verlangen[215]. In der Praxis der Schadensregulierung, so auch im Anwendungsfall Kraftfahrzeugschaden, wird regelmäßig der zweite Weg (§ 249 Abs. 2 Satz 1 BGB) beschritten. Die dort geregelte Ersetzungsbefugnis - also Wiederherstellung in eigener Regie – soll den Geschädigten davon befreien, die Schadensbeseitigung dem Schädiger anzuvertrauen bzw. eine Instandsetzung veranlassen zu müssen. Unerheblich ist es dabei, ob es sich bei dem Schädiger sogar um einen Fachmann wie beispielsweise einen Inhaber eines Autohauses handelt. Die Ersetzungsbefugnis soll ferner das Abwicklungsverhältnis von dem Streit darüber entlasten, ob die Herstellung durch den Schädiger gelungen ist und vom Geschädigten als Ersatzleistung angenommen werden muss[216]. Fälle, in denen der Unfallgegner die Schadensbehebung in natura selbst in die Hand nimmt, können in der Praxis vernachlässigt werden, da sie in nur ganz wenigen Ausnahmen vorkommen[217].

## I. Praxis der fiktiven Schadensabrechnung

### 1. Situation des Geschädigten

Im Falle der Beschädigung einer Sache kann der Geschädigte den nach § 249 Abs. 2 Satz 1 BGB für die Wiederherstellung erforderliche Geldbetrag anhand der Kosten

---

210 Erman/Kuckuk, vor §§ 249 bis 253, Rdnr. 15.

211 a.a.O.

212 Kaiser, 148 ff.; Palandt/Heinrichs, vor § 249, Rdnr. 1.; Mü-Ko/Oetker, § 249, Rdnr. 1; Staudinger/Schiemann, vor § 249 Rdnr. 1; Soergel/Mertens, vor § 249, Rdnr. 1; BGB – RGRK/Alff, vor §§ 249-253, Rdnr. 2.

213 vgl. BGHZ 63, 182.

214 BGH, NJW 85, 793; 94, 999.

215 Bachmeier, Jahrbuch Verkehrsrecht 00, 39, 40; Erman/Kuckuk, vor §§ 249 bis 253, Rdnr. 20.

216 Esser/Schmidt, § 30 II vor 1, 169; ähnlich Staudinger/Schiemann, vor § 249, Rdnr. 4 (Hilfsnormen); Soergel/Mertens, § 249, Rdnr. 20.

217 Bachmeier, a.a.O.

für eine Reparatur oder einer vergleichbaren Ersatzsache berechnen[218]. Beide Wege führen im Ergebnis zur Wiederherstellung des wirtschaftlichen Zustandes, der ohne das schädigende Ereignis bestanden hätte und sind somit gleichwertige Formen der Naturalrestitution[219].

Da der Geschädigte für den Schadensumfang beweispflichtig ist, muss er zum einen nachweisen, welche Schäden unfallbedingt entstanden und zum anderen, welche Kosten zu deren Beseitigung erforderlich sind. Diesen Nachweis kann der Geschädigte auf zwei Arten erbringen.
Eine Möglichkeit besteht darin, die Rechnung für die (tatsächlich erfolgte) Reparaturdurchführung vorzulegen. Dies setzt allerdings regelmäßig voraus, dass er einen Reparaturauftrag erteilt, mit der Folge, dass er gegenüber seinem Auftragnehmer eine vertragliche Verpflichtung eingeht. Eine solche Verpflichtung ist für den Geschädigten in den Fällen problematisch, in denen die Haftung des Schädigers noch nicht feststeht und ungewiss ist, ob er einen vollständigen Ersatz seines Schadens erhält. In diesem Fall besteht für ihn die Gefahr, dass er die angefallenen Reparaturkosten oder zumindest einen Teil hiervon selbst tragen muss. Hätte er dies im Vorfeld gewusst, hätte er unter Umständen das Fahrzeug gar nicht, nicht vollständig oder kostengünstiger reparieren lassen. Problematisch ist die Reparaturdurchführung für den Geschädigten darüber hinaus, wenn der Schädiger bzw. dessen Haftpflichtversicherung nicht bereit ist, die komplette Rechnung zu übernehmen mit dem Hinweis, es hätten bereits Vorschäden vorgelegen bzw. bestimmte Schäden könnten bei dem angegebenen Unfallhergang gar nicht eingetreten sein. Liegt beispielsweise ein Auffahrunfall vor, müsste der Geschädigte in der Tat darlegen und beweisen, dass auch Schäden an der Front des Fahrzeuges durch diesen Unfall verursacht worden sind, beispielsweise durch Aufprallen auf ein festes Hindernis wie einem Verkehrsschild oder dergleichen.

Die zweite Möglichkeit besteht gemäß § 249 Abs. 2 Satz 1 BGB darin, den Schaden „fiktiv" abzurechnen. Der Begriff „fiktive Reparaturkosten" geht zurück auf ein Urteil des 6. Zivilsenates des BGH vom 23.03.1976[220]. Hier hatte der BGH – in Abweichung von der herrschenden Meinung in Rechtsprechung und Schrifttum – entschieden, dass auch der Eigentümer, der sein Kfz nicht reparieren lässt, weil er es beim Erwerb eines Ersatzfahrzeuges in Zahlung gegeben hat, Anspruch auf Zahlung der gedachten, d.h. nicht real angefallenen Instandsetzungskosten hat. In seiner Entscheidung hat der BGH die Zulässigkeit der fiktiven Schadensberechnung allerdings auf Kfz-Schäden beschränkt[221]. Nach § 249 Abs. 2 Satz 1 BGB kann der Geschädigte statt der Herstellung den dazu erforderlichen Geldbetrag verlangen. Der Geschädigte kann mithin verlangen, dass ihm statt tatsächlich entstandener und belegter Kosten, die für eine Reparatur erforderlichen Kosten gezahlt werden[222]. Erforderlich sind die Kosten, die ein verständiger und wirtschaftlich denkender Mensch in der Lage des Geschädigten für zweckmäßig und notwendig halten durfte und somit selbst

218 Ferner/Schmitt, a.a.O., 305; BGH, NJW 04, 1943; BGH, NJW 85, 2469.
219 vgl. BGH, NJW 82, 98; BGH, NJW 03, 2085; BGH, NJW 04, 1934; NJW 05, 1108; NJW 05, 1110; Hellwig, R 120, 4.
220 Grundlegend: BGHZ 66, 239 = VersR 76, 874.
221 BGH, a.a.O.
222 BGH, NJW 76, 1396.

aufwenden würde[223]. Diese „Erforderlichkeit" bestimmt und begrenzt somit den Geldersatz aus § 249 Abs. 2 Satz 1 BGB[224].

**2. Die Dispositionsfreiheit des Geschädigten**

Ob der Geschädigte diesen Betrag auch zur Herstellung verwenden muss, lässt sich aus dem Wortlaut der Vorschrift § 249 Abs. 1 Satz 1 BGB nicht eindeutig entnehmen[225]. Nach ganz herrschender Meinung ist der Geschädigte im Rahmen der fiktiven Schadensabrechnung in der Verwendung des erlangten Geldbetrages frei[226]. Letzteres wird vielfach mit dem Begriff „Dispositionsfreiheit" umschrieben. Definiert wird dieser Begriff freilich nirgends. Auch ist darauf hinzuweisen, dass der Begriff nicht einheitlich gebraucht wird[227]. So beschreiben ihn Teile der Literatur mit Freiheit des Geschädigten, die Herstellung der Sache selbst in die Hand zu nehmen[228], statt sie dem Schädiger zu überlassen. Demgegenüber stellt für die Rechtsprechung des Bundesgerichtshofes die „Dispositionsfreiheit" das Gegenstück zu einer Zweckbindung der Schadensersatzleistung dar, die dem Geschädigten eine gänzlich freie Handhabung und Verwendung ermöglicht[229].

Schon der Wortlaut des § 249 Abs. 2 Satz 1 BGB bringt zum Ausdruck, dass dem Geschädigten soweit wie möglich die Schadensbeseitigung selbst überlassen werden muss[230]. Er ist Herr des Restitutionsverfahrens[231]. Statt eines konkreten Nachweises reicht die Vorlage allein von Anknüpfungstatsachen zum Beleg des „erforderlichen Geldbetrages" aus. Zu solchen Anknüpfungstatsachen der Schadensberechnung gehören etwa ein Kostenvoranschlag oder ein Sachverständigengutachten.

Ob der Geschädigte diesen Betrag tatsächlich zur Behebung der Schäden aufgewendet hat oder aufwenden will, ist unerheblich, da eine Zweckbindung gerade nicht besteht[232]. Der Schädiger hat dem Geschädigten eine Schadensbeseitigung in eigener Regie zu finanzieren[233] und der Geschädigte schuldet demzufolge keine Rechenschaft darüber, wie er die Mittel verwendet. Der als Ersatz geleistete Betrag steht ihm zur freien Verfügung[234]. Selbst dann wenn der Geschädigte sein Fahrzeug

---

223 Palandt/Heinrichs, § 249, Rdnr. 12; BGHZ 54, 82; BGH, NZV 74, 34; 92, 1619; MüKo/Oetker, § 249, Rdnr. 362; ähnlich Staudinger/Schiemann, § 249, Rdnr. 229; BGH, NJW 05, 2541, 2542; Greiner, zfs 06, 63, 64; Hellwig, R 120, 5.

224 BGB – RGRK/Alff, § 249, 11 ff.

225 Haug, NZV 03, 545 ff.

226 Greiner, zfs 06, 63.

227 Weber, VersR 90, 934, 935.

228 Larenz, § 28 I, 469.

229 BGH, BGHZ 54, 82, 88 = VersR 70, 832, 834; BGH, BGHZ 66, 239, 241; BGH, NJW 03, 2086.

230 Haug, NZV 03, 545.

231 BGH, VersR 92, 457; BGH, NJW 05, 3134, 3135; BGH, NJW 05, 357; BGHZ 143, 189, 194, 66, 239, 246 a.A. Huber, DAR 02, 385, 391.

232 BGH, NJW 85, 2469, 2470; BGH, NJW 03, VersR 03, 920 m.w.N.; Schiemann/Haug, VersR 06, 160, 161.

233 Gebhardt, DAR 02, 395 ff.; BGH, NJW 75, 160.

234 BGH, NJW 05, 1108.

nicht reparieren lässt[235], selbst repariert [236] oder wesentlich günstiger in einer „Hinterhofwerkstatt" oder gar in Schwarzarbeit instand setzen lässt[237], ändert dies am Umfang der Verpflichtung des Schädigers und der Verfügungsfreiheit des Geschädigten nichts[238]. In jedem Fall kann er die Kosten verlangen, die eine fachgerechte Reparatur in einer Kundenwerkstatt einschließlich voller Lohnkosten verursachen würde[239].

Die Zahlung dieses Geldbetrages erfolgt auch nicht als Vorschuss, den der Geschädigte nach tatsächlich durchgeführter Reparatur gegenüber dem Schädiger und dessen Haftpflichtversicherung abrechnen müsste, da der deliktsrechtliche Schadensersatzanspruch gemäß § 823 BGB und der Anspruch aus § 7 StVG, mit denen die Zahlung des zur Wiederherstellung erforderlichen Betrages geltend gemacht werden, gerade keine Vorschussansprüche sind[240].

Diese vom Gesetz eingeräumte Dispositionsmöglichkeit[241] zugunsten des Geschädigten und die sich hieraus ergebenden wirtschaftlichen und finanziellen Möglichkeiten haben dazu geführt, dass die fiktive Schadensabrechnung zur gängigen Abrechnungsmethode bei Kfz-Schäden geworden ist. So entfielen bereits im Jahr 1994 von den 12,9 Mrd. DM = 6,60 Mrd. €, die in diesem Jahr von den deutschen Kfz-Haftpflichtversicherern für reine Fahrzeugschäden aufgewendet wurden, 3 Mrd. DM = 1,53 Mrd. € auf die fiktive Abrechnung. Nach Erhebungen der Versicherungswirtschaft soll dieser Anteil inzwischen auf rund 35 % aller Kfz-Haftpflichtschäden angewachsen sein[242].

Fraglich ist, ob ein Geschädigter, der seinen unfallbedingten Schaden zunächst auf der Grundlage eines Sachverständigengutachtens fiktiv abgerechnet hat, diese Abrechnung nachträglich um einzelne Kostenpositionen ergänzen darf, die sich erst bei der anschließend durchgeführten Reparatur herausgestellt haben. Für diese Auffassung spricht, dass der Geschädigte grundsätzlich Herr des Restitutionsverfahrens ist und das Recht hat, die Schadensbehebung selbst in die Hand zu nehmen[243]. Dagegen spricht jedoch, dass der Geschädigte seinen unfallbedingten Substanzschaden gerade auf fiktiver Basis, d.h. auf der Grundlage eines Sachverständigengutachtens und nicht nach den tatsächlich entstandenen Reparaturkosten bereits abgerechnet hat. Ein Splitting in Form einer nachträglichen Abrechnung einzelner Schadenspositionen auf der Grundlage einer tatsächlich durchgeführten Reparatur würde es dem Geschädigten ermöglichen, zwischen der für ihn jeweils lukrativsten Schadensabrechnung zu wählen und zu variieren. Dies widerspricht zum einen dem Wesen der gesetzlich gewählten Ersetzungsbefugnis und zum anderen bestünde bei einer solchen Variationsmöglichkeit die Gefahr, dass der Geschädigte eben nicht nur den

---

235 BGH, NJW 76, 1397.
236 BGH, NJW 73, 1647.
237 BGH, zfs 89, 299; zfs 90, 145.
238 BGH, NJW 76, 1396; BGH, NJW 03, VersR 03, 920 m.w.N.
239 BGH, DAR 03, 373.
240 BGH, NJW 97, 520.
241 Steffen, NZV 91, 1, 2 m.w.N.
242 Greger, NJW 02, 1477.
243 Haug, NZV 03, 545; BGH VersR 92, 457.

nach § 249 Abs. 1 Satz 2 BGB zur Wiederherstellung erforderlichen, sondern einen darüber hinaus gehenden Ersatzbetrag erlangt[244].

### III. Rechtliche Grundlagen der fiktiven Schadensabrechnung

#### 1. § 249 BGB als Rechtsgrundlage

Die rechtliche Grundlage der fiktiven oder wie die Rechtsprechung formuliert, abstrakten Schadensabrechnung, ist in § 249 Satz 2 a.F. bzw. § 249 Abs. 2 Satz 1 n.F. BGB geregelt[245]. Abgesehen von einer Neuregelung zum Ersatz der Mehrwertsteuer hat diese Bestimmung durch das am 01.08.2002 in Kraft getretene zweite Schadensrechtsänderungsgesetz[246] keine inhaltliche Änderung erfahren. Die beiden Sätze der alten Vorschrift wurden durch die Gesetzesänderung lediglich in zwei getrennte Absätze gefasst. Inhaltlich aber ist es dabei verblieben, dass § 249 Abs. 1 BGB (früher § 249 Satz 1 BGB) von dem Grundsatz der Naturalrestitution ausgeht und ihr den Vorrang gibt[247]. Nur wenn diese Herstellung nicht oder nur mit unverhältnismäßigem Aufwand möglich ist, gibt § 251 BGB dem Schädiger die Möglichkeit, die Ersatzpflicht auf den Wert der Sache zu beschränken.

#### 2. Abgrenzung des § 249 BGB von dem § 251 BGB beim Kfz-Schaden

Der Grundsatz der Naturalrestitution nach § 249 BGB ist abzugrenzen von der Schadenskompensation durch Wertersatz nach den §§ 250, 251 BGB[248]. Der § 250 BGB gewährt dem Geschädigten einen Anspruch auf Geldersatz nach erfolgter Fristsetzung und Ablehnungsandrohung. Der § 251 BGB hingegen kommt zur Anwendung, wenn die Naturalherstellung nicht mehr möglich ist oder die Wiederherstellung mit einem unverhältnismäßigen Aufwand für den Ersatzpflichtigen verbunden wäre[249]. Dann ist nicht mehr das Integritätsinteresse zu ersetzen, sondern Schadenskompensation durch Wertersatz zu leisten[250]. Eine freie Wahl zwischen Restitution (§ 249 BGB) und Kompensation (§ 251 BGB) geben die gesetzlichen Regelungen der §§ 249 ff. BGB nicht[251].

Ob eine Naturalherstellung möglich ist, ist gerade im Kfz-Bereich nicht immer leicht zu beantworten. Nach ständiger Rechtsprechung des BGH ist auch bei Zerstörung oder dem Verlust eines Kraftfahrzeuges Naturalrestitution durch Beschaffung eines gleichartigen oder gleichwertigen Ersatzfahrzeuges möglich[252]. Der BGH sieht sowohl in den Reparatur-, Ersatzwagenbeschaffungs- oder Neuwagenkosten, Kosten

---

244 OLG Köln, in Cramer/Berz/ Gontard Nr. 139 zu § 249 BGB.

245 Gebhardt, DAR 02, 395; BGB – RGRK/Alff, § 249, Rdnr. 11.

246 BGBl I, 3138.

247 Soergel/Mertens, § 249, Rdnr. 19; Mü-Ko/Oetker, § 249, Rdnr. 308 ff.; Staudinger/Schiemann, § 249, Rdnr. 1; Palandt/Heinrichs, § 249, Rdnr. 2.

248 Erman/Kuckuk, § 249, Rdnr. 1 ff.

249 Greiner, zfs 06, 63, 64.

250 BGH, NJW 82, 98; Greiner, zfs 06, 63, 64.

251 BGH, NJW 97, 520, 521, Mü-Ko/Oetker, § 249, Rdnr. 345.

252 BGH, NJW 72, 1800; NJW 76, 1396; NJW 92, 302; BGHZ 115, 375; Erman/Kuckuk, § 249, Rdnr. 79.

zur Wiederherstellung, so dass insoweit § 249 Abs. 2 Satz 2 BGB zur Anwendung gelangt[253]. Das in § 251 Abs. 1 BGB geregelte Entschädigungsprinzip bleibt im Bereich der Kfz-Schäden für die Rechtsprechung demzufolge meist ohne praktische Bedeutung. Erst recht gilt dies für § 250 BGB. Die dort geregelte Ersatzleistung in Geld nach Fristsetzung wird fast ausnahmslos durch die Regelungen in § 249 Abs. 2 Satz 2 BGB (Geldersatz auf Wunsch des Geschädigten) und den § 251 BGB verdrängt[254].

Demgegenüber sieht ein Teil der Literatur die Ersatzbeschaffung eines gleichartigen und gleichwertigen Ersatzfahrzeuges als Ersatzleistung im Sinne des § 251 BGB[255]. Danach könne, anders als bei neuwertigen vertretbaren Sachen, bei einem zerstörten gebrauchten Kraftfahrzeug durch die Verschaffung einer anderen gebrauchten Sache eben keine volle Gleichwertigkeit hergestellt werden. Hierfür genüge nicht, dass der Marktpreis bei den Fahrzeugen identisch ist, sondern der Geschädigte lege vielmehr besonderen Wert auf Marke, Modell, Ausstattung, Baujahr, Kilometerleistung und allgemeinen Erhaltungszustand, was sich eben nicht wiederherstellen lasse. Eine ausschließliche wirtschaftliche Gleichwertigkeit, auf die die Rechtsprechung des BGH abstelle, trage dem Integritätsinteresse nicht ausreichend Rechnung[256].

### 3. Aktuelle Bedeutung der Abgrenzung durch das Schadensrechtsänderungsgesetz

Der Meinungsstreit, wie § 249 BGB vom § 251 BGB abzugrenzen ist, war lange theoretischer Natur. Durch das zum 01.08.2002 in Kraft getretene Schadensrechtsänderungsgesetz[257] allerdings hat er neuen Auftrieb erhalten.
Hierdurch wurde unter anderem der § 249 BGB neu gefasst. Die Vorschrift sieht in Absatz 2 Satz 2 nunmehr vor, dass die Umsatzsteuer nur noch erstattet wird, wenn und soweit sie tatsächlich angefallen ist[258]. Diese Regelung gilt jedoch nur für Schadensfälle, die nach dem 31.07.2002 eingetreten sind. Für alle vor dem 01.08.2002 eingetretenen Schadensfälle bleibt es bei der bisherigen Regelung[259].

Repariert ein Unfallgeschädigter sein Fahrzeug beispielsweise selbst und kann demzufolge keine Reparaturrechnung vorlegen, erhält er nach der Neuregelung die Mehrwertsteuer nicht ersetzt. Der Geschädigte, der den Unfallschaden erst später beheben lassen will, kann sich die Nachforderung der Mehrwertsteuer vorbehalten. Es wird dann zunächst auf Nettobasis abgerechnet. Wird dann später von dem Geschädigten die bezahlte Rechnung mit Mehrwertsteuer vorgelegt, hat dieser Anspruch auf Erstattung der Mehrwertsteuer. Anders ist dies jedoch, wenn er Materialien, wie zum Beispiel Kotflügel, Scheinwerfer und Ähnliches erworben und hierfür

---

253 BGH, NJW 76, 1396; 84, 2282; 92, 302.

254 BGHZ 63, 182.

255 Mü-Ko/Oetker, § 251, Rdnr. 10; Staudinger/Schiemann, § 251, Rdnr. 43; Larenz, § 28 I, 472; Giesen, NJW 79, 2065.

256 Mü-Ko/Oetker, § 249, Rdnr. 11; BGB – RGRK/Alff, § 251, Rdnr. 1 ff.

257 BGBl I, 3138; Heß, zfs 02, 367; Zur Neuregelung: NZV 01, 335; Freise VersR 01, 539; Bollweg, NZV 00, 185 ff.; Macke, DAR 00, 506 ff.

258 BGH, NJW 04, 2086; Schiemann/Haug, VersR 06, 160.

259 Erman/Kuckuk, § 249, Rdnr. 120; Greger, NZV 06, 1, 2.

Mehrwertsteuer gezahlt hat. In diesem Falle kann er gemäß § 249 Abs. 2 Satz 2 BGB die hierauf angefallene Mehrwertsteuer vom Geschädigten verlangen, nicht jedoch die für die eigene Arbeitsleistung[260]. Für den Geschädigten ist es eine Frage der Kalkulation. Hat der Sachverständige die Reparaturkosten beispielsweise auf 10.000,00 € netto veranschlagt, ergibt dies einen Betrag in Höhe von 11.600,00 € brutto (bei zurzeit 16 % Umsatzsteuer). Diesen Betrag erhält der Geschädigte ersetzt, wenn er die Reparatur in einer Fachwerkstätte durchführen lässt und eine Rechnung hierüber vorlegen kann. Erfolgt die Reparatur jedoch in Eigenregie, ohne dass letztlich eine Rechnung vorgelegt werden kann und hat der Geschädigte beispielsweise nur 6.000,00 € aufzubringen, fährt er besser, wenn er den Nettobetrag aus dem Gutachten in Höhe von 10.000,00 € kassiert und auf die Vorlage der Rechnung und damit auf den darin enthaltenen Mehrwertsteuerbetrag verzichtet.

Die Vorschrift des § 251 BGB ist hingegen durch das Schadensrechtsänderungsgesetz unberührt geblieben, so dass der bisher rein akademische Streit, ob in der Ersatzbeschaffung eine Art der Wiederherstellung im Sinne des § 249 BGB oder eine Ersatzleistung nach § 251 BGB liegt, nunmehr finanzielle Bedeutung erlangt hat[261].

Bei der fiktiven Abrechnung nach § 249 BGB wird die in dem Kostenvoranschlag oder dem Sachverständigengutachten ausgewiesene Mehrwertsteuer nicht mehr erstattet, d.h. die Kosten für die Ersatzbeschaffung werden nur auf Nettobasis reguliert[262]. Würde demgegenüber die fiktive Abrechnung nach § 251 BGB erfolgen, wäre die Erstattung der im Gutachten oder im Kostenvoranschlag ausgewiesenen Mehrwertsteuer nicht ausgeschlossen. Die gesetzliche Neuregelung und die hiermit verbundenen Folgen für die Schadensregulierung haben dazu geführt, dass der Streit um die Abgrenzung des § 249 BGB von § 251 BGB neu belebt wurde. Es gibt erste Stellungnahmen in der Literatur[263] und sogar erste Entscheidungen, die diesen Streit wieder aufgreifen und eine Zuordnung des Totalschadens zu dem Regelungsbereich des § 251 BGB vornehmen[264]. So stellen in der Tat einige Amtsgerichte fest, dass es sich „im vorliegenden Fall um einen Totalschaden handelt, dessen Regulierung § 251 BGB unterfällt[265]. Bei Abrechnung auf Totalschadenbasis könnte der Geschädigte dann also sehr wohl den Totalschadensbetrag einschließlich Mehrwertsteuer geltend machen, gleichgültig wie er mit dem Ersatzbetrag verfährt.

Die vorgenannte Rechtsprechung steht freilich im Widerspruch zu der des BGH. Diese hält nach wie vor an der Einordnung der Ersatzbeschaffung als Naturalrestitution fest[266].

---

260 Heß, zfs 02, 367, 368; Bollweg, zfs 02, 1 ff.

261 Erman/Kuckuk, § 249, Rdnr. 120; Schmidt, SP 03, 308 f.

262 Heß, zfs 02, 367.

263 Freyberger, MDR 02, 867, 869.

264 Zemlin, NJW 03, 1225.

265 AG Duisburg-Hamborn, SP 03, 309; AG Hameln, NZV 03, 538; AG Aachen, DAR 04, 4228; AG Göttingen, SP 03, 309; a.a. LG Hagen, SP 03, 421; AG Pforzheim, SP 03, 421 f.

266 BGH, BGHZ, 93, 85; BGH, NJW 89, 3009.

## 4. Die Dispositionsfreiheit des Geschädigten

Die Rechtsprechung und die überwiegende Literatur sehen in der Ersetzungsbefugnis nach § 249 Abs. 2 Satz 1 BGB nicht nur das Recht des Geschädigten zur eigenständigen Schadensregulierung, sondern überlassen ihm darüber hinaus die völlige Dispositionsfreiheit bei der Verwendung der Ersatzleistung[267]. Sie begründen dies damit, dass die gesetzliche Regelung dem Verletzten einen Anspruch auf den „erforderlichen" und nicht auf den tatsächlich aufgewendeten Betrag gebe[268]. In der Verwendung dieses „erforderlichen Betrages" sei der Geschädigte, wie auch ansonsten in der Disposition über seine Vermögensgüter, völlig frei[269]. Notwendige Konsequenz dieser Dispositionsfreiheit ist, dass der Geschädigte den erforderlichen Betrag selbst dann verlangen kann, wenn er von vornherein nicht die Absicht hat, die Sache zu reparieren. Gleiches gilt auch für den Fall, dass ihm die Reparatur nicht mehr möglich ist, etwa weil er die beschädigte Sache verkauft hat. Die herrschende Lehre wie auch die Rechtsprechung interpretieren § 249 BGB jedenfalls dann in einem objektiv-abstrakten Sinn, wenn der Ersatz eines Sachschadens gefordert wird[270]. Hierdurch werde – so die herrschende Meinung – eine rasche Abwicklung von Haftpflichtfällen ermöglicht. Hierfür bestünde ein starkes Bedürfnis, handelt es sich hierbei doch um ein Massengeschäft[271]. Letztlich bestimmt die h. M. die Abgrenzung zur Schadenskompensation nach § 251 BGB allein objektiv. Solange also die Herstellung nicht objektiv unmöglich oder wirtschaftlich sinnlos ist, kann der Geschädigte – der h. M. zufolge - den für die fiktive Instandsetzung erforderlichen Betrag verlangen und die beschädigte Sache, ohne sie instand zu setzen, verwerten[272]. Für den hier relevanten Bereich der Kraftfahrzeugschäden gilt dies umso mehr, als nach ständiger Rechtsprechung die Anschaffung eines Ersatzfahrzeuges ebenso ein Fall der nach § 249 BGB möglichen Naturalrestitution ist, wie die Reparatur des beschädigten Fahrzeuges[273].

Die Ansicht der Rechtsprechung ist nicht ohne Widerspruch geblieben. Die Kritiker einer so weitreichenden Dispositionsfreiheit wenden ein, dass hierdurch der Vorrang der Naturalherstellung, den das Gesetz vorgebe, aufgegeben werde. Wenn es nicht einmal mehr darauf ankommt, ob dem Geschädigten die Herstellung überhaupt noch möglich ist oder nicht, könne der Grundsatz der Naturalrestitution keine Bedeutung mehr haben[274]. Damit werde der Geldanspruch gemäß § 249 BGB, den das Gesetz in Bezug zur Wiederherstellung setzt, letztlich doch zu einer „Sonderart der reinen Geldentschädigung". Die Kritik geht sogar so weit, dass sie in der Möglichkeit der fiktiven Schadensabrechnung eine Begünstigung betrügerischer Vorgänge sieht, die

---

267 Erman/Kuckuk, § 249, Rdnr. 85; BGH, NJW 76, 1396.

268 BGHZ 61, 58; BGH, NJW 98, 3009 ff; Mü-Ko/Oetker, § 249, Rdnr. 348 ff.

269 BGHZ 66, 241;BGH, NJW 96, 2952; 03, 2085; Soergel/Mertens, § 249 BGB, Rdnr. 22, Mü-Ko/Oetker, § 249, Rdnr. 353 ff.; Palandt/Heinrichs, § 249, Rdnr. 6.

270 Nachweise bei Honsell/Harrer, JuS 91, 441, 444.

271 Huber, DAR 00, 20, 22, Freyberger, NZV 05, 231.

272 BGHZ 66, 239, 246.

273 BGH, VersR 72, 1024; NJW 76, 1396; Weber, VersR 90, 934 m.w.N.

274 Larenz, § 28 I, 470; Köhler, FS für Larenz 83, 249, 219; Schiemann, DAR 82, 309 ff.; Haug, NZV 03, 545 ff.; Staudinger/Schiemann, § 249, Rdnr. 224.

in der Kfz-Versicherung immerhin 10 % des Prämienaufkommens ausmachen sollen[275].

Den Kritikern ist zuzugeben, dass der BGH in anderen Schadensbereichen die Dispositionsbefugnis stark eingeschränkt hat. Dies gilt im Bereich des Kfz-Schadens für die Nutzungsausfallentschädigung. Zwar handelt es sich auch insoweit um einen nach § 249 Abs. 2 BGB zu ersetzenden Schaden. Dieser ist aber kein notwendiger Teil des am Kfz in Natur eingetretenen Schadens, so dass insoweit ein konkreter Schadensnachweis zu führen ist und eine freie Disposition ausscheidet[276]. Eine (vergleichbare) Einschränkung gilt auch bei Körperschäden. Hier kann der Verletzte die notwendige Heilbehandlung selbstverständlich nicht unterlassen und stattdessen fiktive Behandlungskosten verlangen[277]. Nichts anders gilt etwa auch im Falle eines beschädigten Hausgrundstücks, das vor der Regulierung veräußert wurde. Hier hat der BGH die Dispositionsfreiheit des Geschädigten gemäß § 249 Abs. 2 BGB verneint. Der Zahlungsanspruch aus § 249 Satz 2 a.F. BGB bzw. § 249 Abs. 2 Satz 1 n.F. BGB ist „nach der Konzeption des Gesetzes von der Möglichkeit der Wiederherstellung der beschädigten Sache abhängig. Beendet der Eigentümer seine Rechtszuständigkeit, indem er die beschädigte Sache veräußert, so könne der durch § 249 BGB bezweckte Rechtsgüterschutz nicht mehr erreicht werden. Für die Aufrechterhaltung des Herstellungsanspruches in einer seiner beiden Erscheinungsformen sei dann kein Raum mehr. Dem Geschädigten verbleibe nur der Anspruch auf eine Geldentschädigung für etwaige Vermögenseinbußen nach § 251 BGB“[278].

### IV. Die aktuelle Rechtsprechung des BGH

Trotz der oben genannten Widersprüche hält der BGH an seiner bisherigen Rechtsprechung im Kfz-Bereich fest. Dies hat der für das Schadensersatzrecht zuständige 6. Zivilsenat des BGH erst vor relativ kurzer Zeit wieder in zwei Entscheidungen bestätigt.

#### 1. Das „Porsche-Urteil“

Hintergrund der mittlerweile als „Porsche-Urteil“ bezeichneten Entscheidung[279] waren Bestrebungen der Kfz-Haftpflichtversicherer, bei einer fiktiven Schadensabrechnung die auf die Lohnkosten entfallenden Schadenspositionen nur anhand so genannter mittlerer Stundenverrechnungssätze zu ersetzen. Bei der Ermittlung der Stundenverrechnungssätze werden nicht nur markengebundene, sondern auch sonstige, d.h. freie, Werkstätten berücksichtigt. Die Grundlage für die Ermittlung der durchschnittlichen Lohnkosten sollen regional bezogene Erhebungen sein, insbesondere der der Versicherungswirtschaft nahe stehenden DEKRA, einem bundesweit im technischen Gutachter- und Sachverständigenbereich tätigen Dienstleister. Durch die Einbezie-

275 Weber, Ing. Büro Schimmelpfennig und Becke, FHB München 95; Krumbholz, DAR 04, 67.

276 BGHZ 66, 239; Erman/Kuckuk, § 249, Rdnr. 56 bis 58.

277 BGH, NJW 86, 1538; Mü-Ko/Oetker, § 249, Rdnr. 357 f.; Staudinger/Schiemann, § 249, Rdnr. 224; Soergel/Mertens, § 249, Rdnr. 33.

278 BGHZ 81,385; BGHZ 142, 172; BGH NJW 93, 1793.

279 BGH, DAR 03, 373.

hung der zum Teil wesentlich günstigeren freien Werkstätten werden freilich die Lohnkosten erheblich nach unten korrigiert. In dem vom BGH entschiedenen Fall hatte die Klägerin ihr verunfalltes Fahrzeug, einen Porsche, unrepariert veräußert. Sie rechnete ihren Schaden nun auf der Basis eines Sachverständigengutachtens ab, in dem der Gutachter die Stundenverrechnungssätze einer markengebundenen Vertragswerkstatt („Porsche-Zentrum") zugrunde gelegt hatte. Dem gegenüber wollte die Haftpflichtversicherung des Schädigers lediglich einen niedrigeren Betrag auf der Basis mittlerer ortsüblicher Stundenverrechnungssätze anerkennen, welche die DEKRA unter Einbeziehung aller markengebundenen und freien Fachwerkstätten der Region ermittelt hatte. Die sich hieraus ergebende Differenz machte immerhin 2.700,00 € bzw. 17 % des Gesamtschadens aus.

Der BGH hat den Einwand, wonach gerade dieser Sachverhalt zeige, dass die allein objektive, von der tatsächlichen Reparatur unabhängige Auslegung des „erforderlichen Geldbetrages" in § 249 Abs. 2 Satz 1 BGB zu einer vom Gesetz nicht beabsichtigten Geldersatzleistung führe, die dem Geschädigten zudem die Möglichkeit gibt, sich zu Lasten des Schädigers bzw. der Versichertengemeinschaft zu bereichern[280], erneut zurückgewiesen[281]. In den Entscheidungsgründen hebt er zunächst hervor, dass für die erforderlichen Reparaturkosten im Sinne der Ersetzungsbefugnis des § 249 Abs. 2 Satz 1 BGB nicht der abstrakte Mittelwert der Stundenverrechnungssätze maßgebend sei. Dem stehe entgegen, dass der Schädiger zur "vollständigen Schadensbehebung, unabhängig von den wirtschaftlichen Dispositionen des Geschädigten verpflichtet ist, da ansonsten die in § 249 Abs. 2 Satz 1 BGB eröffnete Möglichkeit der Schadensbehebung in eigener Regie eingeschränkt werde. Zudem würde eine Realisierung der Reparatur zu den geringeren Kosten die Entfaltung erheblicher eigener Initiative durch den Geschädigten erfordern." Dies könnte sogar so weit gehen, dass er Erkundigungen in Bezug auf Werkstätten einholen und Preisvergleiche anstellen müsste[282]. Hierzu soll der Geschädigte jedoch nicht verpflichtet werden. Ob sich der Aufwand zur Schadensbeseitigung noch in wirtschaftlich vernünftigen Grenzen hält, sei nämlich durch eine subjektbezogene Schadensbetrachtung zu bestimmen. Somit sei Rücksicht zu nehmen auf die spezielle Situation des Geschädigten insbesondere auf seine individuellen Erkenntnisse und Einflussmöglichkeiten sowie auf die möglicherweise gerade für ihn bestehenden Schwierigkeiten.[283] Gemeint ist damit nichts anderes, als das Recht des Geschädigten, eine Reparatur des Fahrzeuges bei einer „teureren" markengebundenen Vertragswerkstatt in Auftrag zu geben und die Verpflichtung des Schädigers, die hierdurch entstehenden „höheren" Reparaturkosten zu tragen. Dem stehe auch nicht entgegen, dass der Geschädigte das Fahrzeug unrepariert veräußert habe und ihm deshalb eine Reparatur ohnehin nicht mehr möglich sei. Dies war für das Berufungsgericht[284] noch der entscheidende Gesichtspunkt auf die mittleren Stundenverrechnungssätze für die erforderlichen Kosten im Rahmen des § 249 BGB abzustellen. Dem hält der BGH die Dispositionsfreiheit des Geschädigten mit der Folge entgegen, „dass das konkrete Verhalten des Ge-

---

280 Haug, NZV 03, 545, 552 f; Bollweg, NZV 00, 185, 188.

281 BGH, DAR 03, 373.

282 Thüringer OLG, MittBl der Arge VerkR 05, 64.

283 vgl. BGHZ 115, 364; 132, 373.

284 ähnlich auch OLG Hamm, DAR 96, 400; LG Berlin, SP 02, 390; AG Gießen, zfs 98, 51; AG Wetzlar, SP 02, 391.

schädigten die Schadenshöhe nicht beeinflusst, solange die Schadensberechnung das Gebot der Wirtschaftlichkeit und das Verbot der Bereicherung beachte[285]. In diesem Rahmen ist der Geschädigte grundsätzlich in der Verwendung des zum Schadensausgleich erhaltenen Geldbetrages frei".

Nachdem der BGH in dieser Entscheidung[286] dem Geschädigten das Recht zugesprochen hat, den Schadensbetrag auf der Grundlage einer Vertrageswerkstatt zu berechnen, trat alsbald in der gerichtlichen Praxis das weitere Problem auf, welche Vertragswerkstatt an welchem Ort maßgebend ist. Die Versicherer ihrerseits sind inzwischen dazu übergegangen, dem Geschädigten so genannte Fachwerkstätten an seinem Wohnort zu nennen, die mit günstigeren Stundenverrechnungssätzen arbeiten als beispielsweise markengebundene Werkstätten. Bei der Schadensregulierung versuchen sie dann diese geringeren Stundenverrechnungssätze zugrunde zu legen. Bei gewerblich genutzten Fahrzeugen, etwa die eines Mietwagensunternehmens tritt hierzu noch das Problem, welcher Ort bzw. welche Region für die Ermittlung der Stundenverrechnungssätze maßgebend sein soll. Diese Fahrzeuge sind häufig alle an einem bestimmten Ort zugelassen, der jedoch nicht Sitz der Gesellschaft ist. Die Vermietungsstation befindet sich vielmehr zumeist an dritter Stelle und der Unfall hat sich regelmäßig an einem weiteren hiervon verschiedenen Ort ereignet. Unstreitig sind die Stundenverrechnungssätze einer markengebundenen Fachwerkstätte regional unterschiedlich. Einige Gerichte haben sich bereits mit dieser Frage beschäftigt[287]. Das Amtsgericht Augsburg etwa hat in einem Verfahren einen Beweisbeschluss dahingehend erlassen, dass der vom Gericht bestellte Sachverständige sowohl die Stundenverrechnungssätze einer markengebundenen Fachwerkstatt am Unfallort als auch der Vermietungsstation zugrunde legen muss.

Grundsätzlich ist es dem Kfz-Haftpflichtversicherer möglich, den fiktiv abrechnenden Geschädigten auf eine konkrete, diesem mühelos zugänglich, günstigere und gleichwertigere Reparaturmöglichkeit zu verweisen. Gibt es deshalb in einer Region beispielsweise zwei Vertragswerkstätten, von denen eine mit niedrigeren Stundenverrechnungssätzen arbeitet, muss es dem Versicherer möglich sein, dem Geschädigten diese aufzuzeigen. In einem derartigen Fall wäre er auch bei der fiktiven Schadensabrechnung an die niedrigeren Stundenverrechnungssätze der Markenwerkstätte gebunden[288].

Fraglich ist, ob auch eine nicht markengebundene, so genannte „freie" Werkstatt als gleichwertige Alternative in Betracht kommen kann, wenn sie dem Geschädigten vom Versicherer konkret aufgezeigt wird. Dafür könnte sprechen, dass durchaus auch bei

---

285 BGH, BGHZ 115, 364, 368 f.

286 BGH, DAR 03, 373.

287 LG Dresden, Az: 8-S-0324/04; AG Augsburg, Az: 14 C 5599/04, beide n.v.; In dem vom AG Augsburg Az: 14 C 5599/04 entschiedenen Fall kam es letztendlich nicht zu einer Klärung der Frage, welche Stundenverrechnungssätze, sei es nun am Unfallort oder in der Vermietungsstation, zugrunde zu legen sind. Dies deshalb, da die vom Sachverständigen festgestellten Stundenverrechnungssätze sowohl am Unfallort als auch am Ort der Vermietungsstation höher waren als diejenigen, die der von der Klägerin beauftragte Sachverständige in Ansatz gebracht hatte.

288 BGH, DAR 03, 373, 374.

einer „freien“ Werkstätte eine einwandfreie und fachgerechte Instandsetzung zu günstigeren Preisen möglich ist, gerade bei solchen Schäden, zu deren Behebung keine besonderen Kenntnisse oder Spezialwerkzeuge benötigt werden.

Von der Hand zu weisen ist allerdings nicht, dass in einer markengebundenen Fachwerkstatt letztlich am ehesten die Gewähr dafür besteht, dass tatsächlich mit Originalersatzteilen des jeweiligen Kfz-Herstellers und möglicherweise nur dort vorhandenem Spezialwerkzeug genau nach den Vorgaben des Herstellers durch geschultes Personal repariert wird. Damit ist keine Diskriminierung der so genannten „freien“ Werkstätten verbunden. Zu berücksichtigen ist vielmehr, dass bei großen Teilen des Rechtsverkehrs besonderes Vertrauen in die Qualität der Arbeiten markengebundener Fachwerkstätten vorhanden ist und man auch bereit ist, dafür einen höheren Preis zu bezahlen[289]. Allein die Tatsache, dass eine fiktive Abrechnung erfolgt, kann deshalb einem Geschädigten nicht zum Nachteil gereichen.

Zu berücksichtigen ist ferner, dass die ausschließliche Wartung und Reparatur eines Kraftfahrzeuges durch eine an die jeweilige Herstellermarke gebundene Vertragswerkstatt sowohl im Hinblick auf den Wiederverkaufswert („scheckheftgepflegt“) als auch für zusätzliche Garantieleistungen des Fahrzeugherstellers, für den Betroffenen von Bedeutung ist[290]. Wichtig kann dies auch sein, wenn es darum geht, Schäden im Kulanzwege ersetzt zu bekommen. Erfahrungsgemäß wird ein Autohersteller nur dann zu Kulanzleistungen bereit sein, wenn die Wartung in einer markengebundenen Vertragswerkstätte erfolgt ist.

Aus diesen Gründen verdient die letztgenannte Auffassung den Vorzug.

### 2. Bewertung der aktuellen BGH Rechtsprechung

#### a) Subjektbezogene Schadensbetrachtung

Der Schädiger schuldet gemäß § 249 Satz 1 a. F. BGB bzw. § 249 Abs. 2 Satz 1 n. F. BGB die Wiederherstellung des ursprünglichen Zustands[291]. Bei der Beschädigung oder Zerstörung von Sachen reicht zur Wiederherstellung jede Form des Naturalersatzes aus, die einen funktional oder wirtschaftlich gleichwertigen Zustand schafft[292]. Die nähere Bestimmung dieses Zustandes und damit des geschuldeten Erfolges sollte nicht aus der Sicht des Schädigers und zur Bestimmung seiner Verpflichtung erfolgen, sondern aufgrund einer subjektbezogenen Schadensbetrachtung durch die Situation des Geschädigten[293]. Für diesen wird ein funktionell oder wirtschaftlich gleichwertiger Zustand durch die Leistung der für eine Instandsetzung oder Ersatz-

---

289 AG Köln, SP 04, 375; AG Minden, Urteil v. 01.12.04, Az: 22a C 219/04; AG Witten, Urteil v. 19.11.04, Az: 2 C 978/04.

290 LG München I, Urteil v. 16.01.04, Az: 17 S 16339/03 n.v., AG Darmstadt, SP 04, 125.

291 Hellwig, R 120, 22.

292 Soergel/Mertens, § 249, Rdnr. 10; Staudinger/Schiemann, § 249, Rdnr. 210 ff.; Palandt/Heinrichs, § 249, Rdnr. 3a, BGH, VersR 68, 895; BGB - RGRK/Alff, § 249, Rdnr. 11.

293 Palandt/Heinrichs, § 249, Rdnr. 2.

beschaffung erforderlichen Mittel ebenso wieder hergestellt, wie durch die Reparatur oder Ersatzbeschaffung selbst[294].

**b) Geldentschädigung „statt" Herstellung**

Die tatbestandliche Umschreibung des Gesetzes, wonach der Geschädigte „statt der Herstellung" den dazu erforderlichen Geldbetrag verlangen kann, veranlasst die Verfechter einer realen Reparation unter Verweis auf § 251 BGB zu der Forderung, dass eine solche Herstellung (dem Geschädigten) überhaupt noch möglich sein muss. Das ist z.B. nicht mehr der Fall, wenn der Geschädigte das beschädigte Fahrzeug unrepariert veräußert[295]. Es stellt sich allerdings die Frage, ob eine solche Auslegung tatsächlich geboten ist. Dem Geschädigten soll mit dieser Formulierung schließlich eine Alternative eröffnet und keine Abhängigkeit vorgegeben werden. Für die Leistungsbestimmung im Rahmen der Ersetzungsbefugnis des Gläubigers ist eine rechtsgestaltende Erklärung erforderlich[296], für die es keinen Unterschied macht, ob sie vor oder nach einer Veräußerung des Kraftfahrzeuges erfolgt. Natürlich kann der Geschädigte schon vor Ausführung der Reparatur gemäß § 249 BGB den zur Herstellung erforderlichen Geldbetrag verlangen. Schließlich ist ohnehin offen, wann die Reparatur eines beschädigten Kraftfahrzeuges nicht mehr möglich ist im Sinne des § 251 BGB. So wird selbst die Ersatzbeschaffung im Falle eines Totalschadens noch als Herstellung angesehen und dem Bereich des § 249 BGB zugeordnet[297]. Zudem hat nunmehr auch die Gesetzgebung die Totalschadensproblematik aufgegriffen und gleichfalls eine Zuordnung dieses Bereiches zu § 249 Abs. 2 Satz 1 BGB vorgenommen. So heißt es in der Begründung zum Entwurf des Schadensrechtsänderungsgesetzes bei § 249 Abs. 2 Satz 1 BGB, „dass diese grundsätzlich auch für den Fall gelten, dass die Wiederherstellung durch Ersatzbeschaffung erfolgt"[298].

**c) Dispositionsfreiheit und Begünstigung des Geschädigten**

Entsprechendes gilt für die Dispositionsbefugnis des Geschädigten als zweitem Element der fiktiven Schadensabrechnung. Die Regelung in § 249 Abs. 2 Satz 1 BGB gewährt dem Geschädigten den „erforderlichen Geldbetrag" und verlangt nicht, dass er ihn zur Reparatur verwenden muss[299]. Insbesondere kann hiervon nicht die Bestimmung der Erforderlichkeit abhängig gemacht werden[300]. Wenn im Falle der durchgeführten Reparatur in einer markengebundenen Vertragswerkstatt die tatsächlich angefallenen Kosten und damit auch die höheren Lohnkosten einer Vertragswerkstatt „erforderlich waren", ist nicht einzusehen, dass bei einer unterlassenen Reparatur nunmehr andere, geringere Kosten erforderlich sein sollen. Somit ergibt sich

---

294 BGB – RGRK/Alff, § 249, Rdnr. 1
295 Larenz, § 28 I, 470 f.; Köhler, FS für Larenz, 249; ausführlich Staudinger/Schiemann, § 249, Rdnr. 219 ff.
296 Mü-Ko/Oetker; § 249, Rdnr. 340; Staudinger/Schiemann, § 249, Rdnr. 215; Soergel/Mertens, § 251, Rdnr. 7.
297 BGH, NJW 76, 1396; Gebhardt, NZV 02, 249 ff.
298 BT-DRS 14, 7752, 13.
299 Erman/Kuckuk, § 249, Rdnr. 85; Grundlegend auch BGH, VersR 76, 874 ff.; BGB – RGRK/Alff, § 249, Rdnr. 11.
300 Schiemann/Haug, VersR 06, 160.

hieraus auch keine Begünstigung oder gar Bereicherung des Geschädigten, die nach den Grundsätzen des Schadensersatzrechtes ausgeschlossen sein soll. Die Erforderlichkeit gibt auch insoweit die Grenze der Ersatzpflicht vor. Sie bestimmt sich allein nach dem Umfang des am Fahrzeug eingetretenen Schadens und nach etwaigen, vom Geschädigten tatsächlich getätigten Aufwendungen für dessen Behebung[301]. Dass die Instandsetzung in einer markengebundenen Vertragswerkstatt veranlasst werden darf, wird nicht in Abrede gestellt, so dass auch die für diesen Fall anfallenden Kosten als „erforderlich" im Sinne des § 249 Abs. 2 Satz 1 BGB anzusehen sind.

Dementsprechend ist auch der Einwand der Versicherer in Frage zu stellen, wonach die fiktive Schadensabrechnung zu überhöhten Versicherungsleistungen führt und dem Geschädigten die Möglichkeit eröffnet wird, sich auf Kosten der Versichertengemeinschaft zu bereichern[302].

So ist nicht zu erwarten, dass Fälle, in denen eine Reparatur durchgeführt und auf dieser Basis die Abrechnung erfolgt, tatsächlich kostengünstiger verlaufen, als eine abstrakte Abrechnung auf der Basis eines Kostenvoranschlags oder Gutachtens. Gibt der Geschädigte bei Erteilung des Reparaturauftrages gegenüber der Werkstatt an, dass es sich um einen fremd verschuldeten Unfall handelt und ein Haftpflichtversicherer eintritt, dann, so zeigt die Praxis, dass die Kosten der durchgeführten Reparatur so gut wie nie unter der Kalkulation des Gutachtens oder Kostenvoranschlages liegen. Aus diesem Grund fragen bei Auftragserteilung Werkstätten regelmäßig beim Geschädigten nach, ob denn für den Schaden eine Versicherung aufkommt. Darüber hinaus ergeben sich bei der Schadensabrechnung auf der Basis einer tatsächlich durchgeführten Reparatur zusätzliche Schadenspositionen, die ansonsten nicht oder nur bei entsprechendem Nachweis erstattet werden. Dies gilt in erster Linie für die Nutzungsausfallentschädigung, die nur bei nachgewiesener Reparatur verlangt werden kann[303]. Des Weiteren geht die Reparaturdauer nicht selten über die im Gutachten veranschlagte Reparaturzeit, beispielsweise wegen Verzögerungen bei der Beschaffung von Ersatzteilen, Erkrankung von Arbeitskräften etc. hinaus, was die Nutzungsausfallentschädigung nochmals erhöht. Schließlich ist die Mehrwertsteuer seit der Neuregelung durch das Schadensrechtsänderungsgesetz vom 01.08.2002 gemäß § 249 Absatz 2 Satz 2 BGB nur noch zu erstatten, „wenn und soweit sie tatsächlich ausgewiesen ist", so dass sie bei einer fiktiven Schadensabrechnung unberücksichtigt bleibt[304].

Damit verbleibt allein der Widerspruch zu den Körper- und Gesundheitsschäden, bei denen auch die Rechtsprechung keine fiktive Abrechnung zulässt[305]. Die Feststellung, dass der Mensch kein Auto ist, ist ebenso banal, wie sie den vermeintlichen Widerspruch aufklärt. Während ein unfallbeschädigtes Fahrzeug natürlich einen ge-

---

301 Gebhardt, DAR 02, 395, 397; Schiemann/Haug, VersR 06, 160.

302 Krieger, § 7 StVG, Rdnr. 203 ff.; Staudinger/Schiemann, § 249, Rdnr. 227; Greger, Kurskorrekturen beim Kraftfahrzeugschaden, NZV 06, 1, 2; BGB – RGRK/Alff, vor § 249, Rdnr. 2.

303 BGHZ 66, 239.

304 Schiemann/Haug, VersR 06, 160, 166.

305 BGH; VersR 86, 550, 551.

ringeren Wert hat und hierdurch das Vermögen des Geschädigten feststellbar gemindert wird, gilt dies bei einer Körperverletzung nicht[306]. Hier tritt eine Vermögensminderung nur ein, wenn der Geschädigte tatsächliche Aufwendungen für Behandlung und Heilung erbringt. Verzichtet man allerdings auf die operative Beseitigung – etwa der Unfallnarbe - dann hat man nicht wie beim Blechschaden in seinem Vermögen ein Gesicht, das auf dem Markt weniger Wert ist, sondern Schmerzen und/oder eine beschädigte Psyche. Dafür gibt es allerdings vom Schädiger kein fiktives Arzthonorar ersetzt, d.h. keinen Schadensersatz, sondern nur Schmerzensgeld[307].

Im Ergebnis zeigen diese Überlegungen, dass sich den Kritikern der Rechtsprechung und ihren Einwänden durchaus überzeugende Argumente entgegen halten lassen, so dass von einer rechtsdogmatisch verfehlten oder gar im Widerspruch zur gesetzlichen Intention stehenden Rechtsprechung keine Rede sein kann.

Schließlich sprechen auch praktische Vorteile für die fiktive Schadensabrechnung. Sie erlaubt, den Schaden anhand einer objektiven Bewertung schnell und problemlos abzuwickeln, noch bevor das Fahrzeug repariert ist und zwar auf einem einfachen, konfliktfreien und durchaus kostengünstigen Weg[308]. Der Regelfall der fiktiven Abrechnung ist, dass der Geschädigte nach einem Unfall je nach Schadenshöhe entweder einen Kostenvoranschlag oder bei einem Schaden ab ca. 750,00 € ein Gutachten erstellen lässt und aufgrund der hierin gemachten Angaben und Berechnungen den Schaden mit der Haftpflichtversicherung des Unfallgegners abrechnet. Dies geschieht in aller Regel problemlos, wenn die Haftungslage klar ist und die Verantwortlichkeit des Unfallgegners feststeht. Wenn sich dennoch Probleme ergeben, betreffen diese regelmäßig Fälle, in denen Versicherer einwenden, dass Vorschäden nicht ausreichend berücksichtigt wurden oder aber der Schaden zu hoch kalkuliert sei, etwa weil eine Neulackierung des Fahrzeuges statt einer Lacktonangleichung berechnet wurde. Grundsätzlich jedoch kann sich der Geschädigte auf ein erstelltes Sachverständigengutachten verlassen[309]. Es ist bezeichnend, dass seitens der Kritiker dieser Schadensberechnung nahezu keine praktischen Alternativen aufgezeigt werden.

Auch wenn die abstrakte Ermittlung der erforderlichen Reparaturkosten zu Problemen führt, so folgt hieran im Umkehrschluss nicht, dass sich diese bei einer Zweckbindung nicht ergeben würden. Vielmehr würden sich die Probleme dann lediglich verlagern[310]. Der Gegenstand des Streites wäre dann eben die Reparaturkostenrechnung selbst und beträfe den Umfang der durchgeführten Reparatur, etwa die vom Geschädigten ausgewählte Werkstatt, die in Auftrag gegebenen Arbeiten und die Reparaturdauer etc. Gewonnen wäre hiermit nichts.

Letztlich hatte es der Gesetzgeber in der Hand, im Rahmen des Schadensrechtsänderungsgesetzes eine eindeutige Regelung zu schaffen und die fiktive Schadensabrechnung einzuschränken. Dies ist jedoch nicht erfolgt. Vielmehr hat der Gesetzge-

306 a.a.O.
307 Sfeffen, NJW 95, 2057, 2060; BGHZ 97, 14.
308 BGH, NJW 85, 2469, 2470; BGH, DAR 85, 318.
309 LG Kleve, zfs 99, 239; LG München, zfs 91, 123; Fleischmann/Hillmann, § 7, Rdnr. 125.
310 Steffen, DAR 97, 300; Rode, DAR 98, 52, 53.

ber nur eine Einschränkung in Bezug auf die Mehrwertsteuer vorgenommen. Dem gegenüber hat der Gesetzgeber die Abrechnung auf fiktiver Basis ansonsten unangetastet gelassen, was im Ergebnis als Bestätigung der fiktiven Schadensabrechnung durch den Gesetzgeber zu bewerten ist[311].

Somit lässt sich daher festhalten, dass im Bereich der Vermögensschäden die von der Rechtsprechung entwickelten Grundsätze zur fiktiven Schadensabrechnung sehr wohl rechtsdogmatisch fundiert und mit der Intention des Gesetzes sowie den Bedürfnissen des Rechtsverkehrs und der Versicherungswirtschaft in Einklang zu bringen sind. Ergänzt wird dies durch überzeugende Praktikabilitätserwägungen[312]. Nur so lässt sich letztlich das Massenphänomen „Verkehrsunfall" bewältigen.

### 3. Grenzen der fiktiven Schadensabrechnung

#### a) Hausratversicherung

Trotzdem stellt sich nach den vorstehenden Ausführungen die Frage, ob die fiktive Schadensabrechnung und die hiermit verbundene freie Verwendungsmöglichkeit des Geldbetrages für den Gläubiger in allen Schadensbereichen zur Anwendung kommt oder aber doch Einschränkungen erfährt.

Zunächst wird sie auf Vermögensschäden zu begrenzen sein und kann auf Nichtvermögensschäden keine Anwendung finden[313]. Was der Geschädigte mit seinem Vermögen macht, geht den Schädiger grundsätzlich nichts an, so dass es dem Geschädigten frei steht, ob er etwas an seinem Vermögen umschichten will, d.h. statt des beschädigten Sachwertes in Zukunft Geld vorzieht oder sich für einen anderen Sachwert entscheidet[314]. Anders ist dies bei Nichtvermögensschäden, etwa den bereits angesprochenen Körperverletzungen. Hier ergibt sich bereits aus der Wertung des § 253 BGB, dass der Geschädigte einen nicht materiellen, bzw. ideellen Schaden, nicht zu Geld machen soll. Diese Möglichkeit würde sich ihm jedoch eröffnen, wenn er den als Ersatz geleisteten Geldbetrag eben frei verwenden darf.
Eine weitere Einschränkung der fiktiven Schadensabrechnung ist unter anderem bei Entschädigungsleistungen aus einem bestehenden Versicherungsvertrag vorgesehen.

Das Landgericht Köln hatte sich beispielsweise in einem Urteil vom 12.05.2005[315] mit folgendem Sachverhalt auseinanderzusetzen: Der dortige Kläger bemerkte einen Einbruchdiebstahl in seinem Haus. Der oder die Täter hatten versucht durch Aufhebeln der Fenster und Balkontür einzubrechen. Es waren deutliche Hebelspuren an den Fenstern im Eß-, Wohnzimmer sowie an der Balkontür im Zimmer sichtbar. Streit herrschte in der Folgezeit darüber, ob die Fenster sowie die Tür repariert werden

---

311 AG Hamburg – St. Georg Urteil v. 15.07.03, Az: 900 C 530/03 n.v.

312 Schiemann/Haug, VersR 06, 160 ff.; Greger, Kurskorrekturen beim Kraftfahrzeugschaden, NZV 06, 1 ff.

313 so auch die Rechtsprechung BGH NJW 86, 1538; NJW 97, 520; Mü/Ko-Oetker Rdnr. 351 ff. zu § 249.

314 Mü/Ko-Oetker Rdnr. 352 zu § 249 BGB.

315 LG Köln, Urteil vom 12.05.05, 24 S 26/04, n.v.

könnten und Kosten in Höhe von etwa 1.500,00 € anfielen oder ein Austausch zu erfolgen hätte und die Kosten sich auf ca. 3.900,00 € beliefen. Der Kläger bestand auf Ausgleich der vollen Kosten. Die Geltendmachung des Schadens bei der Person, die den Einbruch versucht hat, war nicht möglich, da dieser nicht ermittelt werden konnte. Aus diesem Grunde machte er die fiktiven Kosten für den Austausch der beschädigten Elemente bei der Hausratversicherung geltend.

Das Landgericht Köln wies die Klage ab und führte zur Begründung unter anderem wörtlich aus:

*„Die Hausratversicherung deckt den mit einem Versicherungsfall verbundenen Kostenaufwand nur, soweit dies in § 2 VHB 92 bestimmt ist. Hier heißt es unter der Überschrift „versicherte Kosten“, dass die Infolge des Versicherungsfalles notwendigen Kosten versichert sind. Dem lässt sich entnehmen, dass § 2 VHB keines Schadens- sondern eine reine Kostenversicherung beinhaltet. Der Begriff „Kosten“ ist auslegungsfähig. Die Auslegung ergibt, dass mit dem Begriff „Kosten“ Vermögensopfer gemeint sind, die ein Versicherungsnehmer in Form einer Geldzahlung oder einer wirtschaftlich gleich gestellten Handlung erbringt. Der Begriff „Kosten“ impliziert dabei, dass das Vermögensopfer tatsächlich bereits entstanden sein muss... Eine fiktive Abrechnung ermöglicht § 2 VHB deshalb nicht[316].“*

Die gefundene Auslegung erscheint auch Interessengerecht. Insoweit ist zu berücksichtigen, dass der Versicherer im Rahmen des § 2 VHB lediglich eine zusätzliche Leistung verspricht, die über die eigentlich geschuldete Versicherungsleistung, nämlich die Deckung des Vermögensverlustes wegen Zerstörung, Beschädigung oder Entwendung versicherter Sachen, hinaus geht. Auch vor diesem Hintergrund erscheint eine einschränkende Auslegung des § 2 VHB 92 geboten. Würde der Versicherer also zu einer Abrechnung auf Basis eines Kostenvoranschlages verpflichtet sein, wäre nicht sichergestellt, dass der Versicherungsnehmer überhaupt reparieren lässt.

Dies würde dem Wesen einer so genannten Kostenversicherung aber widersprechen, zu der auch die Hausratversicherung gehört, so dass der Versicherer nur verpflichtet ist, tatsächlich entstandene Kosten zu ersetzen[317].

**b) Auslandsunfälle**

Schließlich sind bei Schadensfällen mit Auslandsbezug Einschränkungen der fiktiven Schadensabrechnung gegeben. So gilt für Unfälle innerhalb der europäischen Union sowie Liechtenstein, Island oder Norwegen seit 01.01.2004 die 4. EU-Kraftfahrzeug-Haftpflicht-Richtlinie für Schadensregulierung. Danach vermittelt eine zentrale Auskunftsstelle die Anschrift eines deutschen Schadensregulierungsbeauftragten, der den Fall für die ausländische Versicherung des Unfallgegners im Innland regelt. Geschädigte können so ihre Forderungen im Heimatland geltend machen und damit den Weg über einen ausländischen Anwalt und kostspieligen Dolmetscher sparen. Zu beachten ist allerdings, dass für die Regulierung das Recht des Unfallortes und

316 LG Köln a.a.O.

317 AG Hamburg-St. Georg v. 15.07.03, Az: 900 C 530/03, n.v.

damit ausländisches Recht gilt. Zwar kann in vielen Ländern fiktiv abgerechnet werden. Allerdings werden bei vielen Schadenspositionen Abschläge vorgenommen, so dass beispielsweise die Gutachterkosten, eine Wertminderung oder die Kostenpauschale nicht oder nur zu einem geringeren Betrag erstattet werden. In Belgien, Griechenland, Spanien sowie der Ukraine werden Gutachterkosten beispielsweise überhaupt nicht erstattet, in der Türkei nicht die Kosten des deutschen Sachverständigen. Die Wertminderung beispielsweise wird u.a. in Polen, Tschechien und Ungarn nicht zugesprochen.

## B. Berücksichtigung des Restwertes bei der fiktiven Abrechnung

### I. Bedeutung im Rahmen der Schadensabrechnung

Dem Restwert kommt, wie oben bereits dargelegt, im Rahmen der fiktiven Schadensabrechnung eine besondere Bedeutung zu. Bei der Bestimmung des erforderlichen Geldbetrages nach § 249 Abs. 2 Satz 1 BGB hat der BGH[318] nämlich den Ersatz fiktiver Reparaturkosten auf die Höhe des Wiederbeschaffungsaufwandes, d.h. die Differenz aus Wiederbeschaffungswert und Restwert begrenzt[319].
Diese Rechtsprechung geht zurück auf eine Entscheidung des BGH aus dem Jahre 1985[320]. Dieser Entscheidung lag ein Sachverhalt zugrunde, bei dem für das beschädigte Fahrzeug ein Wiederbeschaffungswert in Höhe von 16.500,00 DM ermittelt worden war. Diesem standen Reparaturkosten in Höhe von 12.981,87 DM und eine mit 1.450,00 DM veranschlagte Wertminderung gegenüber.

Damit lagen in dem Fall die Reparaturkosten erheblich unter dem Wiederbeschaffungswert. Der Geschädigte verlangte daher die Reparaturkosten zusammen mit der Wertminderung. Der Geschädigte hatte das Fahrzeug allerdings im verunfallten Zustand zu einem Preis von 4.000,00 DM veräußert. Bei einer Schadensregulierung auf Basis der fiktiven Reparaturkosten würde der Geschädigte neben diesem Verkaufserlös noch 14.431,87 DM fiktiven Reparaturkostenaufwand (Reparaturkosten und Wertminderung) erhalten, so dass sich insgesamt, d.h. in Verbindung mit dem für das beschädigte Fahrzeug erzielten Erlös, ein Betrag in Höhe von 18.431,87 DM ergibt, dem ein Wiederbeschaffungswert von 16.500,00 DM gegenübersteht. Für die Vorinstanz, das OLG Karlsruhe, war deshalb die Wiederbeschaffung eines Ersatzfahrzeuges der wirtschaftlich günstigere Weg, so dass es dem Geschädigten nur den Wiederbeschaffungswert abzüglich des als Restwert erzielten Erlöses zuerkannte.

Der BGH sah dies, zumindest was die Art und Weise des angestellten Vergleiches betrifft, anders. Zunächst hat der BGH in den Entscheidungsgründen darauf hingewiesen, dass neben der Instandsetzung auch in der Wiederbeschaffung eine Form

---

318 BGH, NJW 85, 2469 ff.; OLG Frankfurt/Main, SP 03, 15 f. mit Anm. Trost; In der Entscheidung vom 23.03.76, BGHZ, 66, 239 war zwar bereits die Möglichkeit einer Begrenzung der fiktiven Instandsetzungskosten angedeutet, jedoch offen gelassen werden. Ebenso in einer weiteren Entscheidung aus dem Jahre 1977 (BGH, VersR 78, 235 ff); dort sprach der Senat fiktive Instandsetzungskosten ohne eine Begrenzung auf den Wiederbeschaffungsaufwand zu, obwohl es nicht zu einer Instandsetzung gekommen war.

319 BGH, NJW 85, 2469; Gebhardt, NZV 02, 249 ff.; dazu Haug, NZV 03, 545, 549.

320 BGH, a.a.O.; dazu Haug, NZV 03, 545, 549; Schiemann/Haug, VersR 06, 160, 161.

der Naturalrestitution liegt, so dass dem Geschädigten zwei Möglichkeiten der Restitution zur Verfügung stehen[321]. Somit hat der Geschädigte grundsätzlich die Möglichkeit, das Fahrzeug unrepariert zu veräußern und sodann die Kosten „einer fiktiven Instandsetzung" zu verlangen[322]. Die Wahl zwischen den beiden Alternativen ist jedoch nach Ansicht des BGH dahingehend eingeschränkt, dass für jeden Geschädigten die Pflicht besteht, unter mehreren gleichwertigen Wegen der Schadensbeseitigung den kostengünstigsten auszuwählen[323]. Diese Pflicht zur Schadensminderung mache eine Vergleichsbetrachtung zwischen dem Wiederbeschaffungsaufwand und dem Reparaturaufwand erforderlich, denn – so der BGH – der Anspruch des Geschädigten auf Ersatz fiktiver Reparaturkosten ist der Höhe nach auf die Kosten der Ersatzbeschaffung begrenzt. Das Berufungsgericht hatte bei der Ermittlung der Ersatzbeschaffungskosten allerdings den erzielten Verkaufserlös für das beschädigte Fahrzeug (Restwert) in voller Höhe (4.000,00 DM) berücksichtigt und von dem Wiederbeschaffungswert in Höhe von 16.500,00 DM in Abzug gebracht. Hiergegen wendet sich der BGH[324] in seiner Entscheidung. Als Restwert dürfe ein erzielter Verkaufserlös nicht ungeprüft und unbesehen in Ansatz gebracht werden, da dieser durch verschiedenste Faktoren geprägt werde. Hierzu zählen insbesondere besondere Verkaufsbemühungen des Geschädigten[325]. Anzusetzen sei allein der wirkliche Restwert. Allein diesen gelte es zu ermitteln[326]. Seither spielt der Restwert für das beschädigte Fahrzeug immer dann eine wesentliche Rolle, wenn unter mehreren vom Erfolg her gleichwertigen Mitteln der Schadensbeseitigung die mit dem geringeren Aufwand zu bestimmen ist, d.h. eine Abgrenzung zwischen dem Wiederbeschaffungswert und dem Reparaturaufwand vorzunehmen ist.

## II. Der Reparaturaufwand übersteigt den Ersatzbeschaffungsaufwand

### 1. Fiktive Abrechnung als wirtschaftlicher Totalschaden

Unterschiede in der Abrechnung zwischen tatsächlich durchgeführter und nicht durchgeführter Reparatur können sich aus dem Gesichtspunkt des Integritätsinteresses des Geschädigten ergeben. Grundsätzlich entfällt der Anspruch auf Ersatz der Herstellungskosten, wenn diese höher sind als der Wiederbeschaffungswert der beschädigten Sache. Da aber dem § 249 BGB zu entnehmen ist, dass der Geschädigte vorrangig die (Wieder-) Herstellung seiner Sache verlangen kann, billigt die Rechtsprechung[327] ihm für den Fall der tatsächlich durchgeführten Reparatur seines Fahrzeuges eine maßvolle Überschreitung des Wiederbeschaffungswertes zu. Die Reparaturkosten dürfen hierbei den Wiederbeschaffungswert um den so genannten Integritätszuschlag, dessen tatsächliche Höhe zu schätzen ist, übersteigen[328].

---

321 BGH, NJW 85, 2469 und BGHZ 115, 364, 371.

322 so auch schon BGH, VersR 72, 1024.

323 BGHZ 66, 239; BGH, NJW 05, 357; BGHZ 143, 189, 193.

324 BGH, NJW 85, 2469 und BGHZ 115, 364, 371.

325 So ist der Geschädigte beispielsweise nicht verpflichtet, das beschädigte Fahrzeug auch zu zerlegen, um die beschädigten Teile einzeln günstiger als das Fahrzeug insgesamt veräußern zu können. BGH, NJW 85, 2471.

326 Fuchs, SP 04, 413.

327 BGH, VersR 92, 61.

328 Erman/Kuckuk, § 249, Rdnr. 86; Medicus, JuS 73, 211 f.

Durch die Einordnung der Ersatzbeschaffung als Restitution und nicht als Kompensation ist die Schadensregulierung anhand ihrer Erforderlichkeit gemäß § 249 BGB zu bestimmen. Deshalb sind die fiktiv geltend gemachten Reparaturkosten zur Überprüfung ihrer „Erforderlichkeit" im Sinne dieser Vorschrift mit den Kosten für die Wiederbeschaffung zu vergleichen. Seit der vorstehenden Entscheidung des BGH sind für diesen Vergleich nicht nur die reinen Reparaturkosten und der Wiederbeschaffungsaufwand gegenüberzustellen, sondern auch der Restwert für das beschädigte Fahrzeug und eine etwaige Wertminderung für den Fall der Reparatur zu berücksichtigen. Damit müssen der Wiederbeschaffungsaufwand und der Instandsetzungsaufwand verglichen werden[329]. Liegt nun der Instandsetzungsaufwand, d.h. die Summe aus Reparaturkosten und einem festgestellten Minderwert über dem Wiederbeschaffungsaufwand, d.h. der Differenz aus Wiederbeschaffungswert abzüglich des zu ermittelnden Restwertes geht – grundsätzlich - eine Instandsetzung über das „Erforderliche" im Sinne des § 249 Abs. 2 Satz 1 BGB hinaus. Es liegt dann ein wirtschaftlicher Totalschaden vor mit der Folge, dass der Geschädigte bei einer fiktiven Abrechnung nur den Wiederbeschaffungsaufwand, bei dem der Restwert für das beschädigte Fahrzeug als Abzugsposition zu berücksichtigen ist, geltend machen kann.

**a) Umsatzsteuererstattung bei fiktiver Abrechnung**

Fraglich ist nun, ob und inwieweit im Rahmen des Vergleichs von Reparatur- und Wiederbeschaffungsaufwand die Mehrwertsteuer zu berücksichtigen ist.

In der Praxis wirft diese Frage bei Vorliegen eines wirtschaftlichen Totalschadens eine Vielzahl von Problemen auf. Diese sind vor allem darin begründet, dass die im Wiederbeschaffungswert enthaltene Umsatzsteuer keineswegs immer 16 % beträgt. Grundsätzlich kommen beim Kauf eines Gebrauchtfahrzeuges drei unterschiedliche Prozentsätze für die Umsatzsteuer in Betracht. Der Wiederbeschaffungswert kann 16 % Umsatzsteuer enthalten, er kann 2-3 % Umsatzsteuer umfassen oder er kann auch umsatzsteuerfrei sein[330]. Für den gewerblichen Verkauf von Gebrauchtfahrzeugen sieht das Umsatzsteuergesetz zwei unterschiedliche Steuersätze vor, je nachdem wie das Fahrzeug vom Händler eingekauft wurde. Erwirbt der Händler das Fahrzeug seinerseits von einem vorsteuerabzugsberechtigten Unternehmer oder Unternehmen, setzt der Händler die vom Unternehmer ausgewiesene Umsatzsteuer als Vorsteuer ab. Die Folge ist, dass beim Weiterverkauf an den Geschädigten der Händler die Umsatzsteuer gemäß § 10 UStG in Höhe von 16 % ausweist und die Umsatzsteuer an das Finanzamt abführt. Anders sieht dies aus, wenn der Händler das Fahrzeug von einem Verbraucher in Zahlung nimmt. Dann nämlich kann er keine Vorsteuer absetzen und braucht beim Verkauf an den Geschädigten gemäß § 25 a UStG auch keine Umsatzsteuer auszuweisen. An das Finanzamt muss er seinerseits nur 16 % Umsatzsteuer aus seinem Gewinn abführen (so genannte Differenzbesteuerung)[331]. Zur Berechnung dieser Umsatzsteuer muss der Gewinn des Händlers durch 116 dividiert und das Ergebnis mit 16 multipliziert werden.

---

329 BGH, NJW 85, 2469 und BGHZ 115, 364, 371.

330 Riedmeyer, DAR 03, 159 f.

331 Heinrich, NJW 04, 1916; AG Holzminden, SP 03, 203 f.

Beispiel für Differenzbesteuerung nach § 25 a UStG:

| | |
|---|---|
| Einkaufspreis von privat | 5.000,00 € |
| Verkaufspreis nach § 25 a UStG = Wiederbeschaffungswert | 6.160,00 € |
| Gewinn | 1.160,00 € |
| 1.160,00 € : 116 = 10 x 16 = | 160,00 € |

Beispiel für Regelbesteuerung nach § 10 UStG:

| | |
|---|---|
| Einkaufspreis von Unternehmer (5.000,00 € zzgl. 16 % USt) | 5.800,00 € |
| Verkaufspreis nach § 10 UStG = Wiederbeschaffungswert (6.000,00 € zzgl. 16 % USt) | 6.960,00 € |
| enthaltene Umsatzsteuer: 6.960,00 € : 116 = 60 x 16 = | 960,00 € |

Zu bedenken ist, dass je nach Alter des beschädigten Fahrzeuges Gebrauchtfahrzeuge für eine Ersatzbeschaffung häufig nicht mehr im Fahrzeughandel vorzufinden sind und ein Erwerb nur aus privater Hand möglich ist, bei dem keine Mehrwertsteuer anfällt und demzufolge eine solche im Wiederbeschaffungswert nicht zu berücksichtigen wäre. Aber auch ein Händler zahlt für Gebrauchtfahrzeuge, die er seinerseits aus privater Hand und damit ohne ausgewiesene Mehrwertsteuer erwirbt, gemäß § 25 a UStG Mehrwertsteuer nur auf den Differenzbetrag zwischen Händlereinkaufs- und Verkaufspreis[332]. Nach Erhebung des Bundesverbandes der freiberuflichen und unabhängigen Sach-verständigen (BVSK) aus dem Jahre 2002 werden etwa 75 % aller Gebrauchtfahrzeuge als differenzbesteuerte Fahrzeuge gehandelt[333].

Nach § 25 a UStG werden regelmäßig Fahrzeuge verkauft, die von der Art oder vom Typ her generell nicht gewerblich genutzt werden oder die ein solches Alter erreicht haben, dass sie von gewerblichen Unternehmen abgegeben wurden. Die Tendenz geht dahin, dass mit zunehmendem Alter bei durchschnittlicher Marktbetrachtung nur die sich aus der Differenzbesteuerung ergebende Umsatzsteuer enthalten ist. Die Berücksichtigung und der Abzug eines 16 %-igen Mehrwertsteueranteils vom Wiederbeschaffungswert im Falle einer fiktiven Schadensabrechnung entspräche damit sicher nicht dem tatsächlichen Mehrwertsteueranteil, der aber in der Praxis kaum ermittelbar sein wird. Demgegenüber berücksichtigt die Differenzbesteuerung gemäß § 25 a UStG, dass der Händler das Fahrzeug seinerseits mit Kapitaleinsatz erwerben muss und es mit einem Gewinn weiter veräußert. Lediglich in Höhe dieses Gewinnanteils ist die Mehrwertsteuer zu ermitteln. Da kein Händler eine Gewinnmarge offen legt, wurde in ersten Gerichtsentscheidungen eine Spanne von 15-20%[334] angenommen. Einzig und allein hieraus ist sodann die Mehrwertsteuer zu ermitteln und als Abzugsposition zu berücksichtigen. In neueren Gerichtsentscheidungen wird ge-

---

332 a.a.O.

333 BVSK Informationsrundschreiben zum Schadensersatzrechtsänderungsgesetz, Stand März 03, Heidrich, NZV 03, 392.

334 LG Koblenz, SP 03, 251 f.

nau dies in Ansatz gebracht und unter Berücksichtigung der Differenzbesteuerung ein Abzug von pauschal 2 % auf den Wiederbeschaffungswert vorgenommen[335].

Schließlich sind die Fälle zu berücksichtigen, in denen vergleichbare Ersatzfahrzeuge von seriösen gewerblichen Händlern überhaupt nicht mehr angeboten und verkauft werden. Sieht man sich die Gebrauchtwagenangebote der professionellen Gebrauchtwagenhändler an, wird man feststellen, dass Fahrzeuge, die älter als 10 Jahre sind, praktisch nicht mehr angeboten werden. Aufgrund der verschärften Gewährleistungsbedingungen hat der Kfz-Handel davon Abstand genommen, ältere Fahrzeuge insbesondere Fahrzeuge, die älter als 10 Jahre sind, in den Handel zu bringen[336]. Im Übrigen wäre bei diesen die Gewinnmarge und die Nachfrage zu gering, als dass es sich für einen Händler lohnen würde, diese anzubieten. Solche Fahrzeuge können damit nicht mehr über den Kfz-Handel, sondern allenfalls noch privat wiederbeschafft werden. Der Ausgangspunkt, wonach bezogen auf den Einzelfall der zu erwartende Mehrwertsteueranteil danach zu bemessen ist, wie das beschädigte Fahrzeug zum Schadenszeitpunkt auf dem örtlichen seriösen Gebrauchtwagenmarkt hätte wiederbeschafft werden können, führt zur Konsequenz, dass bei derart alten Fahrzeugen kein Mehrwertsteueranteil im Wiederbeschaffungswert zu berücksichtigen[337] ist. Der Wiederbeschaffungswert ist demnach ohne Abzug eines Umsatzsteueranteiles, d.h. „brutto für netto" anzusetzen, weil der Markt dieser Fahrzeuge ein solcher von Privatverkäufern ist.

**b) Erstattung der Mehrwertsteuer bei realer Ersatzbeschaffung**

Fraglich ist, wie zu entscheiden ist, wenn der Geschädigte nicht fiktiv abrechnet, sondern seinerseits ein Fahrzeug beschafft und seinen Schaden konkret auf der Basis dieser Ersatzbeschaffung abrechnet. Nach ständiger Rechtsprechung des Bundesgerichtshofs[338] ist in den Fällen, in denen der Geschädigte gemäß § 249 Abs. 2 Satz 1 BGB die Schadensbehebung selbst in die Hand nimmt, der zur Wiederherstellung erforderliche Aufwand nach der besonderen Situation zu bemessen, in der sich der Geschädigte befindet. Im Rahmen dieser „subjektbezogenen Schadensbetrachtung" kann es deshalb einem Geschädigten nicht zum Nachteil gereichen, wenn er bei einer konkreten Ersatzbeschaffung auf den Gebrauchtwagenmarkt von den umsatzsteuerrechtlich möglichen verschiedenen Erwerbsmöglichkeiten nicht gerade diejenige realisiert, die der Sachverständige für den Fall einer fiktiven Schadensabrechnung als die statistisch wahrscheinlichste bezeichnet hat. Die Folge ist, dass er nach § 249 BGB grundsätzlich den für die Ersatzbeschaffung aufgewendeten Betrag unabhängig davon ersetzt verlangen kann, ob in ihm die Regelumsatzsteuer im Sinne des § 10 UStG, eine Differenzsteuer im Sinne des § 25 a UStG oder gar keine Umsatzsteuer enthalten ist[339].

---

335 LG Bochum, SP 04, 13; LG Aachen, SP 04, 15; LG Rottweil, DAR 03, 422; AG Kaiserlautern, DAR 03, 424; AG Erkelenz, NJW 03, 2617; Zemlin, NJW 03, 1225; Heinrich, NJW 04, 1916; Riedmeyer, DAR 03, 159.

336 Riedmeyer, DAR 03, 159.

337 OLG Köln, NJW 04, 1465; AG Bad Schwartau, NJW RR 03, 1109; AG Wiesbaden, Urteil v. 29.09.05, Az: 91 C 4736/04-32, n.v.

338 BGHZ 66, 239, 245, 248 f.; 115, 364, 369; 155, 1, 5; BGH, VersR 05, 381.

## 2. Abrechnung bei tatsächlich durchgeführter Reparatur

### a) Die 130 %- Grenze bei fachgerechter Reparatur

Wenn der Geschädigte sein Fahrzeug tatsächlich reparieren lässt und sodann die Reparaturkosten geltend macht, stellt sich die Frage, ob auch dieser Anspruch noch oben begrenzt ist[340]. Die Grenze des nach § 249 Abs. 2 Satz 1 BGB erforderlichen Geldbetrages greift hier nicht. Diese bezieht sich nämlich allein auf die eingeräumte Ersetzungsbefugnis. Dem Schädiger bleibt somit nur die Möglichkeit, sich auf die „Unverhältnismäßigkeit" nach § 251 Abs. 2 BGB zu berufen und seinerseits den Geschädigten auf eine (angemessene) Geldentschädigung zu verweisen. Wird beispielsweise ein 10 Jahre altes Fahrzeug mit einem Wiederbeschaffungswert von 2.000,00 € bei einem Unfall beschädigt und lässt der Geschädigte das Fahrzeug dann für 4.000,00 € reparieren, liegt sicher ein Fall der Unverhältnismäßigkeit vor.

Es wurde allerdings darauf hingewiesen, dass für die Rechtsprechung neben der Instandsetzung auch die Ersatzbeschaffung eine Form der Naturalrestitution ist und der Geschädigte unter mehreren Möglichkeiten der Restitution grundsätzlich die zu wählen hat, die den geringsten Aufwand erfordert[341]. Dies ergibt sich aus dem Tatbestandsmerkmal der Erforderlichkeit in § 249 Abs. 2 Satz 2 BGB und auch aus dem Schadensbegriff selbst[342]. Der Geschädigte kann daher – der Rechtsprechung zufolge – nur diejenigen Aufwendungen ersetzt verlangen, die vom Standpunkt eines verständigen, wirtschaftlich denkenden Menschen in der Lage des Geschädigten zur Behebung des Schadens zweckmäßig und angemessen erscheinen[343]. Der Geschädigte ist dabei unter dem Gesichtspunkt der Schadensminderungspflicht im Sinne des § 254 II BGB gehalten im Rahmen des ihm Zumutbaren von mehreren möglichen, den wirtschaftlicheren Weg der Schadensregulierung zu wählen[344].

#### aa) Integritätsinteresse des Geschädigten

Fraglich ist nun, ob die im Rahmen der Schadensminderungspflicht anzustellende Vergleichsbetrachtung durch normative Gesichtspunkte zu modifizieren ist. Diese Fragestellung lässt sich anhand des folgenden, in der Praxis häufig vorkommenden Falls verdeutlichen:

Ein Fahrzeug wird bei einem Verkehrsunfall beschädigt. Die Reparaturkosten überschreiten mit 6.500,00 € den Wiederbeschaffungswert von 5.500,00 € um 1.000,00 €. Der Restwert soll ebenfalls 1.000,00 € betragen. Fraglich ist nun, ob der Schaden auf Totalschadenbasis abzurechnen ist (Wiederbeschaffungswert 5.500,00 € - Restwert 1.000,00 €, ergibt einen Wiederbeschaffungsaufwand von 4.500,00 €) oder ob der

---

339 Huber, Das neue Schadensrecht, Rdnr. 297; a.A. Heß, zfs 02, 367, 369; www.bundesgerichtshof.de, Az. VI ZR 91/04.de

340 so Gebhardt, DAR 91, 373, 377.

341 OLG Düsseldorf, SP 89, 390 und SP 99, 383; OLG Hamm, SP 96, 206.

342 Balke in: Ferner, Handbuch des Straßenverkehrsrechts , 339.

343 BGH, VersR 82, 548; BGH, VersR 89, 1056 f.; BGH, NJW 92, 302 f.; BGH NJW 05, 135, 136; AG Wiesbaden, Urteil v. 18.07.05, Az: 92 C 6685/04-82, n.v.

344 AG Wiesbaden a.a.O

Geschädigte das Recht hat, die Reparaturkosten von 6.500,00 € (zuzüglich einer eventuellen Wertminderung) zu verlangen[345]. Auf den ersten Blick handelt es sich bei dem Beispiel um den klassischen Fall eines Totalschadens, denn die Reparaturkosten übersteigen den Wiederbeschaffungsaufwand, so dass der Geschädigte eigentlich nur Ersatz des Wiederbeschaffungsaufwands verlangen kann.

Nun stellt sich die Frage, ob die Vergleichsbetrachtung allein rechnerisch zu erfolgen hat oder im Rahmen der Schadensminderungspflicht auch normative Kriterien zu beachten sind, insbesondere die individuellen Verhältnisse des Geschädigten[346]. Die Rechtsprechung bejaht dies und will die individuellen Verhältnisse des Geschädigten berücksichtigen, soweit diese einem verständigen, wirtschaftlich denkenden Menschen in der Lage des Geschädigten angemessen erscheinen[347]. Allgemein erkennt die Rechtsprechung insbesondere das Interesse des Geschädigten an dem Erhalt seines ihm vertrauten Fahrzeugs an, das durch eine Reparatur regelmäßig in stärkerem Maße befriedigt wird, als durch eine Ersatzbeschaffung[348]. So weiß der Eigentümer eines Fahrzeuges, wie dieses ein- und weitergefahren, gewartet und sonst behandelt worden ist, ob und welche Mängel dabei aufgetreten sind und auf welche Weise sie behoben wurden. Dem gegenüber sind dem Käufer eines Gebrauchtwagens diese Umstände, die dem Fahrzeug ein individuelles Gepräge geben[349], unbekannt. Dass ihnen noch immer ein wirtschaftlicher Wert zukommt, zeigt sich nicht zuletzt auch darin, dass bei dem Erwerb eines Kfz „aus erster Hand" regelmäßig ein höherer Preis zu zahlen bzw. leichter ein Käufer zu finden ist.

Was die Höhe des Toleranzbereichs betrifft, geht die Rechtsprechung durchgehend von einer Marge von 30 % aus, so dass bei durchgeführter Reparatur die Reparaturkosten den Wiederbeschaffungswert um 130 % übersteigen dürfen[350]. Will der Geschädigte allerdings sein Fahrzeug zu höheren Kosten reparieren lassen, so ist die Reparatur in aller Regel wirtschaftlich unvernünftig. In einem solchen Fall kann der Geschädigte den Schädiger demzufolge auch nicht bis zur Grenze von 30 % über den Wiederbeschaffungswert an den Kosten beteiligen[351].

---

345 Freyberger, NZV 05, 231.

346 BGH, NJW 92, 302; BGH, NJW 99, 501; 92, 302; 92, 1618.
Dies ist ein Grundsatz der Schadensgeringhaltung und führt beispielsweise auch in der Frage, welche Mietwagentarife erstattungsfähig sind, dazu, dass der Geschädigte nicht ohne weiteres ein Kraftfahrzeug zum Unfallersatztarif anmieten darf, sondern allenfalls dann, wenn ihm nicht erkennbar ist, dass dieser Unfalltarif teurer ist als der Normaltarif. Im Ergebnis führt dies dazu, dass ein Geschädigter nicht ohne weitere Überlegungen anzustellen einfach den erstbesten ihm angebotenen Tarif wählen darf, sondern sich durchaus Gedanken machen muss, welcher der wirtschaftlich sinnvolle Weg ist.

347 BGH, NJW 82, 1518.

348 BGH, VersR 99, 245; OLG Düsseldorf, SP 99, 383; OLG Saarbrücken, SP 98, 318; Hellwig, R 120, 12.

349 Jordan, VersR 78, 688, 691.

350 BGH, NJW 92, 302.; BGH, NJW 92, 305; OLG Hamm, zfs 91, 11; Hellwig, R 120, 13.

351 BGH, NJW 92, 302; OLG Düsseldorf, SP 03, 135 f.; Schiemann/Haug, VersR 06, 160, 161.

In der Praxis besteht das Motiv der Geschädigten zur eigentlich unwirtschaftlichen Reparatur eines unfallbeschädigten Kraftfahrzeuges jedoch nicht immer im Erhalt eines Liebhaberobjektes. Vielmehr sind es in vielen Fällen schlichte Probleme der Fahrzeugfinanzierung. Wenn ein Autokauf finanziert ist – dies gilt sowohl bei Gebraucht- als auch bei Neufahrzeugen - kommt der Geschädigte, der sich mit dem Autokauf übernommen hat oder sich zwischenzeitlich in wirtschaftlichen Schwierigkeiten befindet, mit einer Totalschadenabrechnung oft in Not. Nicht selten reicht die Abrechnungssumme einschließlich Restwert nicht, den verbliebenen Kredit vollständig abzulösen, was zu Restschulden trotz vollständigen Totalschadenersatzes führen kann[352]. Deshalb werden einem Geschädigten, der sich zu einer Reparatur entschließt und diese nachweislich durchführt, auch solche Kosten der Instandsetzung zuerkannt, die den Aufwand der Ersatzbeschaffung in Grenzen übersteigen. Es kommt jedoch nicht darauf an, ob und inwieweit die vom Sachverständigen geschätzten Reparaturkosten tatsächlich aufgewendet wurden[353].

Im Anschluss hieran stellt sich die Frage, ob die 130 %-Regelung nur für den unmittelbar Geschädigten gilt oder ob sich auch ein Aufkäufer des Unfallfahrzeuges, der sich die Ersatzansprüche aus dem Unfall hat abtreten lassen, hierauf berufen kann.

Zu bedenken ist allerdings, dass ein Aufkäufer oder ein Rechtsnachfolger, der das Fahrzeug nicht kennt, auch nicht das hiermit begründete Vertrauen in Anspruch nehmen kann. Aus diesem Grunde kann letzterem auch nur die Möglichkeit zustehen, auf der Basis des Wiederbeschaffungswertes abzüglich des Restwertes abzurechnen[354].

**b) Not- oder Billigreparatur**

Heftig diskutiert in der Rechtsprechung und Literatur ist, welche Voraussetzungen für die Anerkennung einer Ersatzleistung von 130 % vorliegen müssen. Dies gilt in erster Linie für die Frage, welche Art von Reparatur durchgeführt und nachgewiesen werden muss und wie ein Restwert bei der Vergleichsberechnung zu berücksichtigen ist.

Einigkeit besteht insoweit, dass der Integritätszuschlag nur dann anfallen kann, wenn eine Reparatur auch tatsächlich fachgerecht durchgeführt wird[355]. Fraglich ist nun, wie eine solche Reparatur nachzuweisen ist. Dies kann zunächst durch Vorlage einer entsprechenden Reparaturkostenrechnung erfolgen, aus welcher sich die durchgeführten Arbeiten ergeben. Nicht ausreichend ist demgegenüber eine Rechnung, in der nur Pauschalbeträge aufgeführt sind[356]. Möglich ist ein Nachweis auch durch Vorlage einer entsprechenden Bestätigung des Gutachters, dass die Reparatur erfolgt ist. Aus der Bestätigung muss jedoch hervorgehen, dass dem Gutachter das Fahrzeug nach der Instandsetzung vorgeführt wurde <u>und</u> die Reparatur vollständig

---

352 Klein, SP 03, 132 ff.

353 BGH, NJW 92, 1618 f.; OLG Dresden, DAR 01, 303 f.; OLG Düsseldorf, VersR 02, 629 f.; OLG Frankfurt/Main, MittBl der Arge VerkR 02, 79; anders z.B. LG Münster, SP 02, 348.

354 AG Siegburg, MDR 00, 332.

355 Hellwig, R 120, 13.

356 Zu lesen sind häufig Sätze wie: „Für die Behebung des Unfallschadens stellen wir Ihnen einen Betrag X und Mehrwertsteuer in Rechnung."

und fachgerecht ausgeführt worden ist[357]. Nicht ausreichend ist demgegenüber ein Lichtbild, welches der Geschädigte nach der Reparatur anfertigt. Hieraus lässt sich allenfalls die Reparatur des Fahrzeugs, nicht jedoch ihre fachmännische und vollständige Durchführung ableiten. Dies gilt zumindest dann, wenn es um die Reparatur eines erheblichen Schadens geht und wenn der Schädiger ein Sachverständigengutachten zum Nachweis einer durchgeführten Reparatur anbietet[358].

Sofern der Geschädigte den Nachweis durch Vorlage einer Reparaturkostenrechnung erbringt, wird ihm der gesamte Rechnungsbetrag einschließlich der Mehrwertsteuer erstattet. Sollte der Reparaturnachweis auf andere Weise erbracht werden, etwa durch die Bestätigung eines Gutachters, erfolgt eine Erstattung ohne Mehrwertsteueranteil[359].

Fraglich ist, ob sich der Geschädigte auf das Integritätsinteresse auch dann berufen kann, wenn er das Fahrzeug nur teilweise wieder herrichtet, die Reparatur also entweder nicht vollständig oder nicht entsprechend dem Stand der Technik[360] durchführt. Man spricht insoweit auch von einer „Not- bzw. Billigreparatur"[361].

In der Literatur wird zum Teil die Ansicht vertreten, dass auch bei einer solchen „Notreparatur" das Integritätsinteresse hinreichend nachgewiesen ist, solange der Geschädigte sein Fahrzeug weiter benutzt und nicht unmittelbar nach Durchführung der Notreparatur veräußert[362]. Dieser Ansicht hat sich auch der BGH (Karosseriebaumeister-Entscheidung) für den Fall angeschlossen, dass die geltend gemachten Reparaturkosten den Wiederbeschaffungswert nicht übersteigen[363]. In dem vom BGH entschiedenen Fall hatte der Kfz-Sachverständige für die Reparatur des beschädigten Pkw des Klägers erforderliche Kosten in Höhe von 24.337,24 DM = 12.443,43 € veranschlagt. Eine verbleibende Wertminderung gab der Sachverständige mit 1.500,00 DM = 766,94 € an. Diesem Reparaturaufwand stand ein geschätzter Wiederbeschaffungswert in Höhe von 30.300,00 DM = 15.492,14 € und ein Restwert für das beschädigte Fahrzeug in Höhe von 8.000,00 DM = 4.090,34 €, mithin ein Wiederbeschaffungsaufwand von 22.300,00 DM = 11.401,81 € gegenüber. Der Kläger, ein Karosseriebaumeister, reparierte das Fahrzeug selbst und machte unter Berufung auf ein Schreiben des Kfz-Gutachters geltend, dass er das Fahrzeug als Karosseriebaumeister ordnungsgemäß in Eigenregie instand gesetzt habe und die Schäden zwischenzeitlich beseitigt seien. Ein weitergehender Nachweis, insbesondere eine umfassende und fachgerechte Reparatur erfolgte nicht. Der Kläger verlangte nun von der Haftpflichtversicherung des Schädigers eine fiktive Abrechnung der im Sachverständigengutachten kalkulierten Reparaturkosten einschließlich des veran-

---

357 LG Gießen, zfs 96, 177.

358 OLG Karlsruhe, in Cramer/Berz/Gontard, Nr. 130 zu § 249 BGB.

359 Freyberger, NZV 05, 231, 233.

360 OLG Karlsruhe, in Cramer/Berz/Gontard, Nr. 130 zu § 249 BGB.

361 so AG Karlsruhe, SP 03, 310 f.; OLG Schleswig, VersR 99, 202; LG Münster, SP 04, 266 f.; OLG Düsseldorf, SP 02, 135; AG Darmstadt, SP 02, 136; OLG Stuttgart, SP 03, 202; AG Karlsruhe, SP 03, 310; LG München I, SP 04, 49; AG Essen, SP 04, 125; OLG Oldenburg, VersR 01, 997.

362 Eggert, DAR 01/20ff; Balke in: Ferner, Handbuch Straßenverkehrsrecht 314.

363 BGH, DAR 03, 372.

schlagten Minderwertes. Die Versicherung wollte dem gegenüber, unter Verweis auf den geringeren Wiederbeschaffungsaufwand, die Abrechnung auf der Basis eines Totalschadens vornehmen und damit den für das beschädigte Fahrzeug angegebenen Restwert in Abzug bringen. Sie argumentierte damit, dass die bloße Wiederherstellung der Fahrfähigkeit nicht ausreiche, um das Integritätsinteresse an der Weiterbenutzung des Fahrzeuges zu belegen[364]. In diesen Fällen könne die fiktive Abrechnung nur auf der Basis eines Totalschadens unter Berücksichtigung des festgestellten Restwertes erfolgen.

Dem folgte der BGH nicht. Diesem reichte es aus, dass der Kläger durch die nicht näher dargelegten Reparaturmaßnahmen zumindest die Verkehrs- und Betriebssicherheit des Fahrzeuges wieder hergestellt hatte. Damit habe er sein Integritätsinteresse hinreichend dokumentiert, so dass ihm die Abrechnung auf der Basis der fiktiven Reparaturkosten zugestanden wurde. Damit kam es im Rahmen der Schadensabrechnung auf den Restwert für das beschädigte, unreparierte Fahrzeug nicht an[365].

Hervorzuheben ist, dass in dieser Entscheidung des BGH die Reparaturkosten unter dem Wiederbeschaffungswert lagen und es damit auf eine weitergehende Aussage zum Integritätsinteresse und zur 130 %-Grenze nicht ankam. Für die Fälle, in denen die fiktiv abgerechneten Reparaturkosten über dem Wiederbeschaffungswert liegen und gleichfalls nur eine Billig- oder Notreparatur nachgewiesen wird, hat der BGH die Lösung ausdrücklich offen gelassen[366].
Kurze Zeit später musste sich der BGH[367] dann in zwei Verfahren erneut mit dieser Problematik beschäftigen. In beiden Fällen lagen die Kosten für eine fachgerechte und vollständige Reparatur nach Schätzung der Gutachter jeweils über dem Wiederbeschaffungswert, ohne allerdings die Grenze von 130 % des Wiederbeschaffungswertes zu überschreiten. In beiden Fällen hatten die Kläger ihr Fahrzeug mittels einer Teilreparatur in einen fahrbereiten und verkehrstüchtigen Zustand versetzt und verlangten nun gegenüber den ersatzpflichtigen Beklagten Ersatz des Schadens auf der Basis der in den Sachverständigengutachten ausgewiesenen Reparaturkosten.

Der 6. Zivilsenat des BGH hat in beiden Verfahren die Auffassung der Oberlandesgerichte gestützt, wonach Ersatz eines tatsächlich getätigten Reparaturaufwands bis zu 30 % über dem Wiederbeschaffungswert des Fahrzeuges nur verlangt werden kann, wenn die Reparatur fachgerecht und in einem Umfang durchgeführt wird, wie ihn der Sachverständige zur Grundlage seiner Kostenschätzung gemacht hat[368]. Repariert der Geschädigte bei einem den Wiederbeschaffungswert des Fahrzeuges übersteigenden Schaden nur teilweise oder nicht fachgerecht, sind Reparaturkosten, die über dem Wiederbeschaffungsaufwand (Wiederbeschaffungswert – Restwert) des Fahrzeugs liegen, grundsätzlich nur dann zu erstatten, wenn diese Reparaturkosten konkret angefallen sind oder zumindest der Geschädigte nachweisbar wertmäßig in

---

364 OLG Frankfurt, OLG Report 02, 81; OLG Hamm, NZV 02, 272; OLG Schleswig, VersR 99, 202;r+s 97, 461; van Bühren, Unfallregulierung, 31; Krieger, NZV 94, 11, 12; Röttgering, zfs 95, 441; AG Tettnang, SP 05, 238.

365 BGH, DAR 03, 372, 373.

366 BGH, a.a.O.; Greger, Kurskorrekturen beim Kraftfahrzeugschaden, NZV 06, 1, 3.

367 BGH, NJW 05, 1108; BGH, NJW 05, 1110.

368 BGH, NJW 05, 1108, 1110.

einem Umfang repariert hat, der den Wiederbeschaffungsaufwand übersteigt[369]. Ist dies nicht der Fall, ist die Höhe des Ersatzanspruches auf den Wiederbeschaffungsaufwand beschränkt und damit, trotz der Reparatur des Fahrzeuges und der weiteren Nutzung, sein Restwert bei der Schadensabrechnung zu berücksichtigen[370].

**c) Zusammenfassung**

Nach der neuen Rechtsprechung des Bundesgerichtshofes entscheidet somit die Weiterbenutzung des Fahrzeuges durch den Geschädigten und der Umfang der durchgeführten Reparatur über seine Abrechnungsmöglichkeiten beim Schadensfall und damit über die Frage, ob ein Restwert zu berücksichtigen ist oder nicht. Dies soll an nachfolgendem Beispiel nochmals verdeutlicht werden.

Auszugehen ist von Reparaturkosten von 10.000,00 € (netto), so dass eine Mehrwertsteuer in Höhe von 1.600,00 € anfallen würde. Des Weiteren ist ein Minderwert im Falle der fachgerechten Reparatur in Höhe von 1.400,00 € zu veranschlagen, so dass sich ein Reparaturaufwand in Höhe von 13.000,00 € errechnet. Der Restwert für das unfallbeschädigte Fahrzeug ist in einem Gutachten mit 3.000,00 € veranschlagt worden.

**aa) Wiederbeschaffungswert 20.000,00 €**

Bei einem Wiederbeschaffungswert von 20.000,00 € ergibt sich ein Wiederbeschaffungsaufwand in Höhe von 17.000,00€ (20.000,00 € Wiederbeschaffungswert – Restwert 3.000,00 €), dem ein Reparaturaufwand von 13.000,00 € gegenübersteht.

Auf der Basis fiktiver Reparaturkosten würden dem Geschädigten hier die Reparaturkosten netto in Höhe von 10.000,00 € sowie die veranschlagte Wertminderung in Höhe von 1.400,00 € erstattet. Ein Ersatz der (fiktiven) Mehrwertsteuer erfolgt nach § 249 Abs. 2 Satz 2 BGB nicht.

Hat der Geschädigte den Wagen tatsächlich reparieren lassen, sind ihm die angefallenen Reparaturkosten in Höhe von 10.000,00 € sowie die angefallene und nachgewiesene Mehrwertsteuer in Höhe von 1.600,00 € und schließlich die Wertminderung in Höhe von 1.400,00 €, mithin insgesamt 13.000,00 € zu erstatten. Führt der Geschädigte nur eine Teilreparatur durch, werden ihm trotzdem die gesamten kalkulierten Reparaturkosten von 10.00,00 € sowie die Wertminderung in Höhe von 1.400,00 € erstattet. Darüber hinaus wäre die für die Teilreparatur tatsächlich angefallene und nachgewiesene Mehrwertsteuer zu regulieren.

Freilich kann der Geschädigte auch eine Ersatzbeschaffung vornehmen. Hierfür steht ihm allerdings nur ein Betrag in Höhe der Reparaturkosten (10.000,00 €), erhöht um die Wertminderung (1.400,00 €) sowie die tatsächlich angefallene und nachgewiesene und bis den Betrag von 1.600,00 € begrenzter Mehrwertsteuer zur Verfügung. Auch bei dieser Handlungsalternative bleibt der Restwert für das beschädigte Fahrzeug außer Betracht.

---

369 BGH, NJW 05, 1110, 1111; Hellwig, R 120, 13.

370 so auch AG Karlsruhe, SP 03, 310 f; Greger, a.a.O.

**bb) Wiederbeschaffungswert 15.000,00 €**

Unterstellt man im vorliegenden Fall einen Wiederbeschaffungswert von 15.000,00 €, beträgt der Wiederbeschaffungsaufwand 12.000,00 € (15.000,00 € abzüglich Restwert 3.000,00 €). Dieser liegt somit unter dem Reparaturkostenaufwand von 13.000,00 €. Hieraus ergeben sich für den Geschädigten folgende Möglichkeiten:

Der Geschädigte kann das Fahrzeug reparieren lassen und konkret auf Reparaturkostenbasis abrechnen. Dann hat er im Falle einer fachgerecht durchgeführten und nachgewiesenen Reparatur Anspruch auf Ersatz der Reparaturkosten in Höhe von 10.000,00 €, die hierauf entfallende Mehrwertsteuer in Höhe von 1.600,00 € sowie den verbleibenden Minderwert in Höhe von 1.400,00 €. Erstattet wird ihm somit der gesamte Reparaturkostenaufwand in Höhe von 13.000,00 €.

Er kann den Schaden auch fiktiv abrechnen. In diesem Falle werden ihm dann freilich nur die Reparaturkosten in Höhe von 1.000,00 € und der kalkulierte Minderwert in Höhe von 1.400,00 € erstattet. Die Mehrwertsteuer wird, da sie nicht angefallen und nachgewiesen ist, nicht erstattet.

Der Geschädigte kann natürlich auch eine Ersatzbeschaffung vornehmen. Erstattet würden ihm in diesem Fall allerdings gleichfalls nur die Reparaturkosten in Höhe von 10.000,00 € sowie die Wertminderung in Höhe von 1.400,00 €. Im Ergebnis bliebe es somit bei der Abrechnung der fiktiven Reparaturkosten, wobei allerdings nun auch die tatsächlich für die Ersatzbeschaffung angefallene und nachgewiesene Mehrwertsteuer bis maximal 1.600,00 € erstattet wird.

**cc) Wiederbeschaffungswert 10.000,00 €**

Unterstellt man einen Wiederbeschaffungswert von 10.000,00 €, dann beträgt in diesem Fall der Wiederbeschaffungsaufwand 7.000,00 € (10.000,00 € abzüglich Restwert 3.000,00 €), so dass sich bei dem Geschädigten folgende Möglichkeiten der Schadensliquidation ergeben:

Rechnet der Geschädigte den Schaden fiktiv ab, wird der Wiederbeschaffungsaufwand netto abzüglich eines im Wiederbeschaffungswert enthaltenen Mehrwertsteueranteils erstattet. Unter Berücksichtigung der Differenzbesteuerung wird ein Abzug von 2 % für den nicht nachgewiesenen Mehrwertsteueranteil zu machen sein, so dass ein Betrag in Höhe von 6.800,00 € (7.000,00 € Wiederbeschaffungsaufwand abzüglich Mehrwertsteueranteil 200,00 €) gezahlt wird.

Rechnet der Geschädigte konkret auf Reparaturkostenbasis ab, ist zwischen einer fachgerechten, nachgewiesenen Reparatur und einer Teilreparatur zu unterscheiden. Bei einer fachgerechten Reparatur wird dem Geschädigten der gesamte Reparaturaufwand in Höhe von 13.000,00 € erstattet. Dieser macht 130 % des Wiederbeschaffungswertes aus und liegt damit noch innerhalb der 130 %-Grenze.

Bei einer Teilreparatur kann sich der Geschädigte nach der neuen Rechtsprechung des Bundesgerichtshofes auf diese 130 %-Grenze nicht berufen. Vielmehr muss er sich in diesem Fall auf eine fiktive Abrechnung auf der Grundlage des Wiederbeschaffungsaufwandes verweisen lassen, wobei ihm noch nicht einmal eine für die

Teilreparatur angefallene und nachgewiesene Mehrwertsteuer zu erstatten ist. Nach der Entscheidung des Bundesgerichtshofes würde ihm danach nur ein Betrag in Höhe von 6.800,00 € (Wiederbeschaffungsaufwand abzüglich Mehrwertsteuer-anteil) erstattet[371]. Bei dieser Konstellation wäre der Geschädigte gut beraten, sein Fahrzeug im Rahmen der 130 %-Regelung fachgerecht reparieren zu lassen und es dann nach einer bestimmten Zeit zu veräußern. Der Betrag, den er vom Schädiger bzw. dessen Haftpflichtversicherung mehr erhält, beläuft sich immerhin auf 6.200,00 €.

Entscheidet sich der Geschädigte für eine Ersatzbeschaffung, wird der Wiederbeschaffungsaufwand bis zur Höhe von 7.000,00 € erstattet. Nach einer neuen BGH-Entscheidung vom 01.03.2005 kommt es für diesen Fall einer nachgewiesen Ersatzbeschaffung nicht auf den tatsächlichen Mehrwertsteueranfall und -nachweis an[372].

**d) Sonderfälle**

Probleme bereiten in der Praxis insbesondere vier Fallgestaltungen, die noch nicht abschließend geklärt sind, wie

**aa) Tatsächliche Reparaturkosten sind höher als gutachterlich festgestellt**

Fraglich ist, wie verfahren werden soll, wenn der Gutachter zwar Reparaturkosten kalkuliert hat, die sich innerhalb der 130 %-Grenze bewegen, sich jedoch im Laufe der Reparatur dann aber herausstellt, dass die 130 %-Grenze überschritten wird. Hier stellt sich dann die Frage, wer das so genannte Prognoserisiko trägt[373]. Stellt sich etwa nach Entfernen der Stoßstange heraus, dass nicht allein diese, sondern auch die dahinter liegenden Teile beschädigt sind, erhöhen sich die Reparaturkosten unter Umständen beträchtlich, ohne dass der Sachverständige dies bei der Gutachtenerstellung erkennen konnte. Dann stellt sich die Frage, ob der Geschädigte trotzdem noch die gesamten Reparaturkosten geltend machen oder von der Versicherung des Schädigers auf den Wiederbeschaffungsaufwand verwiesen werden kann[374]. Für letzteres spricht, dass rein rechnerisch die Höhe der Reparaturkosten außerhalb der von der Rechtsprechung festgelegten 130 %-Grenze liegen. Gegen eine stichtagsbezogene rechnerische Betrachtung spricht, dass der regelmäßig unfallunerfahrene Geschädigte in einem solchen Fall das Risiko einer falschen Prognose bzw. den Anfall höherer Reparaturkosten tragen würde[375]. Dies erscheint wenig sachgerecht. Das Risiko wäre einseitig zu Lasten des Geschädigten verlagert. Deshalb muss auch bei dieser Konstellation der Schädiger das Werkstattrisiko tragen[376]. Auf die Abrechnung auf Totalschadenbasis braucht sich der Geschädigte nicht verweisen zu lassen. Er kann sich auf die Beurteilung und Berechnung des Sachver-

---

371 BGH, NJW 05, 1108.

372 BGH, MittBl der Arge VerkR 05, 91.

373 OLG München, zfs 91, 304; OLG Hamm, zfs 84, 198.

374 So beispielsweise LG Köln, SP 04, 192 f.

375 Palandt/Heinrichs, § 249, Rdnr. 27, m.w.N.; BGH, NJW 92, 302; OLG Stuttgart, NJW –RR 04, 104, 105; BGH, NJW 92, 302.

376 BGH, VersR 75, 184, 185; OLG Stuttgart, in Cramer/Berz/Gontard, Nr. 148a zu § 249 BGB; BGH, NJW 92, 302.

ständigen verlassen[377], so dass der Versicherer die tatsächlichen Reparaturkosten gegebenenfalls auch dann zu ersetzen hat, wenn diese über 130 % des Wiederbeschaffungswertes liegen[378]. Dies gilt zumindest dann, wenn den Geschädigten hieran kein Verschulden trifft[379].

**bb) Integritätsinteresse bei Verwendung gebrauchter Ersatzteile**

Umstritten ist, ob eine fachgerechte Reparatur, die eine Abrechnung auf der 130 %-Basis rechtfertigt, auch dann vorliegt, wenn statt der vom Sachverständigen kalkulierten Originalteile nur Gebrauchtteile verwandt werden. Insoweit wird zum Teil die Auffassung vertreten, dass eine fachgerechte Wiederherstellung nur dann vorliegt, wenn ausschließlich Original-Ersatzteile verwendet werden[380]. Dem gegenüber wird eingewandt, maßgeblich sei nur, ob durch die Reparatur das Fahrzeug zumindest annähernd in den ursprünglichen Zustand versetzt wird[381]. Für die Entscheidung, welcher Auffassung der Vorzug zu geben ist, kann es letztlich nur darauf ankommen, ob der Geschädigte durch die Art seiner Reparatur zu erkennen gibt, dass ihm gerade sein Fahrzeug wichtig ist und er es deshalb nicht gegen ein völlig fremdes Ersatzfahrzeug austauschen möchte. Dieses Interesse weist der Geschädigte zumindest dann nach, wenn er sein Fahrzeug in allen wesentlichen Punkten instand setzt. Von Bedeutung hierbei ist, ob der vor der Beschädigung bestehende Zustand durch den Einbau gebrauchter Ersatzteile erreicht werden kann. Hierzu müssen die verwendeten Fahrzeugteile gleichwertig sein, ohne dass deswegen von einer Billigreparatur gesprochen werden kann. Diese Anforderungen sind erfüllt, wenn mit dem Einbau gebrauchter Teile ein fach- und sachgerechter Reparaturzustand erreicht wird[382]. Letztlich kann es keinen Unterschied in Bezug auf das Integritätsinteresse machen, wenn eine vorher unbeschädigte aber gebrauchte Tür des Fahrzeuges durch eine gleichwertige gebrauchte oder durch eine neue Tür ersetzt wird. Der Wert des Fahrzeuges im Vergleich zum früheren unbeschädigten Zustand verringert sich hierdurch nicht. Der hier vertretenen Auffassung widersprechen auch die beiden vorgenannten BGH-Urteile[383] nicht. Ob eine Reparatur auch dann fachgerecht ist, wenn nicht Originalersatzteile verwandt werden, hatte der BGH in den beiden Urteilen nicht zu entscheiden. Die Grenzen sind im Einzelfall freilich fließend. Wenn im obigen Beispiel nicht eine gebrauchte Tür eingebaut, sondern die beschädigte Tür nur notdürftig gespachtelt wird[384], wird man kaum von einer „fachgerechten Reparatur" sprechen können. Gilt dies aber auch dann, wenn es sich bei dem beschädigten Fahrzeug um kein gängiges Modell handelt und gleichwertiger Ersatz von Gebrauchtteilen nicht zu er-

---

377 KG, NZV 05, 46 f.

378 LG Tübingen, SP 03, 274 f.

379 BGH, NZV 92, 66, 67, OLG München, zfs 91, 304; OLG Hamm, zfs 84, 198.

380 OLG Düsseldorf, NZV 95, 232 f.; OLG Hamm, SP 86, 314 f.; KG Berlin v. 29.05.00, Az: 12 U 9626/98 n.v.; LG Berlin, SP 03, 19, 20; LG München I, SP 03, 60 f.; LG Essen, SP 02, 240; AG Darmstadt, SP 03, 136 f.

381 OLG Karlsruhe, MDR 00, 697; OLG Düsseldorf, VersR 02, 629, wobei das OLG insoweit eine „einzelfallbezogene" Beurteilung verlangt; OLG Oldenburg, NZV 00, 469; OLG Düsseldorf, VersR 02, 629 ff.

382 OLG Oldenburg, DAR 00, 359.

383 BGH, NJW 05, 1108.; BGH, NJW 05, 1110.

384 OLG Celle, SP 05, 127 f.

langen ist? Was letztlich fachgerecht ist oder nicht, lässt sich kaum abstrakt, sondern nur für den konkreten Fall beantworten. Wenn nämlich ein Fahrzeug in großen Stückzahlen gebaut und entsprechend marktgängig ist, ist es für einen Geschädigten verhältnismäßig einfach ein gleiches Fahrzeug auf dem Gebrauchtwagenmarkt zu finden. Ist dies nicht der Fall, wäre ein wesentlich höherer Aufwand erforderlich. Dies ist dem Geschädigten aber kaum zuzumuten.

**cc) 130 %-Regelung bei betrieblich genutzten Fahrzeugen**

Bei betrieblich genutzten Fahrzeugen stellt sich die Frage, ob die 130 %-Grenze auch bei diesen Anwendung finden kann. Dagegen spricht, dass das Integritätsinteresse, also das Interesse des Geschädigten, gerade an dem Erhalt dieses Fahrzeuges, von vornherein schwächer ausgeprägt ist. In der Rechtsprechung ist daher die Anwendung der 130 %-Grenze umstritten. Nach einer Auffassung entfällt hier der besondere Schutz des Integritätsinteresses, da der Geschädigte, der sein Fahrzeug lediglich gewerblich nutzt, kein Interesse an dem Erhalt eines speziellen Fahrzeuges haben soll. In diesem Sinne etwa hat das Amtsgericht Görlitz entschieden[385]. Diesem Fall lag folgender Sachverhalt zugrunde. Ein Lkw wurde durch einen Verkehrsunfall beschädigt. Die Geschädigte ließ den Schaden für 20.260,57 DM = 10.359,06 € ohne Mehrwertsteuer reparieren. Nach dem vorgelegten Sachverständigengutachten beliefen sich die Kosten für eine Reparatur auf 19.002,13 DM = 9.715,63 €, der Wiederbeschaffungswert auf 17.800,00 DM = 9.101,00 € und der Restwert auf 2.800,00 DM = 1.431,62 €. Die Haftpflichtversicherung des Schädigers nahm eine Regulierung auf der Basis Wiederbeschaffungswert abzüglich Restwert vor. Die Klägerin war jedoch der Meinung, dass sie die gesamten Reparaturkosten in Höhe von 20.260,57 DM = 10.359,06 € verlangen könne, weil diese nicht 130 % des Wiederbeschaffungswertes ausmachten.
Das Amtsgericht Görlitz kam zu dem Ergebnis, dass kein ins Gewicht fallendes Integritätsinteresse an dem weiteren Behalten ausgerechnet dieses verunfallten Kraftfahrzeuges in Betracht komme. Daran ändere sich auch nichts, wenn das Fahrzeug nicht von mehreren Personen der Firma genutzt worden sei, sondern letztlich nur von einer einzigen Person. Die Laufleistung von knapp 60.000 km und die Nutzungsdauer von 1 ¼ Jahren begründe des Weiteren den Mangel an einem spezifischen Integritätsinteresse. Eine solche Entscheidung wäre betriebs-wirtschaftlich nicht vertretbar[386].

Eine andere Ansicht will auch bei betrieblich genutzten Fahrzeugen den Schutz des Integritätsinteresses anerkennen[387]. Dies soll auch dann geltend, wenn sich das Fahrzeug im Eigentum einer juristischen Person befindet[388]. Diese Auffassung vertritt etwa das OLG Dresden[389]. Der Entscheidung lag folgender Sachverhalt zugrunde. Ein Geschädigter war Eigentümer eines Lkw nebst Anhänger. Die Reparaturkosten betrugen insgesamt 83.485,90 DM netto. Der Wiederbeschaffungswert des Fahrzeu-

---

385 AG Görlitz, SP 98, 164.

386 AG Görlitz, a.a.O.

387 OLG Hamm, DAR 98, 393.

388 BGH, NJW 99, 501; OLG Hamm, MDR 98, 1223.

389 OLG Dresden, in Cramer/Berz/Gontard Nr. 140 zu § 249 BGB = DAR 01, 303.

ges betrug 72.780,00 DM = 37.211,82 €[390]. Das OLG Dresden kam zu dem Ergebnis, dass die 130 %-Grenze in diesem Fall auch zugunsten der juristischen Person Anwendung finden müsse.

Eine Differenzierung zwischen gewerblich genutzten und privat genutzten Fahrzeugen ist abzulehnen. Es ist kein nachvollziehbarer Grund ersichtlich, weshalb das Interesse einer Privatperson an dem Erhalt ihres verunfallten Fahrzeuges höher zu bewerten ist, als die entsprechenden Interessen eines Gewerbetreibenden oder einer juristischen Person. Maßgebend ist daher allein, ob das Erhaltungsinteresse durch eine fach- und sachgerechte Reparatur dokumentiert wird. Der Wunsch eines Geschädigten, das ihm vertraute Fahrzeug weiter zu nutzen, ist nicht Ausdruck einer irrationalen emotionalen Bindung des Geschädigten an einem technischen Gegenstand. Ein derartiges Affektionsinteresse wäre auch bei dem Eigentümer eines privat genutzten Kfz nicht anzuerkennen. Hinter der 130 %-Grenze stehen vielmehr wirtschaftliche Erwägungen[391]. Diese aber unterscheiden sich bei einem gewerblichen oder privat genutzten Pkw nicht. Auch ein gewerblich genutztes Fahrzeug wird zumeist von einem überschaubaren Kreis ausgewählter Fahrer genutzt, auf deren Sorgfalt der Geschäftsherr vertrauen darf[392]. Entscheidend ist auch hier der Gedanke, ein Fahrzeug behalten zu wollen, welches man genau kennt.

**e) Stellungnahme und Kritik**

Die 130 %-Grenze bereitet in der Praxis der Schadensabwicklung eine Vielzahl von Schwierigkeiten. Es stellt sich daher die Frage, ob hierauf nicht grundsätzlich verzichtet werden sollte.

Wenn in der Ersatzbeschaffung nach Ansicht der Rechtsprechung eine Form der Naturalrestitution liegt, dann mutet es befremdlich an, wenn dem Schädiger das Recht eingeräumt wird, nicht nur die Kosten für eine solche Naturalrestitution, sondern einen darüber hinausgehenden Betrag (130 % des Wiederbeschaffungswertes) zu verlangen. Entweder ist das Fahrzeug gleichwertig und damit eine adäquate Form der Naturalrestitution oder nicht. Ist dieses aber so, so ist nicht einzusehen, warum dem Schädiger zugemutet wird, im Reparaturfall einen weitaus höheren Betrag zu erstatten, als für die Ersatzbeschaffung eines gleichwertigen Fahrzeuges anfällt. Noch fragwürdiger wird dieser Schutz des Integritätsinteresses, wenn man von dem Geschädigten noch nicht einmal den Nachweis einer vollständigen und fachgerechten Reparatur verlangt, sondern die bloße Wiederherstellung der Fahrbereitschaft ausreichen lässt[393]. Besonders nachteilig hat sich dies für den Schädiger bis zu den oben zitierten BGH-Urteilen[394] ausgewirkt. Bis zu diesen Entscheidungen konnte der Geschädigte den teuren Weg der Schadensabwicklung auf Reparaturkostenbasis bereits dann gehen, wenn er lediglich die Fahrbereitschaft und Verkehrssicherheit des Fahrzeuges wieder herstellen und dies ansonsten nur unvollständig reparieren ließ. Weshalb allerdings die bloße Verkehrssicherheit oder gar nur die Fahrbereit-

---

390 a.a.O.

391 a.a.O.

392 BGH, in Cramer/Berz/Gontard Nr. 126 zu § 249 BGB; BGH, DAR 92, 22 und 25.

393 Heß, NZV 05, 246, 247.

394 BGH, NJW 05, 1108.; NJW 05, 1110.

schaft ausreichen soll, um eine Schadensersatzleistung zu erhalten, die bis zu 30 % höher als der Wiederbeschaffungswert des beschädigten Fahrzeuges liegt, ist nicht einzusehen. Dies gilt umso mehr als die Wiederherstellung der Fahrbereitschaft nämlich häufig mit sehr geringem Aufwand möglich ist. In der praktischen Umsetzung bedeutete dies, dass der Geschädigte sein Fahrzeug mit dem geringstmöglichen finanziellen Aufwand „wieder instand gesetzt", d.h. lediglich die Fahrbereitschaft und die Verkehrssicherheit wieder hergestellt hat und hierfür nicht nur die, bis zu einer möglichen Ersatzbeschaffung begrenzten, sondern sogar bis zu 30 % darüber hinausgehende fiktive Reparaturkosten erhielt[395]. Der Geschädigte „verdient im Grunde doppelt", nämlich einmal bei der Differenz zwischen den tatsächlich entstandenen Reparaturkosten und den Kosten für die Ersatzbeschaffung, d.h. den Wiederbeschaffungswert und zum anderen indem er bis zu 30 % mehr als den Wiederbeschaffungswert ersetzt verlangen kann.

Die Versuche der Rechtsprechung[396] eine solche Überkompensation des Geschädigten zu verhindern, führen nicht weiter und können von dem Geschädigten regelmäßig umgangen werden. Dies gilt etwa für die Einschränkung, dass das Integritätsinteresse im Falle der Notreparatur nur dann schützenswert sei, wenn der Geschädigte sein Fahrzeug weiter benutzt und „nicht alsbald nach dem Unfall veräußert"[397]. Ob eine Veräußerung „alsbald" nach dem Unfallgeschehen erfolgt, ist bereits rechtlich kaum greifbar[398]. Praktisch eröffnet ein derartiges Merkmal eine Vielzahl von Umgehungsmöglichkeiten. Das OLG Düsseldorf hat in dem vorzitierten Urteil immerhin festgestellt, dass eine Veräußerung binnen eines Monats nach Instandsetzung nicht reicht, um den „Integritätszuschlag" zuzubilligen.

Auf dem Kfz-Markt hat sich in den letzten Jahren viel getan, insbesondere was die Zuverlässigkeit der Kraftfahrzeuge und die Häufigkeit der anfallenden Reparaturen betrifft. Motor-, Getriebe- sowie Karosserieschäden sind die Ausnahme geworden. Eine Motorlebensdauer von 250.000 bis 300.000 km ist keine Seltenheit. Viele Autohersteller bieten auch Garantien von bis zu 10 Jahren gegen Durchrosten des Fahrzeuges an. Häufiger anzutreffen sind „Elektronikprobleme" an den „modernen" Autos, die jedoch erfahrungsgemäß meist zu Beginn der Produktion auftreten und dann im Laufe der Zeit ausgeräumt werden. In Anbetracht dieser Entwicklung scheint es nicht mehr angezeigt, auf ein besonderes Integritätsinteresse abzustellen. Es müsste vielmehr auf die 130 %-Grenze insgesamt verzichtet und eben auf Totalschadensbasis abgerechnet werden, sofern der Wiederbeschaffungswert die Reparaturkosten übersteigt. Wenn dann ein Geschädigter meint, gleichwohl das Fahrzeug reparieren lassen zu müssen, müsste dies auf seine eigene Kosten, gegebenenfalls unter dem Einsatz von Gebrauchtteilen oder auch einer Teilereparatur erfolgen. Es kann jedoch nicht der Versichertengemeinschaft auferlegt werden, die um bis zu 30 % höheren Kosten zu tragen. Dies gilt umso mehr, als in der Praxis häufig zu beobachten ist, dass Werkstätten, die natürlich an solchen Reparaturen interessiert sind, die Repara-

---

395 Schiemann/Haug, VersR 06, 160, 162.

396 OLG Düsseldorf, in Cramer/Berz/Gontard Nr. 115 zu § 249 BGB = zfs 96, 373; OLG Hamm, DAR 00, 406.

397 OLG Karlsruhe, zfs 97, 53; OLG Hamm, DAR 00, 406; Hellwig, R 120, 19.

398 OLG Karlsruhe, a.a.O.; OLG Düsseldorf, VersR 04, 1620.

turkosten so berechnen, dass sie gerade noch innerhalb der 130 %-Grenze liegen[399]. Darüber hinaus anfallende Kosten werden dann häufig als Kosten für Inspektion oder dergleichen getarnt. Solchen Methoden würde bei einer konsequenten Anwendung der Abrechnung auf Totalschadenbasis zu Recht der Boden entzogen.

### 3. Bedeutung des Restwertes für die Vergleichsbetrachtung

#### a) Grundsätze der Rechtsprechung

Bis zur Grundsatzentscheidung des BGH vom 15.10.1991[400] bestand Streit darüber, ob der Restwert im Rahmen der Vergleichsbetrachtung überhaupt zu berücksichtigen ist. So vertrat ein Teil der Rechtsprechung die Ansicht, dass für den Vergleich der Wiederbeschaffungswert den Kosten der Reparatur und eines etwa verbleibenden Minderwertes gegenüberzustellen sei[401]. Nach anderer Ansicht sollte bei der Vergleichsbetrachtung nur der reine Wiederbeschaffungsaufwand berücksichtigt werden, so dass der Restwert des Fahrzeuges von dem Wiederbeschaffungswert abzuziehen war[402].

Der BGH[403] hat sich in der oben genannten Entscheidung der Auffassung angeschlossen, den Restwert bei der Vergleichsbetrachtung unberücksichtigt zu lassen. Ausgangspunkt für die Überlegung ist, dass bei einer tatsächlich durchgeführten Reparatur und einer Weiterbenutzung des Fahrzeuges kein Restwert erzielt wird und ein „erzielbarer Restwert" nur als Berechnungsgröße ohne Vermögensrelevanz für den Geschädigten in Betracht käme. Einer Berücksichtigung dieser Rechengröße stehe entgegen, dass der Restwert von den Reparaturkosten abhänge und von diesen bereits „mitrepräsentiert" werde. Je höher die Reparaturkosten im Verhältnis zum Wiederbeschaffungswert sind, desto niedriger müsse im Regelfall der Restwert sein. Der BGH geht offenbar von einem zumindest mittelbaren Einfluss oder einer mittelbaren Berücksichtigung des Restwertes bei den Reparaturkosten aus. Dies soll es vertretbar erscheinen lassen, „bei dem Massenphänomen der Kraftfahrzeugunfälle im Interesse einer einfachen und praktikablen Handhabung der Schadensregulierung auf einer Einstellung des häufig nur schwer zu ermittelnden und mit vielen Unsicherheiten behaftenden Restwerts in die Vergleichsrechnung als besonders ausgewiesenen Rechnungsposten zu verzichten und für den prozentualen Zuschlag zur Ermittlung der Wirtschaftlichkeitsgrenze einer Reparatur allein auf den Wiederbeschaffungswert des Fahrzeuges abzustellen"[404]. Der BGH hebt allerdings hervor, dass dies nur im Falle einer tatsächlich durchgeführten Reparatur gilt, während es bei einer fiktiven Schadensabrechnung bei der genauen Vergleichsberechnung unter Berücksichtigung des Restwertes verbleiben muss. In entsprechender Weise wurde seither die 130 %-Grenze ermittelt und bei nachgewiesener (fachgerechter) Reparatur eine Erstattung der Reparaturkosten bis zu dieser Höhe anerkannt.

---

399 Freyberger, MDR 02, 867, 871.

400 BGH, NJW 92, 302.

401 OLG Hamm, NZV 91, 351; OLG Köln, VersR 93, 898.

402 OLG Stuttgart, NZV 91, 309.

403 BGH, NJW 92, 302.

404 Freyberger, MDR 02, 867, 871; Greger, NZV 06, 1.

In der bereits erwähnten zweiten Entscheidung[405] ist der BGH nun noch einen erheblichen Schritt weitergegangen. Wie angesprochen betraf diese Entscheidung den Fall, dass der Geschädigte, ein Karosseriebaumeister, sein Fahrzeug in Eigenleistung instand setzte und nun die im Sachverständigengutachten kalkulierten Reparaturkosten verlangte, obwohl diese höher waren als der Wiederbeschaffungswert abzüglich des Fahrzeugrestwertes.
Bisher nahm die Rechtsprechung in derartigen Fällen eine Beschränkung auf den Wiederbeschaffungsaufwand vor und berücksichtigte somit den Restwert des Fahrzeuges. Der Geschädigte könnte eine darüber hinausgehende Inanspruchnahme des Schädigers nur rechtfertigen, wenn er durch die Weiterbenutzung des fachgerecht instand gesetzten Fahrzeugs sein Integritätsinteresse belegt[406]. Wenn er das Fahrzeug demgegenüber nur notdürftig repariert, muss es bei der Begrenzung auf den Wiederbeschaffungsaufwand verbleiben.

In Fortschreibung der Entscheidung aus dem Jahre 1991 stellt der BGH in seinem Urteil vom 29.04.2003[407] nochmals dar, dass der Restwert eines Fahrzeuges, das vom Geschädigten tatsächlich repariert und weiter genutzt wird, lediglich ein hypothetischer Rechnungsposten sei, den der Geschädigte nicht realisiert und der sich daher in der Schadensbilanz nicht niederschlagen darf. Entscheidend sei nicht, ob das Fahrzeug fachgerecht instand gesetzt oder nur „notdürftig" repariert wurde, sondern die weitere Benutzung des Fahrzeuges durch den Geschädigten.

**b) Stellungnahme**

Die Argumentation des BGH erscheint in der Tat konsequent, da es von der weiteren Benutzung des Fahrzeuges und nicht von dessen fachgerechter Instandsetzung abhängt, ob der Restwert bloß als nicht realisiert und nicht realisierbarer Rechnungsposten erscheint oder tatsächlich schadensmindernd bei dem Vermögen des Geschädigten zu berücksichtigen ist. Zu bedenken ist jedoch, dass die Vergleichsberechnung dazu angestellt wird, um von zwei gleichwertigen Möglichkeiten der Naturalrestitution, d.h. der Instandsetzung und der Wiederbeschaffung, die wirtschaftlich günstigere zu bestimmen. Diese Bestimmung sollte nicht davon abhängen, ob sich der Geschädigte zur Reparatur seines Fahrzeuges und wenn ja in welcher Art und Weise er sich hierzu entschließt und damit unter Umständen die wesentlich „kostspieligere Variante" der Naturalrestitution auswählt, sondern zunächst anhand eines Vergleiches der Vermögenssituation des Geschädigten. Dies gilt umso mehr als die Rechtsprechung dem Geschädigten unter Berufung auf ein vermeintliches Integritätsinteresse sogar die Möglichkeit einräumt, Reparaturkosten geltend zu machen, die den Wiederbeschaffungswert um bis zu 30 % überschreiten[408].

**4. Behandlung der Mehrwertsteuer innerhalb der Vergleichsbetrachtung**

Durch die gesetzliche Neuregelungen im Rahmen des 2. Schadensrechtsänderungsgesetzes bestimmt § 249 Abs. 2 Satz 2 BGB n.F. nunmehr, dass der erforderli-

---

405 BGH, DAR 03, 372.
406 OLG Köln, zfs 02, 74; OLG Karlsruhe, MDR 00, 697; OLG München, zfs 91, 303.
407 BGH, DAR 03, 372.
408 BGH, NJW 92, 302.

che Geldbetrag die Umsatzsteuer nur mit einschließt, wenn und soweit sie tatsächlich angefallen ist. Die gesetzliche Regelung ist insoweit eindeutig und wird im Rahmen der Schadensregulierung kaum zu Auseinandersetzungen führen. Anders sieht dies jedoch aus, wenn es um die Frage geht, ob die Vergleichsbetrachtung in Zukunft auf Netto- oder Bruttobasis zu erfolgen hat[409]. Klarzustellen ist, dass es insoweit nur um die Vergleichsbetrachtung und die hiermit verbundene Frage geht, ob der Geschädigte die volle Dispositionsfreiheit hat und fiktiv abrechnen kann. Ob er einen Anspruch auf Ersatz der Mehrwertsteuer hat, ergibt sich erst im Rahmen der Schadensabrechnung selbst.

Für den nicht vorsteuerabzugsberechtigten Geschädigten wird man bei der Vergleichsbetrachtung von Bruttobeträgen, also inklusive Mehrwertsteuer ausgehen müssen. Zum einen werden nur dann tatsächlich die Beträge berücksichtigt, die er im Zuge der Schadensbehebung, entweder durch Reparatur in einer Fachwerkstatt oder durch Ersatzbeschaffung bei einem Händler aufzuwenden hat, so dass der „tatsächliche Aufwand" gegenübergestellt und verglichen wird. Zum anderen spricht hierfür die praktische Handhabung. Zwar wäre es problemlos möglich, bei den Reparaturkosten von Nettobeträgen auszugehen und den Minderwert, der ohnehin keine Mehrwertsteuerrelevanz hat, in Abzug zu bringen. Probleme ergeben sich allerdings bei der Ermittlung des Wiederbeschaffungswertes. Wie bereits vorstehend erwähnt, zahlt nämlich ein Erwerber für ein Gebrauchtfahrzeug, wenn der Händler das Fahrzeug seinerseits aus privater Hand und damit ohne ausgewiesene Mehrwertsteuer erworben hat, nach der Differenzbesteuerung gemäß § 5 Umsatzsteuergesetz Mehrwertsteuer nur auf die Differenz zwischen Händlereinkaufs- und Verkaufspreis. Zu bedenken ist allerdings, dass es zunächst nur um die Vergleichsbetrachtung geht und nicht um die Regulierung selbst. Man sollte deshalb durchgehend vom Bruttobetrag ausgehen, also von dem Betrag, den der Geschädigte für ein vergleichbares Ersatzfahrzeug bei einem Händler (einschließlich Mehrwertsteuer) zahlen müsste[410]. Schließlich geht es nur um eine Vergleichsbetrachtung zur Bestimmung der Abrechnungsmöglichkeiten und nicht um die Abrechnung selbst. Allein auf den letztgenannten Bereich beziehen sich die mit der gesetzlichen Neuregelung verbundenen Einschränkungen.
Bei der Berücksichtigung des Restwertes innerhalb der Vergleichsbetrachtung wird immer der Betrag anzusetzen sein, den der nicht vorsteuerabzugsberechtigte Geschädigte beim Verkauf oder der Inzahlunggabe an einen Händler erzielen könnte[411]. Der Restwert ist in diesen Fällen, anders als bei einem vorsteuerabzugsberechtigten Geschädigten steuerneutral, so dass keine Mehrwertsteuer zu berücksichtigen ist[412].

Legt man beispielsweise einen Wiederbeschaffungswert inklusive Mehrwertsteuer, d.h. den tatsächlichen Händler-Verkaufspreis in Höhe von 10.000,00 € zugrunde, wäre hiervon der steuerneutrale ermittelte Restwert in Abzug zu bringen. Veranschlagt man diesen im Beispielsfall mit 2.000,00 €, so ergibt sich ein im Rahmen der Vergleichsbetrachtung zu berücksichtigender Wiederbeschaffungsaufwand von 8.000,00 €. Dem sollen Reparaturkosten laut Gutachten in Höhe von 6.000,00 € ge-

409 Lemcke, r+s 02, 265 ff.
410 ebenso Lemcke, a.a.O.
411 BGH, NZV 05, 245, 246.
412 Greger, Kurskorrekturen beim Kraftfahrzeugschaden, NZV 06, 1, 3.

genüberstehen, zu denen 16 % Mehrwertsteuer, d.h. 960,00 € hinzuzurechnen sind. Es ergeben sich für die Vergleichsbetrachtung Reparaturkosten in Höhe von 6.960,00 €.

Ferner ist ein Minderwert laut Gutachten von 800,00 € hinzuzurechnen, woraus sich ein Reparaturaufwand in Höhe eines Betrages von 7.760,00 € ergibt. Der Reparaturaufwand liegt unter dem Ersatzbeschaffungsaufwand, so dass der Geschädigte den Kfz-Schaden ohne Rücksicht auf seine tatsächlichen Dispositionen fiktiv auf Gutachtenbasis abrechnen kann.

Bei der fiktiven Abrechnung selbst erhält er dann jedoch nur die Reparaturkosten **ohne** Mehrwertsteuer, das heißt laut Gutachten 6.000,00 €, sowie die Wertminderung von 800,00 €, mithin insgesamt 6.800,00 €.

## III. Der Reparaturaufwand ist geringer als der Ersatzbeschaffungsaufwand

Kommt die Vergleichsbetrachtung zu dem Ergebnis, dass der durch den Sachverständigen geschätzte Reparaturaufwand, d.h. die Reparaturkosten zuzüglich eines Minderwertes, den Ersatzbeschaffungsaufwand, d.h. den Ersatzbeschaffungswert abzüglich eines Restwertes nicht übersteigen, dann kann der Geschädigte seinen Kfz-Schaden ohne Rücksicht auf seine tatsächlichen Dispositionen fiktiv inklusive eines etwaigen Minderwertes abrechnen[413]. Der Restwert für das beschädigte Fahrzeug, der innerhalb der Vergleichsberechnung noch von Bedeutung war, bleibt bei der Schadensabrechnung selbst unberücksichtigt. In Rechtsprechung und Literatur besteht über diese Abrechnungsweise, soweit man die grundsätzliche Kritik an der fiktiven Schadensabrechnung selbst außer Betracht lässt, weitgehend Einigkeit[414].

## IV. Grenzfälle aus der Regulierungspraxis der Kfz-Versicherung

### 1. Grenzen der Vergleichsbetrachtung

Die dargestellte Vergleichsbetrachtung kann zu Problemen führen, wenn etwa ein neues und zudem hochwertiges Fahrzeug oder ein solches betroffen ist, für das eine besondere Nachfragesituation auf dem Restwertmarkt besteht. Dies ist regelmäßig bei Fahrzeugen der gehobenen Klasse, insbesondere der Marken Mercedes, BMW, Audi oder auch Porsche der Fall. Wenn ein Fahrzeug dieser Marken mit einem Wiederbeschaffungswert von etwa 50.000,00 € einen Unfall erleidet, wird bei ermittelten Reparaturkosten von 25.000,00 € allein der Restwert grundsätzlich über 25.000,00 € liegen, so dass der Reparaturaufwand, bei dem zusätzlich auch noch der Minderwert zu berücksichtigen wäre, oft höher liegt als der Wiederbeschaffungsaufwand. Der Geschädigte wäre bei derartigen Marken in aller Regel auf die für den Versicherer „günstigere Alternative" einer Totalschadensabrechnung festgelegt, obgleich die ermittelten Reparaturkosten gerade mal 50 % des Wiederbeschaffungswertes ausmachen[415]. Der Abgrenzung des Totalschadens – von dem Reparaturschadensbereich – liegt die Vorstellung zugrunde, dass der Restwert für das Fahrzeug vom Scha-

413 BGH, NJW 05, 1110 und BGH, NJW 05, 1108; BGH, VersR 05, 1257.

414 BGH, NJW 85, 2469; BGH, NJW 92, 302; Palandt/Heinrichs, Rdnr. 26 zu § 249.

415 Gerhardt, NZV 02, 249 ff.

densumfang und damit von den ermittelten Reparaturkosten abhängig ist. Grundlage der Vergleichsbetrachtung ist demnach eine Wechselwirkung zwischen Reparaturkosten einerseits und Restwert andererseits. Dort wo die Reparaturkosten hoch sein werden – so die Grundannahme – wird der Restwert vergleichsweise niedrig sein und umgekehrt. Nur auf dieser Basis macht die Vergleichsbetrachtung Sinn. Problematisch wird die Vergleichsbetrachtung aber dort, wo der Restwert nicht (oder nicht nur) durch die Höhe der Reparaturkosten, sondern darüber hinaus von Marktbesonderheiten beeinflusst wird. Diese Fälle häufen sich mit einer Ausbreitung des Restwertmarktes zusehends[416].

### 2. Lösungsansätze in der Praxis

#### a) Empfehlung des Verkehrsgerichtstages

Der Verkehrsgerichtstag hat sich dem vorstehenden Problem bereits 1990 angenommen. Zunächst hat er dabei mit knapper Mehrheit die Rechtsprechung des BGH zur dargestellten Vergleichskontrolle unterstützt. Im Anschluss daran wurde von ihm (einstimmig!) die Empfehlung ausgesprochen, eine solche Vergleichsbetrachtung nur dann vorzunehmen, wenn zuvor festgestellt wurde, dass die ermittelten Reparaturkosten 70 % des Wiederbeschaffungswertes übersteigen[417]. Sollten die Reparaturkosten unterhalb dieser Schwelle liegen, sei in jedem Fall von einem Reparaturschaden auszugehen. Eine Vergleichsberechnung habe dementsprechend zu unterbleiben mit dem Ergebnis, dass der Restwert unberücksichtigt bleibt. Veranlasst durch die Probleme, die im Bereich des Restwertes in jüngster Zeit aufgetreten sind, hat sich der Verkehrsgerichtstag 2002 erneut mit dem Problem befasst und seine Empfehlung dahingehend ergänzt, dass ein Restwert gar nicht ermittelt werden sollte, wenn die Reparaturkosten 70 % des Wiederbeschaffungswertes nicht erreichen[418].

#### b) Vorschläge der Sachverständigenorganisationen

Die Sachverständigenorganisationen, insbesondere der BVSK, haben sich der ersten Empfehlung des Verkehrsgerichtstages von 1990 in der Praxis angeschlossen mit der Folge, dass ein Restwert nur bei Überschreiten der 70 %-Grenze angegeben wird. Der Geschädigte soll damit mangels Kenntnis von einem unter Umständen sehr hohen Restwert in seinen Dispositionen nicht eingeschränkt werden.

Diese Vorgehensweise wird von der überwiegenden Zahl der freien und unabhängigen Sachverständigen gewählt. Den wiederholt vorgebrachten Einwänden der Versicherer, dass ein Gutachten ohne Angabe eines Restwertes fehlerhaft sei, entgegnen die Sachverständigen mit dem Hinweis, dass man nur die Empfehlung des Verbandes bzw. des Verkehrsgerichtstages umsetze. Letztlich folgt hieraus, dass dem Sachverständigen eine schuldhafte Pflichtverletzung im Rahmen der Gutachtenerstellung und damit ein fehlerhaftes Gutachten nicht vorzuwerfen ist[419].

---

416 Fuchs, Jahrbuch des Verkehrsrechts 00, 81, 83; Gebhardt, NZV 02, 249 ff.

417 Empfehlung des Deutschen Verkehrsgerichtstages von 1990, VersR 90, 362, 363.

418 Empfehlung des Deutschen Verkehrsgerichtstages von 2002, VersR 02, 414, 416.

419 Lemcke, r + s 02, 265, 270.

### c) Handhabung der Gerichte

Die Rechtsprechung zu der Frage, ob und inwieweit die Vergleichsrechnung bei „teuren Fahrzeugmodellen" zu modifizieren ist, war bisher uneinheitlich. Teilweise haben sich die Gerichte[420] und ebenso der Großteil der Literatur[421], der Empfehlung des Verkehrsgerichtstages angeschlossen. Zur näheren Begründung verweist man darauf, dass die Vergleichsberechnung letztlich nur als Kontrolle dafür diene, ob der Reparaturkostenansatz und der Ansatz für die Ersatzbeschaffung realistisch sind. Eine solche Kontrolle sei aber dann nicht erforderlich, wenn die Reparaturkosten erheblich unterhalb des Wiederbeschaffungswertes liegen und beide Beträge durch einen anerkannten Sachverständigen ermittelt worden seien[422].

Dem gegenüber wird in anderen gerichtlichen Entscheidungen die 70 %-Grenze davon abhängig gemacht, ob der Geschädigte das Fahrzeug behält oder ob er es unrepariert veräußert. So stellt das OLG Düsseldorf in einer Entscheidung vom 07.06.2004[423] zwar gleichfalls fest, dass es wünschenswert sei, den Restwert wegen der hiermit verbundenen Probleme bei der Frage der Zulässigkeit der Abrechnung fiktiver Reparaturkosten soweit wie möglich auszuklammern. Die empfohlene 70 %-Grenze sei deshalb unter dem Gesichtspunkt der raschen Ermittlung und Regulierung von Fahrzeugschäden durchaus sachgerecht. Sie habe aber – so die Gerichte - keine „normative Kraft dergestalt", dass geschätzte Reparaturkosten unterhalb dieses Grenzwertes in jedem Fall erstattungsfähig seien. Vielmehr sei danach zu unterscheiden, ob der Geschädigte sein Fahrzeug behalten oder aber den darin verkörperten Restwert aus freien Stücken aktiviert habe. Im letztgenannten Fall bedürfe er des Schutzes, der ihm durch die 70 %- Grenze zukommen soll, nicht[424]. Schließlich habe der Geschädigte durch die Veräußerung des beschädigten Fahrzeuges ein Entgelt, d.h. einen Gegenwert erhalten, der bei der Schadensberechnung auf jeden Fall zu berücksichtigen sei. In diesen Fällen geht der Streit nicht um die Frage, ob ein Restwert zu berücksichtigen ist sondern darum, welcher Restwert in die Berechnung eingestellt werden soll. Abzugrenzen ist hier zwischen dem tatsächlich erzielten, der in einem Gutachten ausgewiesenen und dem durch die Versicherung des Schädigers angebotenen Restwert.

Zwischenzeitlich hat der BGH zu dieser Frage Stellung genommen. In seiner Entscheidung[425] hat er sich im Ergebnis der Ansicht des OLG Düsseldorf[426] angeschlossen. Der BGH verweist zunächst darauf, dass die 70 %-Grenze einem bestimmten Zwecke diene, nämlich dem Geschädigten eines vergleichsweise neuen und hochwertigen Fahrzeuges mit einem mittleren Reparaturschaden, die Dispositionsfreiheit

---

420 LG Osnabrück, DAR 93, 265, 266; AG Siegmaringen, MDR 00, 1430; AG Nordhorn, DAR 00, 413.

421 vgl. Huber, Das neue Schadensersatzrecht, § 1, Rdnr. 120; ders., MDR 03, 1334, 1339 f.; Lemcke, r+s 02, 265, 270; Pamer, NZV 00, 490; Geigel/Schlegelmilch, 3. Kap., Rdnr. 36.

422 LG Osnabrück, DAR 93, 265; AG Nordhorn 00, 413; AG Sigmaringen, MDR 00, 143.

423 OLG Düsseldorf, r+ s 04, 392.

424 so auch Buschbell, § 23, Rdnr. 44; Huber, MDR 03, 1334; Geigel/Schlegelmilch, 1. Teil, 3. Kap., Rdnr. 36; van Bühren/Lemcke, Anwaltshdb. VerksR 03, Teil 2, Rdnr. 151 f.

425 BGH, NJW 05, 2541.

426 OLG Düsseldorf, r+s 04, 392.

zu erhalten. Dies könne nach Ansicht des BGH jedoch nur dann zugunsten des Geschädigten gelten, wenn dieser das Fahrzeug tatsächlich reparieren lässt und auch weiterhin nutzt[427]. In diesem Fall kann der Geschädigte zum Ausgleich des durch den Unfall verursachten Fahrzeugschadens die vom Sachverständigen geschätzten Reparaturkosten bis zur Höhe des Wiederbeschaffungswertes ohne Abzug des Restwertes verlangen, wobei die Qualität der Reparatur jedenfalls solange keine Rolle spielt, wie die geschätzten Reparaturkosten den Wiederbeschaffungswert nicht übersteigen[428]. Lasse der Geschädigte sein Fahrzeug dagegen nicht reparieren, sondern realisiere er dessen Restwert, sei sein Schaden in Höhe dieses Restwertes ausgeglichen und deshalb dessen Berücksichtigung geboten[429]. Damit hat der BGH die 70 %-Grenze, auch wenn er ihre praktischen Vorteile anerkannt und hervorgehoben hat, im Ergebnis abgelehnt.

### 3. Stellungnahme

Zunächst ist zu berücksichtigen, dass es sich bei der vom Verkehrsgerichtstag empfohlenen „70 %-Grenze" um keine starre Grenze, sondern um einen aufgrund tatrichterlicher Ermessensausübung ermittelten Richtwert handelt, der je nach den Besonderheiten des Einzelfalles auch einmal über- oder unterschritten werden kann[430]. Auch die Entscheidung des OLG Düsseldorf[431] bzw. des BGH[432] erkennen dies ausdrücklich an. Um tatsächlich klare und eindeutige Vorgaben für die Schadensabwicklung– und -abrechnung zu erreichen, sollte unterhalb dieser Grenze allerdings nicht nur auf die Vergleichsbetrachtung verzichtet, sondern, den einzelnen, vorstehend zitierten Gerichtsentscheidungen folgend generell kein Restwert berücksichtigt werden.

Der vom Geschädigten beauftragte Gutachter würde dann nur die ohnehin ermittelten Reparaturkosten mit dem gleichfalls ermittelten Wiederbeschaffungswert vergleichen und soweit diese unter der 70 %-Schwelle liegen, keinen Restwert mehr ermitteln. Dadurch wird eine klare Grenze gezogen. Die mit dem Restwert einhergehende Unsicherheit, die Ansatzpunkt für Einwände und Streitigkeiten ist, unterbleibt damit. Für den verständigen und wirtschaftlich denkenden Geschädigten, der gerade im Bereich der fiktiven Schadensabrechnung gerne und häufig bemüht wird, liegt es nahe, dass ein Fahrzeug bei Reparaturkosten, die „lediglich" 70 % des Wiederbeschaffungswertes erreichen, noch reparaturwürdig ist, so dass es sich für ihn um einen Reparaturschaden handelt, der Schaden auf dieser Basis abgewickelt wird und dass es deshalb auf einen Restwert für das beschädigte Fahrzeug nicht ankommt. Erst wenn die Reparaturkosten über diesen 70 %-igen Anteil hinausgehen und sich tatsächlich dem Wiederbeschaffungswert annähern, ist es für den Geschädigten nachvollziehbar, dass die Reparatur gegebenenfalls doch nicht die wirtschaftlichere Alter-

---

427 So auch AG Altenkirchen, SP 03, 422.

428 BGH, NJW 03, 2085; NJW 05, 357; NJW 05, 1108; NJW 05, 1110.

429 BGH, NJW 05, 2541.

430 vgl. Kirchhoff, MDR 99, 273, 275; LG Aschaffenburg, Urteil v. 06.04.01, Az: 3 O 729/00 ER n.v.

431 OLG Düsseldorf, r+s 04, 392.

432 BGH, NJW 05, 2541.

native ist. Erst dann aber bekommt der Restwert für den Geschädigten eine nachvollziehbare Bedeutung für die Schadensabrechnung.

Dies gewährt ihm im Übrigen auch die Dispositionsfreiheit, die ihm nach § 249 Abs. 1 Satz 1 BGB eingeräumt wird[433].
Wenn der Geschädigte sein Fahrzeug reparieren lässt, werden ihm die angefallenen Reparaturkosten natürlich erstattet und das sogar bis zu 130 % des Wiederbeschaffungswertes. Auf irgendeine Vergleichsbetrachtung oder einen ermittelten Restwert kommt es nicht an. Wenn der Geschädigte demgegenüber von seiner Dispositionsfreiheit Gebrauch macht und das Fahrzeug nicht oder wesentlich günstiger instand setzt, so geschieht dies natürlich nicht zugunsten des Schädigers und darf daher die Höhe seiner schadensrechtlichen Verpflichtung nicht reduzieren. Entschließt sich der Geschädigte allerdings für den Verkauf des Fahrzeuges, soll aus seiner Sicht der erzielte Restwert gegebenenfalls dazu führen, dass es sich nun nicht nur um einen Reparaturschaden, sondern um einen Totalschaden handelt. Entscheidend sollte jedoch einzig und allein sein, ob das beschädigte Fahrzeug ungeachtet der tatsächlichen Disposition des Geschädigten reparaturwürdig ist oder nicht[434]. Eine solche Reparaturwürdigkeit sollte bis zu der besagten 70 %-Grenze auf jeden Fall angenommen werden, so dass dem Geschädigten die Dispositionsfreiheit bis zu dieser Grenze uneingeschränkt erhalten wird. Diese Vorgehensweise entspricht dem gesetzlichen Leitgedanken, nämlich die vom Gesetz eröffnete Dispositionsfreiheit zu erhalten und verhindert damit, dass durch unsachgerechte Restwert- und Vergleichsberechnungen, dem Geschädigten eine angemessene Schadensabwicklung verwehrt wird, die ihm das Gesetz eigentlich eröffnen will. Für den „verständigen, wirtschaftlich denkenden Geschädigten“[435] ist bei einem Reparaturkostenaufwand, der nicht nur unter dem Wiederbeschaffungswert liegt, sondern nur maximal 70 % desselben erreicht, natürlich eine Reparaturwürdigkeit und damit ein Reparaturschaden gegeben, für den ein Restwert dann logischerweise keine Rolle spielen kann.

Im Ergebnis läuft diese Ansicht darauf hinaus, die 70 %-Grenze nur anzuwenden, wenn der Geschädigte sein Fahrzeug behält. Dann allerdings stellt sich die Frage, wie in den Fällen zu verfahren ist, in denen der Geschädigte das Fahrzeug „zunächst“ behält und es nach der Schadensabrechnung, die unter Berücksichtigung der 70 %-Grenze und unter Ausklammerung eines etwaigen Restwertes erfolgt, später doch veräußert. Weshalb soll diesem Geschädigten die Möglichkeit eröffnet werden, auf der Basis der für ihn günstigeren Reparaturkosten abzurechnen, während der Geschädigte, der von Anfang an seine Veräußerungsabsicht kundtut, auf die für ihn – zum Teil erhebliche - ungünstigere Totalschadensabrechnung verwiesen wird. Ebenso ist zu klären, wie der Geschädigte zu behandeln ist, der von seinem Eigentumsrecht Gebrauch macht und das beschädigte Fahrzeug weder repariert noch verwertet, sondern schlichtweg verschenkt beispielsweise an einen nahen Familienangehörigen. Soll dieser sich, da er das Fahrzeug nicht weiter benutzt, bei seiner Schadensabrechnung einen (erzielbaren) Restwert anrechnen und gleichfalls auf die Totalschadensabrechnung verweisen lassen müssen ? Sachgerecht ist dies sicher

433 Greiner, zfs 06, 63, 66; BGH, NJW 03, 2086.

434 BGH, NJW 85, 2469; BGH, NJW 92, 302.

435 Erman/Kuckuk, § 249, Rdnr. 77; BGH, VersR 89, 1056; BGH, NJW 92, 302; Gotthardt, VersR 75, 977; Greiner, zfs 06, 63, 64.

nicht. Vielmehr zeigen gerade diese Fälle, dass eine generelle Abgrenzung beider Schadensarten anhand des (erzielten oder erzielbaren) Restwert nicht nur fragwürdige Ergebnisse bringt, sondern einem geschickten und gewandten Geschädigten, durchaus praktikable Umgehungsmöglichkeiten eröffnet. Die Abgrenzung beider Berechnungsarten sollte deshalb nicht anhand der Frage, ob das Fahrzeug veräußert wird oder nicht, erfolgen, sondern zunächst anhand einer klaren Abgrenzung zwischen den Reparaturkosten und dem Wiederbeschaffungswert. Hierfür bietet sich die vorgeschlagene 70 %-Grenze als sachgerechte und praktikable Vorgehensweise an. Ein Restwert wäre somit erst zu berücksichtigen, wenn diese Grenze überschritten wird. Es ist daher bedauerlich, dass sich der BGH[436] nunmehr, ohne dies näher und insbesondere überzeugend zu begründen, doch dieser Ansicht angeschlossen hat.

## C. Zusammenfassung

Wie im Rahmen der Abwicklung von Kfz-Haftpflichtschäden ein Restwert in gebotener Art und Weise zu berücksichtigen ist, lässt sich wie folgt zusammenfassen:

1. In Fällen, in denen die Reparaturkosten inklusive einer etwaigen Wertminderung nicht höher als 70 % des Wiederbeschaffungswertes liegen, steht dem Geschädigten das Recht zu, auf der Basis fiktiver Reparaturkosten abzurechnen. Die Erstattung der Reparaturkosten erfolgt ohne Mehrwertsteuer. Ein Restwert für das Fahrzeug hat keine Bedeutung, wird auch bei der Vergleichsbetrachtung nicht berücksichtigt und sollte deshalb nicht zuletzt wegen der Höhe der Kosten des Gutachtens gar nicht erst ermittelt werden.

2. In Fällen, in denen die Reparaturkosten inklusive einer etwaigen Wertminderung mehr als 70 % aber weniger als 100 % des Wiederbeschaffungswertes ausmachen, ist zu differenzieren.

Wird das Fahrzeug von dem Geschädigten zumindest wieder in einen verkehrstüchtigen Zustand versetzt und weiter genutzt, dann kann er die fiktiven Reparaturkosten auf der Basis des Gutachtens oder eines Kostenvoranschlages abrechnen. Die Durchführung einer fachgerechten Reparatur muss der Geschädigte, nach der neuen Rechtsprechung des BGH[437] nicht nachweisen. Ebenso wenig kommt es auf einen Restwert des beschädigten Fahrzeuges an. Dieser bleibt gänzlich unberücksichtigt[438].
Will der Geschädigte allerdings ohne eine Instandsetzung des Fahrzeuges den Schaden fiktiv abrechnen, dann ist in diesem Fall eine Vergleichsbetrachtung zwischen dem Reparaturkostenaufwand und nunmehr dem Wiederbeschaffungsaufwand unter Berücksichtigung des Restwertes vorzunehmen. Im Falle eines niedrigeren Wiederbeschaffungsaufwandes wird der Anspruch des Geschädigten hierauf begrenzt. Für diesen Fall ist somit der Restwert von Bedeutung und muss bei der Vergleichsbetrachtung und bei der Schadensabrechnung selbst berücksichtigt werden.

---

436 BGH, NJW 05, 2541.

437 BGH, DAR 03, 372.

438 Greiner, zfs 06, 63, 65.

3. In Fällen, in denen die Reparaturkosten inklusive einer etwaigen Wertminderung zwischen 100 % und 130 % des Wiederbeschaffungswertes liegen, folgt die fiktive Abrechnung den unter Ziffer 2 geschilderten Grundsätzen. Auch hier ist der Restwert für das Fahrzeug von Bedeutung und damit zu berücksichtigen. Im Ergebnis kann der Geschädigte bei einer fiktiven Schadensabrechnung nur den Wiederbeschaffungsaufwand unter Berücksichtigung des Restwertes verlangen. Im Falle einer tatsächlich durchgeführten Reparatur werden dem Geschädigten die Reparaturkosten bis zur Grenze von 130 % des Wiederbeschaffungswertes erstattet, wenn in diesem Fall die fachgerecht durchgeführte Reparatur seitens des Geschädigten nachgewiesen und belegt wird. Billig- oder Teilreparaturen genügen nicht.

## 3. Kapitel: Grundsätze der Restwertermittlung

### A. Formale Anforderungen an den Nachweis des Restwertes

#### I. Sachverständigengutachten

Zur Bestimmung dessen, was für die Schadensbeseitigung nach § 249 Abs. 1 Satz 2 BGB erforderlich ist, ist ein objektiver, nach wirtschaftlichen Gesichtspunkten typisierter Maßstab, anzulegen. Hierfür kann das Schätzungsgutachten eines anerkannten Kfz-Sachverständigen über die Höhe der voraussichtlichen Reparaturkosten eine sachgerechte Grundlage bilden[439]. Voraussetzung ist, dass das Gutachten hinreichend ausführlich und aus der Sicht eines wirtschaftlich denkenden Betrachters nachvollziehbar ist[440]. Sind diese Voraussetzungen erfüllt, ist das Sachverständigengutachten eine Anknüpfungstatsache, die die Bestimmung des Schadens nach den §§ 249 ff. BGB und § 287 ZPO ermöglicht. Gemäß § 287 Abs. 1 Satz 1 ZPO entscheidet das Gericht, wenn zwischen den Parteien die Höhe des Schadens streitig ist, hierüber unter Würdigung aller Umstände nach freier Überzeugung. Die Bestimmung des § 287 ZPO gibt dem Geschädigten eine Darlegungs- und Beweiserleichterung für Schadensersatzansprüche, deren Darlegung und Aufklärung unverhältnismäßig schwierig ist[441]. Dieses dem Gericht eingeräumte Ermessen hat dazu geführt, dass zur Bestimmung der Kfz-Reparaturkosten dem Gutachten eine ganz wesentliche Bedeutung im Schadensersatzprozess zukommt[442]. Letztlich nämlich hat der Haftpflichtversicherer die Regulierung auf der Basis des vom Geschädigten eingeholten Gutachtens vorzunehmen[443]. Mit pauschalen Einwänden gegen das Gutachten ist der Haftpflichtversicherer nahezu ausgeschlossen. Dies gilt zumindest für die in der Praxis häufig festzustellenden Fälle, dass die Höhe des Schadens wegen angeblicher „Nichtnachvollziehbarkeit" bestritten wird.

Erhebliche Einwände gegen das Gutachten und die hierauf gestützte Schadensberechnung sind nur dann gegeben, wenn der Versicherer darlegen und nachweisen

439 BGH, VersR 92, 457; BGH, VersR 93, 769; BGH, VersR 00, 467 = NJW 00, 800; BGH, SP 05, 90 = DAR 05, 152.; BGH, NJW 05, 3134; AG Recklinghausen, NZV 05, 424 f.; LG Kleve, zfs 99, 239; BGH, NJW 05, 3134.

440 BGH, NJW 98, 3009; Baumbach/Lauterbach/Hartmann, § 287, 2 f.

441 Thomas/Putzo, § 287, Rdnr. 11; Baumbach/Lauterbach/Hartmann, § 287, 10 f.

442 LG Kleve, zfs 99, 239; LG München, zfs 91, 123; Fleischmann/Hillmann, § 7, Rdnr. 125.

443 BGH, NZV, 89, 465; LG Kaiserlautern, zfs 06, 150.

kann, dass Vorschäden Eingang in die Kalkulation gefunden haben oder festgestellte Schäden nicht mit dem behaupteten Unfallverlauf kompatibel sind[444]. Dies führt dazu, dass die Beweiserleichterung des § 287 ZPO für den Geschädigten nicht mehr in Betracht kommt. Die Folge hiervon wäre, dass er wiederum im Wege des Vollbeweises im Sinne des § 286 ZPO den Nachweis zu führen hätte, welche Schäden bei der Kollision entstanden sind. Dies ist in der Praxis nahezu ausgeschlossen, so dass der Geschädigte in diesen Fällen regelmäßig überhaupt keinen Schadensersatz erhält[445].

## II. Kostenvoranschlag

Um die fiktiven Reparaturkosten abrechnen zu können, ist der Geschädigte nicht immer auf die Vorlage eines teuren Sachverständigengutachtens angewiesen. Die Kosten hierfür belaufen sich immerhin, je nach Schadenshöhe, auf einige Hundert EURO. Unter Umständen könnte auch der Kostenvoranschlag einer Fachwerkstatt ausreichen. Hierbei handelt es sich letztlich um eine Auflistung von Ersatzteilpreisen und Arbeitskosten. Anders als beim Sachverständigengutachten fehlen vollständige Angaben zum Fahrzeug, wie zum Beispiel Baujahr, Km-Stand etc, dessen Ausstattung und Zustand, sowie eine ebenso umfassende Dokumentation der Schäden. Insbesondere enthält der Kostenvoranschlag keine Abgrenzung der aktuellen Unfallschäden von Altschäden und keine Angaben zum Wiederbeschaffungs- bzw. Restwert. Trotzdem stellt der Kostenvoranschlag für so genannte Bagatellschäden oder zumindest kleinere Beschädigungen durchaus eine geeignete Berechnungsgrundlage dar und wird als solche anerkannt. Soll allerdings auf der Basis eines Kostenvoranschlages abgerechnet werden, muss auch gewährleistet sein, dass dieser korrekt erstellt ist. Hiervon geht man grundsätzlich dann aus, wenn die Kalkulation durch einen Kfz-Meister einer markengebundenen oder sonstigen Fachwerkstätte erstellt worden ist. Erfahrungsgemäß bewegen sich die Kosten für die Erstellung eines Kostenvoranschlages bei geringeren Schäden um die 50,00 €, während ein Kfz-Gutachten bei gleicher Schadenshöhe das drei- bis vierfache an Kosten verursacht. Es verwundert daher nicht, wenn die Haftpflichtversicherer ihrerseits versuchen, bei Kleinschäden die Kosten für ein Sachverständigengutachten unter Hinweis auf einen Verstoß gegen die Schadensminderungspflicht gemäß § 254 II BGB[446] nicht zu erstatten. Der Geschädigte, der bei „kleineren Schäden" ein Sachverständigengutachten in Auftrag gibt, unterliegt damit der Gefahr, die Kosten des von ihm beauftragen Gutachters selbst tragen zu müssen. Es stellt sich deshalb gerade für ihn die Frage, ob und wie beide Möglichkeiten des Schadensnachweises abzugrenzen sind, d.h. wann der Geschädigte ohne Verstoß gegen die Schadensminderungspflicht ein Sachverständigengutachten in Auftrag geben darf, und wann ein Kostenvoranschlag ausreichend ist, so dass sich der Geschädigte nicht nur hierauf berufen kann, sondern letztlich auch muss.

---

444 Greger, Kurskorrekturen beim Kraftfahrzeugschaden, NZV 06, 1, 2; BGH, NZV 89, 465.

445 OLG Frankfurt, zfs 05, 69; OLG Hamburg, SP 03, 100; OLG Hamburg, MDR 01, 1311; OLG Hamm, DAR 99, 313.

446 AG Frankfurt/Main, Urteil v. 05.07.05, AZ: 31 C 3352/04-74, n.v.

## III. Die Abgrenzung der Anwendungsbereiche des Kostenvoranschlages und des Gutachtens

Für die Frage, wie der Geschädigte seinen Schaden darzulegen hat, ist auf die Sicht eines wirtschaftlich denkenden Dritten zum maßgebenden Zeitpunkt abzustellen[447]. Demnach kommt es darauf an, ob ein solch verständig und wirtschaftlich denkender Geschädigter nach seinen Erkenntnissen und Möglichkeiten einen Sachverständigen eingeschaltet hätte[448]. Fraglich ist, wann dies der Fall ist. In Betracht kommen mehrere Möglichkeiten.

Zum Teil wird die Auffassung vertreten, dass die Sachverständigenkosten dann erforderlich und gemäß § 249 Abs. 2 Satz 1 BGB zu ersetzen sind, wenn der Geschädigte subjektiv unter Beachtung der Schadensminderungspflicht die Beauftragung eines Gutachters von der gegnerischen Haftpflichtversicherung für notwendig erachten durfte. Auf eine bestimmte Schadenshöhe soll es nicht ankommen[449]. Nach anderer Auffassung sollen die Sachverständigenkosten immer dann als notwendige Kosten vom Schädiger verlangt werden können, wenn der Geschädigte einen öffentlich bestellten Sachverständigen beauftragt[450]. Wieder anderer Meinung nach ist auf eine feste Schadenshöhe abzustellen. Unterhalb dieser Schwelle soll der Schädiger nicht verpflichtet sein, Kosten für ein Gutachten zu erstatten. Ursprünglich wurde diese Schwelle bei 1.000,00 DM[451] (Bagatellschadensgrenze) festgelegt. In der Folgezeit wurde sie dann auf ca. 1.500,00 DM[452] erhöht und im Zuge der EURO-Umstellung auf 700,00 € bis 800,00 € festgelegt[453]. Eine einheitliche Linie hat sich in der Rechtsprechung allerdings bisher nicht durchgesetzt. Aufgrund der in aller Regel geringen Schadenshöhe haben sich bisher hauptsächlich Amtsgerichte mit der Problematik beschäftigt[454]. Zwischenzeitlich hat sich aber auch der BGH mit dieser Frage befasst[455]. Für diesen kommt es für die Frage, ob der Schädiger die Kosten eines Gutachtens zu ersetzen hat, nicht allein darauf an, ob die durch die Begutachtung ermittelte Schadenshöhe einen bestimmten Betrag überschreitet oder in einem be-

---

447 BGH, SP 95, 96.

448 BGHZ 54, 82, 85 und 61, 346, 349 f.; Geigel/Schlegelmilch, Kap. 3, Rdnr. 111.

449 AG Celle Urteil v. 15.03.03, Az: 13 C 2607/01 8 B, ADAJUR-Archiv Dok.-Nr. 51031 (Juristische Datenbank des ADAC); AG Frankfurt/Main, Urteil v. 05.07.05, Az: 31 C 3352/04-74, n.v.

450 AG Pirmasens, Urteil v. 22.08.01, Az: 1 C 276/01, ADAJUR-Archiv Dok.-Nr. 48726.0

451 OLG Hamm, NJW RR 94, 345; AG Pirmasens, zfs 97, 16; AG Augsburg, DAR 95, 490.

452 AG Berlin, SP 01, 30; AG Prüm, SP 01, 178; AG Gelsenkirchen, SP 00, 143.

453 AG Karlsruhe-Durlach, SP 03, 291; AG Dortmund, SP 03, 437; AG Hannover, SP 05, 68; AG Heidelberg, SP 05, 103.

454 Nur beispielsweise seien zitiert: AG Kaiserslautern, Urteil v. 16.07.01, Az: 3 C 832/01, ADAJUR -Archiv Dok.-Nr. 46125; AG Königsstein, Urteil v. 11.11.03, Az: 21 C 1044/03-16, ADAJUR-Archiv Dok.-Nr. 56845: 766,94 €; AG Mettmann, Urteil v. 29.05.01, Az: 20 C 453/00, ADAJUR-Archiv Dok.-Nr. 46124: Schaden unterhalb der Bagatellgrenze; AG Sömmerda, Urteil v. 14.05.02, Az: 1 C 8/02, ADAJUR-Archiv Dok.-Nr. 51718: 1.278,23 €; AG Stuttgart-Cannstatt, Urteil v. 11.07.02, Az: 6 C 3001/01 ADAJUR-Archiv Dok.-Nr. 51266: Vorliegen eines Bagatellschadens; AG Wiesbaden, Urteil v. 15.07.03, Az: 93 C 2168/03-11, ADAJUR-Archiv Dok.-Nr. 55652: 767,00 €.

455 BGH, SP 05, 102 f.

stimmten Verhältnis zu den Sachverständigenkosten steht. Hierauf kann es – so der BGH – schon deshalb nicht allein ankommen, da zum Zeitpunkt der Beauftragung des Gutachters diese Schadenszahlen noch nicht bekannt sind. Allerdings kann der später ermittelte Schadensumfang im Rahmen tatrichterlicher Würdigung nach § 287 ZPO oft ein Gesichtspunkt für die Beurteilung sein, ob eine Begutachtung durch einen Sach-verständigen tatsächlich erforderlich war oder ob ein Kostenvoranschlag ausgereicht hätte[456]. In dem besagten Fall hatte der BGH entschieden, dass bei einem Schaden von 715,81 € die Beauftragung eines Sachverständigen erforderlich ist, denn in dieser Höhe liegt – so der BGH - kein Bagatellschaden vor. Das Problem als solches, nämlich wie der Anwendungsbereich eines Kostenvoranschlages von dem des Sachverständigengutachtens aus Sicht des Geschädigten abgegrenzt werden kann, ist damit nicht entschieden. Sie verbleibt auch weiterhin der tatrichterlichen Würdigung nach § 287 ZPO überlassen und hängt weiterhin grundsätzlich vom Einzelfall ab. Die ergangenen Urteile können insoweit nur als Orientierungshilfen dienen.

Ist für den Geschädigten beispielsweise klar zu erkennen, dass an dem Kotflügel oder an der Tür eines Fahrzeuges nur eine leichte Delle vorhanden ist und weitere Schäden auszuschließen sind, wird man in der Beauftragung eines teuren Sachverständigengutachtens in der Tat einen Verstoß gegen die Schadensminderungspflicht gemäß § 254 Abs. 2 BGB sehen können[457]. Anders kann der Fall aber schon dann zu beurteilen sein, wenn die Delle im Bereich eines tragenden Teils oder an einer schwer einsehbaren Stelle eingetreten ist. Hier muss der Geschädigte damit rechnen, dass möglicherweise doch noch weitere auf den ersten Blick nicht erkennbare Schäden vorhanden sein können. Die Sicherheitsentwicklung bei den Fahrzeugen hat dazu geführt, dass beispielsweise bei Heckanstößen der Schaden für Laien auf den ersten Blick sehr gering zu sein scheint. Der Aufprall wird durch Knautschzonen aufgefangen und gedämpft und das von der Kollision betroffene Teil, häufig die aus Kunststoff bestehende Heckverkleidung, formt sich teilweise zurück. Verbleiben sichtbare Schäden, betreffen diese natürlich nur den äußeren Bereich, wie etwa die Heckverkleidung. Der Geschädigte geht davon aus, dass allein dieses Teil in Mitleidenschaft gezogen wurde. Ob es zu weiteren Verformungen und Beschädigungen dahinter liegender Teile gekommen ist, lässt sich von außen häufig nur schwer und für einen Laien regelmäßig gar nicht feststellen. Verschiebungen oder Veränderungen der Spaltmaße, d.h. der Abstände der einzelnen Fahrzeuganbauteile, die mit bloßem Auge kaum zu sehen sind, aber Rückschlüsse auf weitergehende Schäden bilden, fallen zwar einem Sachverständigen auf. Von einem durchschnittlichen Geschädigten kann dies aber nicht erwartet werden. Deshalb sollte die Frage, wann ein Geschädigter berechtigt ist, ein Sachverständigengutachten in Auftrag zu geben nicht anhand einer bestimmten Schadenshöhe sondern des konkreten Schadensbildes beantwortet werden. Der rechtliche Ansatzpunkt dafür, dem Geschädigten die Kosten für ein von ihm in Auftrag gegebenes Gutachten nicht zu erstatten, ist der Vorwurf, dass er mit der Beauftragung des Gutachtens unnötige zusätzliche Kosten verursacht und damit gegen eine Schadensminderungspflicht gemäß § 254 II BGB verstoßen hat[458]. Zur Bestimmung dieser Schadenminderungspflicht ist auf den subjektiven Horizont des Geschädigten abzustellen, so dass der Verstoß anhand seines

456 Wortmann, VersR 98, 1204 f.

457 Hofmann, 1.13.8.3, Rdnr. 27; AG Köln, VersR 97, 1245.

458 AG Frankfurt/Main, Urteil v. 05.07.05, Az: 31 C 3352/04-74, n.v.

Verhaltens in der betreffenden Situation bestimmt werden und nicht davon abhängen sollte, ob die ermittelten Reparaturkosten einen ganz bestimmten Wert über– oder unterschreiten.

## IV. Der Sachverständige

Dem Sachverständigengutachten kommt für die Abrechnung von Kfz-Schäden eine große wirtschaftliche und rechtliche Bedeutung zu. Dies gilt insbesondere für den Bereich der fiktiven Schadensabrechnung[459]., da ein Geschädigter in aller Regel auf die Feststellungen des von ihm beauftragten Sachverständigen vertrauen darf[460]. Im Hinblick auf diese Bedeutung sollte man eigentlich davon ausgehen können, dass es Regelungen gibt, die die Qualifikation und die Auswahl der Sachverständigen vorgeben bzw. die Voraussetzungen eines Gutachtens konkretisieren. Tatsächlich gibt es aber solche Vorgaben nicht. Vielmehr kommt es in der Praxis vor, dass so genannte „Sachverständige" in einem Schnellkurs an zwei Wochenenden für die Begutachtung von Kfz-Schäden ausgebildet werden und letztlich über keinerlei Vorkenntnisse auf dem Gebiet des Kfz-Handwerks verfügen[461].

### 1. Hoheitliche Sachverständigentätigkeit

Etwas anderes gilt jedoch für die hoheitliche Sachverständigentätigkeit. Für den Bereich der hoheitlichen Sachverständigentätigkeit, etwa im Rahmen der Kfz-Hauptuntersuchung nach § 29 StVZO, sind die Anforderungen und Aufgaben an die hoheitlich tätigen Prüfer und Sachverständigen in allen Einzelheiten in der Anlage VII b StVZO und dem Kraftfahrsachverständigengesetz (KfsachvG) sowie weiteren Ausführungsbestimmungen geregelt[462].

Von der Vorbildung über die Aus- und Weiterbildung, die Unabhängigkeit und die Inhalte der Prüf- und Sachverständigentätigkeit bis hin zur Qualitätssicherung und Überwachung sowie der Haftung und Haftpflichtversicherung, hat der Gesetzgeber eine detaillierte Regelung geschaffen, an die alle hoheitlich tätigen Sachverständigen und Organisationen gleichermaßen gebunden sind. Die Vorgaben und die hiermit verbundene staatliche Aufsicht über die Überwachungsorganisationen und technischen Prüfstellen gewährleisten, dass jährlich rund 23 Mio. Hauptuntersuchungen, 5 Mio. Ein- und Anbaumaßen sowie über 10 Mio. Abgasuntersuchungen und Sicherheitsüberprüfungen auf einem nahezu gleichbleibend hohen Niveau durchgeführt werden[463]. Einzelne Verfehlungen bzw. Unregelmäßigkeiten, die bei diesem Untersuchungsaufkommen natürlich nicht auszuschließen sind, fallen demgegenüber nicht ins Gewicht und ändern nichts an der grundsätzlichen Qualität der hoheitlichen Sachverständigentätigkeit.

---

459 LG Kleve, zfs 99, 239; LG München, zfs 91, 123; Fleischmann/Hillmann, § 7, Rdnr. 125.

460 BGH, NZV 89, 465.

461 Höke, VGT 02, 160, 162.

462 Hörl, Der Kraftfahrzeug-Sachverständige in der Unfallschadenregulierung, zfs 00, 422.

463 Hörl, Der technische Sachverständige in Verkehrssachen – Unabhängigkeit, Qualifikation und Zertifizierung, Haftung, zfs 03, 269.

Diese hoheitliche Prüftätigkeit hat aber für den hier relevanten Bereich der Unfallregulierung praktisch keine Bedeutung. Nur in wenigen Ausnahmen, etwa wenn ein technischer Fahrzeugmangel als Unfallursache in Betracht kommt, ist auch dieser Bereich betroffen. Ansonsten liegt die Ermittlung und Bewertung von Unfallschäden und sogar die Unfallrekonstruktion und Analyse in der Hand der privaten Sachverständigen und ihren Organisationen. In rund 3 Mio. Fällen pro Jahr dienen ihre Unfallschadensgutachten als Grundlage für die Schadensregulierung[464]. Umso erstaunlicher ist, dass es kein gesetzlich verankertes Berufsbild für Kfz-Sachverständige außerhalb der hoheitlichen Prüftätigkeit gibt[465]. Es fehlt sogar jeglicher übergeordnete rechtliche Rahmen, aus dem sich zumindest eine allgemeine Grundlage für das Sachverständigenwesen als solche ableiten ließe[466]. Die Bezeichnungen „Sachverständiger" und auch „Kfz-Sachverständiger" sind gesetzlich weder geschützt noch definiert. Darüber hinaus gibt es keine zwingenden gesetzlichen Regelungen über die Aus- und Weiterbildung, Inhalt des Gutachtens, Qualitätssicherung, Erfahrungsaustausch, Haftpflichtversicherung etc[467]. Dies hat auch schon bereits der Deutsche Verkehrsgerichtstag 1985 kritisiert[468].

## 2. Öffentlich bestellte und amtlich anerkannte Sachverständige

Anders ist dies bei öffentlich bestellten und vereidigten Sachverständigen. Für diese finden sich in den § 36 GewO bzw. in § 91 Abs. 1 Ziffer 8 Handwerksordnung Bestimmungen, auf deren Grundlage die zuständigen Industrie- und Handelskammern sowie Handwerkskammern detaillierte Regelungen zur Qualifikation und Tätigkeit des Sachverständigen regelmäßig in Form von Sachverständigenordnungen erlassen haben. Danach hat der Bewerber im Rahmen des Bestellungsverfahrens gegenüber dem Entscheidungsgremium der Kammer, geordnete wirtschaftliche Verhältnisse darzulegen und die Gewähr seiner Unabhängigkeit sowie seine fachliche Qualifikation – häufig sogar noch eine „überdurchschnittliche Fachkenntnis" – nachzuweisen. Zum Nachweis dieser fachlichen Qualifikation gehört zunächst eine abgeschlossene Berufsausbildung. Dies kann entweder ein Ingenieurstudium sein oder der Nachweis einer bestandenen Prüfung zum Kfz-Handwerksmeister. Beides allein genügt jedoch noch nicht. Daneben verlangt man von ihm den Nachweis einer langjährigen, mindestens 5-jährigen beruflichen Erfahrung und Tätigkeit auf dem entsprechenden Fachgebiet.

Bei der Bestellung zum Sachverständigen, welche durch die jeweils zuständigen Industrie- und Handelskammern erfolgt, sind in der Regel noch zusätzliche Fortbildungsveranstaltungen, wie etwa die Teilnahme an einem rechtlichen Grundlagenseminar vorgeschrieben, die die besonderen Anforderungen an die Sachverständigentätigkeit vermitteln sollen. Das Bestellungsverfahren und die nachfolgende Kontrolle durch die Kammern gewähren durchaus einen gewissen Standard der Sachverständigentätigkeit, der mit dem der Gutachter, die im hoheitlichen Bereich tätig sind, zumindest vergleichbar ist.

---

464 Bachmeier, NZV 03, 3.

465 BGH, NZV 97, 400.

466 BGH; a.a.O.

467 Beaumont, Der Sachverständige 96, Heft 7/8, 8.

468 Vgl. Ziffer 3 der Entschließung des AK IV VGT, 85, 12.

### 3. Private Sachverständige

Die wenigsten, im Rahmen der Unfallschadensregulierung tätigen Sachverständigen sind „öffentlich bestellt und vereidigt". Die große Mehrzahl der Gutachter üben ihre Tätigkeit ohne eine solche „öffentliche Bestellung und Kontrolle" aus. Sie sind vielmehr als private Sachverständige tätig. Für diese privaten Sachverständigen fehlen jegliche gesetzlichen Vorgaben und Regelungen[469] und es ist bisher allein die Rechtsprechung, die in Einzelfallentscheidungen den Versuch unternimmt, bestimmte Mindeststandards vorzugeben. In Ermangelung entsprechender gesetzlicher Grundlagen werden diese Kriterien allerdings nicht anhand des Berufsrechts, sondern nahezu ausschließlich auf der Grundlage des Wettbewerbsrechtes entwickelt. So hat der BGH etwa festgestellt, dass „der Verkehr auch von einem schlichten Sachverständigen uneingeschränkt fundiertes Fach- und Erfahrungswissen erwartet"[470]. Derjenige, der sich als Kfz-Sachverständiger bezeichnet und als solcher im Wettbewerb auftritt, muss daher unter wettbewerbsrechtlichen Gesichtspunkten bestimmte Qualifikationsmerkmale erfüllen und nachweisen.

In dem vom BGH entschiedenen Fall ging es um einen Taxifahrer, der nach einer abgebrochenen Lehre als Karosseriebauer die Tätigkeit als Kfz-Sachverständiger aufgenommen und dafür auch mit „Kfz-Sachverständigenbüro" und „neutraler und unabhängiger Sachverständiger für Karosserieschäden und Bewertung" geworben hatte. Nach eigener Darstellung waren von ihm im Rahmen seiner Tätigkeit 6.800 Schadensgutachten gefertigt und von den Versicherern „kaum beanstandet" worden. Dies war für den BGH jedoch nicht entscheidend, da hierdurch die Qualifikationsmerkmale, die der Verkehr von einem Sachverständigen erwarte, nicht nachgewiesen würden. Eine Qualifikation zum Kfz-Sachverständigen könne nämlich nur auf zwei Wegen erlangt werden und zwar im Regelfall durch eine mit einer Prüfung abgeschlossene Berufsausbildung, grundsätzlich die Kfz-Meisterprüfung oder durch die Dipl.-Ingenieurausbildung. Da es kein geregeltes Berufsbild als Sachverständiger gebe, sei als anderer Weg in Ausnahmefällen auch das Selbststudium möglich. Dann allerdings müsse das Selbststudium zu einer der Ausbildungen gleichwertiger Qualifikation geführt haben, für die der als Sachverständiger Tätige die volle Darlegungs- und Beweislast trage[471]. Diesen Anforderungen ist der „Taxifahrer" in dem BGH entschiedenen Fall nicht gerecht geworden, so dass ihm das Führen der Bezeichnung „Kfz-Sachverständiger" wegen Verstoßes gegen § 3 UWG untersagt wurde.

Von den Instanzgerichten werden die wettbewerbsrechtlichen Vorgaben des BGH zwar aufgegriffen, aber nicht in einer einheitlichen Handhabung umgesetzt. Während der BGH uneingeschränkt fundiertes Fach- und Erfahrungswissen verlangt, aber auch ausreichen lässt[472], erwarten andere Gerichte eine weitergehende Qualifikation des Kfz-Sachverständigen und setzen eine „überdurchschnittliche Sachkunde"[473]

---

469 Hörl, Der technische Sachverständige in Verkehrssachen – Unabhängigkeit, Qualifikation und Zertifizierung, Haftung, zfs 03, 269.

470 BGH, NZV 97, 400.

471 BGH, NZV 97, 400.

472 BGH, a.a.O.

473 OLG Hamm, zfs 97, 333.

oder zumindest eine auf den Schadensbereich „spezialisierte Sachkunde“[474] voraus. Die übliche Erfahrung einer durchschnittlichen Berufsausübung genüge nicht. Noch weiter geht die Rechtsprechung, die vom Geschädigten fordert, dass er entweder nur einen öffentlich bestellten und vereidigten Sachverständigen beauftragen darf oder sich über die fachliche Qualifikation des als Sachverständigen Auftretenden erkundigen muss[475]. Dem gegenüber reicht in einer Entscheidung des AG Siegburg bereits eine abgeschlossene Berufsausbildung im Kfz-Bereich aus, so dass etwa auch die Meisterprüfung im Kfz-Lackierhandwerk eine hinreichende Qualifikation zum Kfz-Sachverständigen darstellt[476].

Als Ergebnis lässt sich damit zwar feststellen, dass die allgemeine Behauptung, „jeder könne sich heutzutage als Kfz-Sachverständiger betätigen“[477], nicht richtig ist[478]. Andererseits fehlen für den Bereich der privaten Kfz-Sachverständigen berufsregelnde gesetzliche Vorgaben, die einen notwendigen Standard und eine gebotene Kontrolle gewährleisten. Mit dem Instrument des Wettbewerbsrechtes, auf das die Gerichte in Ermangelung anderweitiger Vorschriften zurückgreifen, lassen sich allenfalls besonders gelagerte Einzelfälle, bei denen die Diskrepanz zwischen Auftreten und Ansehen und der tatsächlichen bzw. nachgewiesenen Qualifikation besonders groß ist, einschränken. Berufsregelungen, die für den Bereich der privaten Sachverständigen einen gebotenen Standard und eine erforderliche Kontrolle gewährleisten, ersetzen die wettbewerbsrechtlichen Regelungen und die in Anlehnung hierzu ergangene Rechtsprechung allerdings nicht.

### V. Inhaltliche Anforderungen an das Gutachten

Während ein Kostenvoranschlag regelmäßig nur eine überschlägige Kostenkalkulation beinhaltet, die allenfalls zwischen Material- und Lohnkosten unterscheidet, ohne diese allerdings näher zu erläutern, muss ein Sachverständigengutachten wesentlich detaillierter und umfassender sein. Schließlich soll ein solches Gutachten den Schaden so konkret darlegen und plausibel nachweisen, dass es vom Grundsatz her vom Schädiger als Regulierungsbasis akzeptiert werden muss[479]. Will der gegnerische Haftpflichtversicherer seinerseits Einwendungen gegen das Gutachten vorbringen, führt dies zu einer Umkehr der Beweislast[480], d.h. dass der Ersatzpflichtige seinerseits Einwendungen, die er gegen das Gutachten vorbringen will, substantiiert darzulegen und zu beweisen hat[481]. Aufgrund dieser Bedeutung des Gutachtens wäre zu erwarten, dass es einheitliche Vorgaben oder Mindestanforderungen an den Inhalt eines solchen Schadensgutachtens gibt. Dies ist allerdings ebenfalls nicht der Fall. Auch die Rechtsprechung gibt keine konkreten inhaltlichen Voraussetzungen vor. Die Anforderungen, die an ein solches Gutachten gestellt werden, beschränken sich auf allgemeine Vorgaben, nach denen das Gutachten systematisch aufgebaut, übersicht-

---

474 OLG Köln, NZV 98, 32.
475 LG Paderborn, zfs 03, 75.
476 AG Siegburg, zfs 03, 237.
477 Höke, VGT 02, 160, 162.
478 Hörl, zfs 03, 269.
479 LG Kleve, zfs 99, 239; LG München, zfs 91, 123; Fleischmann/Hillmann, § 7, Rdnr. 125.
480 Greger, Kurskorrekturen beim Kraftfahrzeugschaden, NZV 06, 1, 2.
481 LG Kleve, a.a.O.

lich gegliedert, nachvollziehbar begründet und auf das Wesentliche konkretisiert sein muss. Zusätzlich soll der Gutachter seine Erkenntnisquellen und Erfahrungssätze angeben[482]. Mit derart pauschalen Aussagen lässt sich jedoch wenig anfangen.

Auch insoweit sind es die Verbände und Gutachterorganisationen[483], die für ihre Mitglieder inhaltliche Vorgaben für das Sachverständigengutachten entwickelt und Mindeststandards gesetzt haben. Hierzu gehören zunächst Angaben zur Person des Sachverständigen und seines Auftraggebers sowie Angaben zu Ort und Datum der Besichtigung des beschädigten Fahrzeuges. Des Weiteren ist eine technische Fahrzeugbeschreibung und Feststellung vorzunehmen, bei der nicht nur die technischen Daten des Fahrzeuges und die Kilometerleistung, sondern auch Angaben zur Ausstattung und insbesondere zu festgestellten Alt- und/oder Vorschäden zu machen sind. Hieran schließen sich zunächst erläuternde Angaben zur Auftragserteilung, der Fahrzeugbesichtigung, des Fahrzeugzustandes und der festgestellten Schäden an. Sodann folgen Ausführungen zur Reparatur, eine etwaige Reparaturfreigabe und zu einer etwaigen Wertminderung, gegebenenfalls auch Wertverbesserung. Regelmäßig bewertet der Sachverständige im Anschluss daran seine Feststellungen dahingehend, ob es sich um einen Reparatur- oder einen Totalschaden handelt. Hieran schließt sich die eigentliche Schadenskalkulation und Berechnung an, sofern sie nicht den allgemeinen Ausführungen vorangestellt ist.

Zur Kalkulation und Berechnung des Schadens bedienen sich die Sachverständigen fast ausnahmslos entsprechender EDV-Programme, regelmäßig des Systems DAT oder Schwacke, die stets aktualisiert und fortgeschrieben werden. Schließlich sind die Erläuterungen und Kalkulationen durch Lichtbilder zu belegen, die als Schadensdokumentation Bestandteil des Gutachtens sind. Selbst wenn einzelne dieser Bestandteile fehlen oder Ermittlungsfehler aufweisen, besteht in der Praxis noch immer die Möglichkeit, dass der Sachverständige sein Gutachten erläutert oder nachträglich ergänzt. Erst wenn nach solchen Ergänzungen oder Erläuterungen weiterhin Widersprüche in Bezug auf wesentliche Ermittlungs- und Kalkulationsgrundlagen verbleiben, führt dies in der Praxis dazu, dass das Sachverständigengutachten als „nicht nachvollziehbar" angesehen wird und es somit für die Schadensdarlegung und Berechnung unbrauchbar ist. In einem solchen Falle kommen dem Geschädigten auch nicht die Beweiserleichterungen des § 287 ZPO zugute[484].

## VI. Folgen und Risiken für den Geschädigten und den Schädiger

Die vorstehenden Ausführungen zur Person des Gutachters und seiner Tätigkeit haben gezeigt, dass für den Geschädigten das Risiko besteht, an einen unqualifizierten Sachverständigen zu gelangen. Die Folge hiervon kann die Erstellung eines fehlerhaften oder gar unbrauchbaren Gutachtens sein, mit dem der Geschädigte seinen Schaden nicht darlegen, nicht berechnen und damit nicht nachweisen kann. Für den Schädiger und seinen Haftpflichtversicherer liegt die Gefahr darin, dass die Fehler-

---

482 Mühlhausen/Prell, NJW 02, 99 ff.; Jung, DAR 84, 45.

483 z.B. www.bvsk.de

484 OLG Köln, NZV 96, 241; OLG Köln, NZV 99, 378; OLG Hamburg, OLGR 01, 261; OLG Frankfurt am Main, zfs 05, 69; LG Bochum, zfs 06, 23 f. mit Anmerkung Diehl zu Urteil LG Bochum, zfs 06, 24; Thomas/Putzo, ZPO-Kommentar, § 287, Rdnr. 11.

haftigkeit des Gutachtens nicht erkannt und der Schaden aufgrund des fehlerhaften Gutachtens unrichtig abgerechnet, d.h. eine zu hohe Entschädigungsleistung gezählt wird und letztlich auch die Gutachterkosten zu Unrecht gezahlt werden.

Aber selbst wenn das Gutachten weder unbrauchbar noch fehlerhaft ist, weigern sich die Haftpflichtversicherer in der Regulierungspraxis häufig, die gesamten Gutachterkosten zu erstatten. Unter Berufung darauf, dass es für den Bereich des privaten Sachverständigen keine gesetzlichen Vorgaben und Regelungen gibt, wenden sie ein, dass die Rechnung des Sachverständigen „völlig überhöht sei" oder „nur pauschale Beträge aufweise" und deshalb nicht nachprüfbar bzw. nachvollziehbar und somit nicht erstattungsfähig sei.

Der Geschädigte, der sich diesem Einwand des Versicherers ausgesetzt sieht, hätte zwar seinerseits die Möglichkeit diese Einwände zu übernehmen, sie dem von ihm beauftragten Sachverständigen entgegenzuhalten und, hierauf gestützt, die Bezahlung des Sachverständigen zu verweigern. Fraglich ist aber, ob er hierzu auch verpflichtet ist. Einerseits ergibt sich diese Möglichkeit dann nicht mehr, wenn er den Sachverständigen bereits bezahlt hat, etwa weil seit dem Unfall ein längerer Zeitraum verstrichen ist und sich die Schadensregulierung verzögert hat. Andererseits ist zu bedenken, dass sich der Geschädigte andererseits bei einer Zahlungsverweigerung natürlich der Inanspruchnahme seines Vertragspartners, d.h. des von ihm beauftragten Sachverständigen ausgesetzt sieht. Zumindest solange dem Geschädigten kein Auswahlverschulden vorzuwerfen ist, wird man ihm dies daher nicht zumuten können.

Es stellt sich die weitere Frage, ob die Sachverständigenkosten, die zur zweckentsprechenden Rechtsverfolgung erforderlich sind, selbst dann von der gegnerischen Haftpflichtversicherung erstattet werden müssen, wenn das Gutachten fehlerhaft ist[485]. Man könnte argumentieren, dass niemand für etwas Unbrauchbares und damit Wertloses zu zahlen hat. Jedoch ist der Sachverständige kein Erfüllungsgehilfe des Geschädigten, so dass diesem ein Verschulden des Gutachters grundsätzlich nicht zuzurechnen ist[486]. Vielmehr ist die vom Sachverständigen vorgenommene Schadensfeststellung Teil der vom Schädiger gemäß § 249 BGB geschuldeten Herstellung, so dass die hiermit verbundenen Kosten Teil des Herstellungsaufwandes sind. Das Risiko des Fehlschlags der Kostenermittlung muss daher der Schädiger tragen, solange dem Geschädigten hinsichtlich der sorgfältigen Auswahl und zutreffenden Information des Gutachters kein Verschulden trifft[487].

Fraglich ist nun, unter welchen Voraussetzungen dem Geschädigten ein solches Auswahlverschulden vorgehalten werden könnte[488]. Dabei ist zu berücksichtigen, dass ein Verkehrsunfall nicht zum Alltag eines Autofahrers zählt, da dieser im Durch-

---

485 LG Düsseldorf, SP 01, 392; AG Kassel, SP 01, 283; AG Heidenheim, SP 03, 105; AG Duisburg-Hamborn, SP 04, 140; AG Saarlouis, SP 01, 215; Palandt,/Heinrichs, § 249, Rdnr. 40.

486 Ross, NZV 01, 321; OLG Hamm, r+s 96, 183.

487 Soergel/Mertens, § 249 Rdnr. 44, 60; OLG Hamm, NZV 99, 377; Mü-Ko/Oetkers, § 249, Rdnr. 371 ff.; Palandt/Heinrichs, § 249, Rdnr. 40.

488 AG Unna, SP 04, 205 f.; OLG Köln, NZV 99, 88.

schnitt nur etwa alle 7 Jahre in einen Verkehrsunfall verwickelt ist. Der Großteil der Unfallgeschädigten ist daher in Bezug auf eine Unfallregulierung vollkommen unerfahren. Oft bleibt ihnen deshalb nichts anderes übrig, als sich mit Hilfe der „Gelben Seiten" oder irgendwelchen Empfehlungen, beispielsweise der Autowerkstätte, einen Sachverständigen zu suchen[489]. Die Forderung, dass der Geschädigte grundsätzlich einen öffentlich bestellten und vereidigten Sachverständigen beauftragen oder sich über die Qualifikation des Sach-verständigen erkundigen muss, geht sicher zu weit. Zum einen sind nur die wenigsten Sachverständigen öffentlich bestellt und vereidigt. Zum anderen wird den meisten Geschädigten unbekannt sein, welche Bedeutung eine öffentliche Bestellung und Vereidigung hat. Ebenso wenig wird er fachliche Feststellungen zur Qualifikation des Sachverständigen machen können. Schließlich bedient er sich des Sachverständigen, da ihm die fachliche Kompetenz und Qualifikation auf diesem Gebiet fehlt.

Der Geschädigte ist auch nicht verpflichtet vor einer Beauftragung Preisvergleiche anzustellen und sich nach dem „günstigsten Sachverständigen zu erkundigen" [490]. In Ermangelung anderer gegenteiliger Anhaltspunkte kann er vielmehr davon ausgehen, dass sich der Sachverständige bei der Honorarbemessung im Rahmen billigen Ermessens hält[491]. Es ist dem Geschädigten auch nicht zuzumuten, ohne konkreten Anlass auf einer genauen Aufschlüsselung der vom Sachverständigen in Rechnung gestellten Kosten zu bestehen oder es gar auf einen Rechtsstreit mit dem Sachverständigen hinsichtlich der Angemessenheit dieser Kosten ankommen zu lassen[492]. Als Laie kann er insbesondere kaum abschätzen, welchen Zeit- und Materialaufwand der von ihm eingeschaltete Kfz-Sachverständige tatsächlich hatte.

Im Ergebnis wird ein Auswahlverschulden des Geschädigten deshalb so gut wie nie gegeben sein. Der Praxis der Versicherer, dem Erstattungsanspruch des Geschädigten Einwände gegen die Rechnungsstellung des Sachverständigen entgegenzuhalten, fehlt damit in der Regel die rechtliche Grundlage[493].

## B. Inhaltliche Anforderungen an den Nachweis des Restwertes

### I. Ermittlung auf Grundlage des „allgemeinen Marktes"

Die Bedeutung des Sachverständigengutachtens setzt sich bei der Bestimmung des Restwertes fort. Dies gilt umso mehr, als seit der Grundsatzentscheidung des BGH vom 06.04.1993[494], nochmals bestätigt durch die Entscheidung vom 12.07.2005[495], der Geschädigte den vom Schadensgutachter angegebenen Wert seiner Abrechnung zugrunde legen darf[496]. Dies gilt auch im Falle einer Veräußerung[497].

---

489 AG Völklingen, Urteil v. 11.07.05, Az: 5 b C 189/05, n.v.

490 OLG Köln, OLG R 02, 471; AG Alsfeld, Urteil v. 17.01.05, 30 C 541/04 (70), n.v.

491 LG Lüneburg, MDR 70, 675; LG Köln, NJW 75, 57.

492 AG Coburg, Urteil v. 22.01.04, Az: 11 C 1361/03.

493 OLG Hamm, DAR 01, 506; LG Köln, DAR 03, 226; KG Berlin, DAR 03, 318.

494 BGH, NJW 93, 1849.

495 BGH, NJW 05, 3134.

496 Ferner/Schmitt, 316.

497 Eggert , ZAP 97, Fach 9, 451, 475; AG Gotha, SP 03, 424 f.

Er kann die Schadensbeseitigung nach § 249 Abs. 2 BGB selbst in die Hand nehmen und deshalb das Unfallfahrzeug zu dem vom Sachverständigen angegebenen Restwert veräußern, ohne es zuvor dem Kraftfahrthaftpflichtversicherer anzubieten oder abzuwarten, bis dieser eine eigene Schätzung vornimmt, solange er auf die Richtigkeit des Gutachtens vertrauen kann[498]. Bereits vorliegende Hinweise des Versicherers muss der Geschädigte nur dann berücksichtigen, wenn der dort genannte Aufkäufer ein konkretes und verbindliches Angebot unterbreitet hat, das der Geschädigte nur noch anzunehmen braucht[499]. Eigene Aktivitäten – von einer telefonischen Abstimmung abgesehen – braucht er nicht zu entfalten. Das (berücksichtigungsfähige) Angebot muss dem Geschädigten praktisch „auf einem Silbertablett" gereicht werden[500].

Dies führt zu der eigentlichen Frage, nämlich nach welchen Kriterien der den Wiederbeschaffungsaufwand prägende Restwert zu bemessen ist. Ausgangspunkt für den BGH ist hierbei die persönliche Situation des Geschädigten. Es ist Rücksicht auf seine individuellen Erkenntnisse und Einflussmöglichkeiten sowie auf die gerade für ihn bestehenden Schwierigkeiten zu nehmen. Allein vor diesem Hintergrund beurteilt sich der gemäß § 249 Abs. 2 BGB zur Wiederherstellung erforderliche Aufwand – die so genannte subjektbezogene Schadensbetrachtung[501].

Der vom Geschädigten beauftragte Sachverständige, der wie bereits ausgeführt, nicht dessen Erfüllungsgehilfe ist[502], hat nach den Grundsätzen der BGH-Rechtsprechung gleichfalls die individuelle Situation des Geschädigten bei der Restwertermittlung zu beachten. Demzufolge ist als Restwert der Wert zu ermitteln, den der Geschädigte bei Anschaffung eines gebrauchten Ersatzfahrzeuges bei einem seriösen Händler seiner Umgebung und Inzahlunggabe des Wracks erzielen könnte[503]. Auszuklammern sind demnach Angebote von Restwertaufkäufern, die häufig überregional oder sogar im Ausland tätig sind[504]. Danach soll der Restwertermittlung nur der Markt zugrunde gelegt werden, der dem Geschädigten persönlich und örtlich vertraut und zugänglich ist. Hierzu gehören die Werkstätten oder Kfz-Händler in seiner Nähe, die allgemein anerkannt und bekannt sind und als seriös angesehen werden[505].

---

498 BGH, NJW 93, 1849; BGH, NJW 00, 800; Wussow/Karczewski, Kap. 41, Rdnr. 19; so auch LG Koblenz, Urteil v. 29.03.04, Az: 12 S 123/04; OLG Düsseldorf, r+s 99, 24, 26.

499 BGH, NJW 00, 800; BGH, NJW 05, 3134; AG Gotha, SP 03, 424 f.; zustimmend Weigel, DAR 00, 161; a.A.LG Wuppertal, DAR 00, 364, allerdings sich ohne mit der Entscheidung BGH, NJW 00, 800 auseinanderzusetzen. OLG Karlsruhe, VersR 05, 706; LG Koblenz, NZV 05, 46.

500 Speer, VersR 02, 17, 22; a.A. LG Köln und OLG Köln, NJW – Spezial 05, 449, 450.

501 BGH, NJW 92, 903 m.w.N.; NJW 93, 1849.

502 Wussow/Karczewski, Kap. 41, Rdnr. 5; OLG Hamm, r+s 96, 183.

503 BGH, NZV 92, 147; BGH, NZV 92, 273; Gebhardt, NZV 02, 249; BGH, NJW 93, 1850; BGH, NJW 05, 3134.

504 Geigel/Schlegelmilch, Kap. 4, Rdnr. 30; BGH a.a.O.

505 BGH, NJW 92, 903; 93, 1849; 00, 800; BGH, NJW 05, 3134; Gebhardt 02, 249; Geigel/Schlegelmilch, Kap. 4, Rdnr. 30.

Nur auf diesem so definierten „allgemeinen Markt" darf der Geschädigte im Rahmen der subjektbezogenen Schadensbetrachtung verwiesen werden. Nur diesen hat der Sachverständige auch seiner Restwertermittlung zugrunde zu legen.

Der Geschädigte und damit der von ihm beauftragte Sachverständige müssen keine „Marktforschung"[506] betreiben oder besondere Anstrengungen unternehmen, um einen möglichst hohen Erlös zu erzielen[507]. Aus diesem Grunde reicht es aus, wenn der Sachverständige, dessen Auftraggeber der Geschädigte ist, 3-4 Angebote auf dem örtlichen Markt einholt und aufgrund deren er nach einer entsprechenden Plausibilitätsprüfung einen Restwert ermittelt und im Gutachten ausweist[508]. Erreicht werden soll hierdurch, dass der Geschädigte die Möglichkeit hat, den Unfallwagen im Rahmen eines Ersatzkaufes bei dem ihm vertrauten Händler in Zahlung zu geben[509]. Entscheidend ist, dass der Geschädigte, der auch im Rahmen seiner Ersetzungsbefugnis Herr des Restitutionsgeschehens bleibt, zwar dem Wirtschaftlichkeitsgebot unterworfen wird, daneben aber auch seine individuellen Erkenntnisse und Einflussmöglichkeiten zu berücksichtigt werden[510].

## II. Bedeutung des „Sondermarktes"

Die Rechtsprechung des BGH stellt zur Ermittlung des Restwertes nicht auf den „allgemeinen Markt" ab sondern hebt in den hierzu ergangenen Entscheidungen gleichlautend hervor, dass sich der Geschädigte auf „höhere Ankaufpreise spezieller Restwertaufkäufer" aus dem Bereich des Sondermarktes grundsätzlich nicht verweisen lassen muss[511]. Damit misst er, von wenigen Ausnahmefällen abgesehen, dem Sondermarkt für die Restwertermittlung im Rahmen der Bestimmung des erforderlichen keine Bedeutung zu. Ob diese Ansicht des BGH tatsächlich (noch) sachgerecht ist, erscheint fraglich, wobei die Beantwortung dieser Frage von der Funktionsweise des Sondermarktes, dessen Vorzüge und letztlich der Interessen der beteiligten Personen abhängig ist.

Es stellt sich deshalb die Frage, ob nicht im Interesse der Versichertengemeinschaft auch andere Märkte und Möglichkeiten genutzt werden müssen[512].

### 1. Funktionsweise des Sondermarktes

Bei dem Sondermarkt handelt es sich im Allgemeinen um spezialisierte, überregional tätige Restwertaufkäufer[513]. Diese haben sich auf den Aufkauf von Fahrzeugwracks spezialisiert, während dies für die örtlichen Kfz-Werkstätten und Händler lediglich eine Nebentätigkeit ist. Die Folge dieser Spezialisierung ist, dass die Restwerthänd-

---

506 AG Gotha, SP 03, 424 f.

507 BGH, NJW 92, 302; 93, 1849; AG Wiesbaden, Urteil v. 13.07.05, Az: 92 C 4895/03-13, n.v.

508 Beck, VGT 02, 135, 138.; AG Ingolstadt Urteil v. 15.06.05, Az: 15 C 142/04, n.v.

509 Huber, DAR 02, 337, 339.

510 Huber a.a.O.

511 BGH, NJW 93, 1849, NJW 00, 800; BGH, NJW 05, 3134

512 Speer, VersR 02, 17, 20; OLG Düsseldorf, r+s 99, 25, 26.

513 BGH, NJW 93, 1849; Huber, DAR 02, 337, 339; Gebhardt, NZV 02, 249.

ler nicht nur in ihrem örtlichen Umfeld tätig sind, sondern überregional bzw. auch über die Grenzen Deutschlands hinaus. Während es früher nur einige wenige Restwertaufkäufer gab, die selbst freien Sachverständigen nicht bekannt oder zumindest nicht zugänglich waren, weil diese Aufkäufer nur über eine Handynummer erreicht werden konnten, die lediglich einige Haftpflichtversicherer kannten[514], hat sich dieser Bereich durch die neuen Medien und Telekommunikationsmöglichkeiten, insbesondere des Internets, erheblich ausgeweitet. Mittlerweile gibt es „Online-Restwertbörsen", die die Grundlage des so genannten Sondermarktes bilden. Es handelt sich dabei um Plattformen, die es ermöglichen, die verschiedensten Interessenten sowohl auf Verkäufer- als auch Käuferseite zusammenzubringen. Derzeit existieren in Deutschland zwei große Restwertbörsen. Es handelt sich dabei einmal um die Auto-Online GmbH sowie die Car-TV GmbH[515]. Mitte Juli 2005 wurde eine dritte Restwertbörse gegründet und Anfang August 2005 eine vierte Restwertbörse-Plattform eingerichtet. Es handelt sich dabei um das Unternehmen WreckOnlineMarket AG[516]. Ob diese beiden eine Konkurrenz zu den beiden erstgenannten werden können, bleibt abzuwarten. Zusätzlich gibt es noch einige lokale Restwertbörsen, die in der Praxis aber kaum Bedeutung haben[517].

Die Funktionsweise ist bei allen Restwertbörsen nahezu identisch. Die Sachverständigen bzw. die Versicherungen stellen die Unfallfahrzeuge in die Restwertbörsen ein[518]. Dazu ist es erforderlich, dass alle restwertrelevanten Daten des Unfallfahrzeuges einschließlich Digitalfotos aufgenommen werden[519]. Zu den relevanten Daten gehören:

- die Fahrzeugstammdaten wie Typ des Fahrzeuges, Motorenleistung, Baujahr, gelaufene Kilometer, nächste TÜV-Fälligkeit etc.
- eventuelle Sonderausstattung wie Klimaanlage, Navigationssystem, Metalliclackierung
- detaillierte Schadensbeschreibung sowie Beschreibung des Reparaturaufwandes und der Gesamtreparaturkosten
- weitere für einen Interessenten bedeutsame Angaben wie beispielsweise, ob die Airbags ausgelöst wurden etc. sowie
- Digitalfotos, wobei es möglich ist bis zu 16 Aufnahmen des Unfallfahrzeuges einzustellen.

Zu den einzustellenden Bildern sollten nicht nur solche des unmittelbaren Schadensbereiches gehören, sondern auch Fotos, die eine Rundumsicht des Fahrzeuges sowie den Motorraum bei geöffneter Motorhaube zeigen. Auf den Bildern werden darüber hinaus die Schäden sowie sonstige Mängel des Fahrzeuges besonders, gegebenenfalls mit Pfeilen, kenntlich gemacht. Ebenso wird der Innenraum, wozu auch das Armaturenbrett gehört, auf den Fotos abgebildet. Letzteres soll dem potenziellen Käufer die Feststellung ermöglichen, in welchem Zustand sich die Polster befinden,

---

514 Trost, VersR 02, 795, 800.
515 http:\www.autoonline-gmbh.de und http:\www.cartv.de.
516 www.wreckonline.de/womw.
517 Speer, VersR 02, 17 ff.; Autohaus Schadenmanager Nr. 15. v. 05.08.05, 3.
518 Witte, SP 97, 96 ff.
519 Beck, VGT 02, 135, 140 f.

ob Verschmutzungen im Innenraum und wenn ja in welchem Umfang diese vorhanden sind. Schließlich ist in der Beschreibung genau darzulegen, wo sich die Schäden befinden und welche Teile des Fahrzeuges betroffen sind. Auch Schäden, die nicht vor dem besagten Unfallereignis herrühren sondern bereits vorhanden waren (so genannte Vorschäden), müssten erwähnt und beschrieben werden.
Der im Rahmen der Online-Börse tätige Aufkäufer bewertet das Fahrzeug allein anhand dieser Angaben. Sind diese unvollständig oder gar widersprüchlich, wird ein „erfahrener Aufkäufer" von einer Angebotsunterbreitung Abstand nehmen. Dies gilt etwa, wenn nur wenige Lichtbilder eingestellt werden und auf diesen nicht alle Schäden zu sehen oder die beschriebenen Schäden nicht mit den Lichtbildern in Einklang zu bringen sind. Soll das Fahrzeug beispielsweise einen erheblichen Frontschaden erlitten haben und ist auf den Lichtbildern zu erkennen, dass die Vorderräder gerade ausgerichtet sind, obwohl das Lenkrad erheblich eingeschlagen ist, legt dies den Schluss auf Manipulation nahe. Gleiches gilt, wenn bei einem erheblichen Frontschaden die Motorhaube geschlossen ist, bzw. noch nicht einmal einen Knick aufweist. Dann liegt der Schluss nahe, dass das Fahrzeug bereits „gestreckt" wurde. Die Insider der Branche wissen, dass für das Fahrzeug nach einer solchen Streckung (10 cm entsprechen 500,00 €) ein ganz anderer Preis verlangt werden kann, weil der wahre Beschädigungszustand nicht zu erkennen ist[520].

Die Kosten für das Einstellen eines Fahrzeuges belaufen sich derzeit auf ca. 17,50 € inklusive Lichtbilder[521]. Bei allen Restwertbörsen ist diese Gebühr jedoch nur im Erfolgsfall zu zahlen, d.h. wenn mindestens ein Gebot ermittelt worden ist. Ansonsten ist die Einstellung kostenlos. Eine Aufnahmegebühr oder eine monatliche Grundgebühr haben Sachverständige nicht zu zahlen.

Die Gebotsbindefrist des Aufkäufers, die nach Ablauf der Einstelldauer zu laufen beginnt, beträgt drei Wochen. Außerdem ist der Aufkäufer verpflichtet, innerhalb von einer Woche nach Zuschlag, d.h. ab dem Zeitpunkt der Benachrichtigung, das Fahrzeug abzuholen[522].

Bei den großen Restwertbörsen ist es mittlerweile auch Privatleuten möglich, Fahrzeuge einzustellen. Die Kosten für Privatpersonen belaufen sich auf ca. 30,00 €, die allerdings auch nur dann zu zahlen sind, wenn mindestens ein Angebot eingeht. Für den Anbieter ist lediglich ein Formular auszufüllen und dieses zusammen mit Lichtbildern entweder online, per Post oder auch per e-mail an die Restwertbörsen weiterzuleiten[523]. Eine Verpflichtung des Einstellers zur Veräußerung besteht nicht. Es gibt keinen Kontrahierungszwang. Nach wie vor hat der Einsteller die Möglichkeit, selbst zu entscheiden, ob er das Fahrzeug an den Anbietenden veräußert oder anderweitig hierüber disponiert bzw. dieses reparieren lässt.

---

520 Scheiber, Verkehrsunfall und Fahrzeugtechnik 04, 95, 97.

521 a.a.O.; ww.autoonline-gmbh.de; www.cartv.de

522 www.autoonline-gmbh.de; www.cartv.de.

523 Sofern die erforderlichen Unterlagen wie Kfz-Schein, möglicherweise Kaufvertrag etc. vorliegen, beläuft sich der zeitliche Aufwand für das Einstellen auf ca. 30. Minuten.

Bei dem größten Anbieter, der Auto-Online GmbH, die einen Pool von über 1.000 registrierten Aufkäufern aufweist, die auch ständig auf ihre Bonität geprüft werden[524], kann grundsätzlich von einer hohen Vermittlungsquote ausgegangen werden. Diese beläuft sich nach den Angaben von Auto-Online GmbH derzeit auf ca. 95 %[525].

**2. Vorzüge des Sondermarktes**

Über die Online-Börsen des Sondermarktes können Aufkäufer sowohl aus dem gesamten Bundesgebiet als auch aus dem Ausland teilnehmen. Bei Inanspruchnahme der Internet-Restwertbörsen lässt sich 24 Stunden am Tag vom Schreibtisch aus ein nahezu unbegrenzter Markt erreichen[526]. Durch die Ausweitung des Marktes können nicht nur höhere Preise erzielt werden. Gerade wenn das verunfalltes Fahrzeug nicht marktgängig ist und es hierfür kaum eine regionale Nachfrage gibt, eröffnet die Online-Recherche überhaupt erst die Möglichkeit, das Auto erfolgversprechend anbieten zu können. Schließlich stellen diese Plattformen einen einfachen und schnellen Weg zur Ermittlung eines Restwertes dar[527]. Angebot und Nachfrage bestimmen den Markt. Wenn der Sachverständige ein Fahrzeug in die Restwertbörse einstellt, kann er nach angemessener Zeit prüfen, welche Angebote eingegangen sind. Hiervon kann er es abhängig machen, ob das Fahrzeug für längere oder lediglich für eine kurze Zeit eingestellt werden muss. Für den Geschädigten genügt, je nachdem welche Angebote eingehen, ein Anruf bei einem der in der Übersicht der Gebote aufgeführten Bieter. Dieser holt das Fahrzeug dann auf seine Kosten gegen Barzahlung oder sogar vorherige Überweisung ab. Für einen Aufkäufer besteht über eine so genannte Filterfunktion die Möglichkeit, je nach Interesse genau anzugeben und zu beschränken, welches Fahrzeug er sucht, wobei zum Beispiel bestimmte Farben oder Schäden etc. ausgeschlossen werden können. Schließlich kann er auch ganz gezielt nach einem bestimmten Fahrzeug nachfragen[528], weil ihm hierfür beispielsweise schon ein Angebot eines potentiellen Erwerbers vorliegt.

**3. Interessen der Beteiligten**

Nicht jeder hat ein Interesse daran, dass die Online-Börsen eingeschaltet werden. Die Einwände, die gegen die Nutzung und Berücksichtigung von Online-Börsen vorgebracht werden, spiegeln oftmals die Einzelinteressen der an der Schadensregulierung Beteiligten wider. Sie können deshalb nach den einzelnen Betroffenen unterschieden werden:

**a) Die Interessen des Geschädigten**

Fraglich ist, ob dem Geschädigten letztlich die Höhe des festgestellten Restwertes egal sein kann. Diese Auffassung wird teilweise vertreten, insbesondere bei einer Alleinschuld des Unfallgegners[529]. Begründet wird dies damit, dass der Geschädigte

---

524 LG Aachen, SP 03, 172, 173.

525 http:\www.autoonline-gmbh.de, Restwertermittlung.

526 Beck, VGT, 02, 135, 140.

527 Rode, DAR 98, 52 ff.

528 Witte, SP 97, 26, 28.

529 Witte, SP 97, 26; Fuchs, DAR 02, 189, 190.; Speer, VersR 02, 17.

hier stets den vollen Schadensausgleich erhalte. Dem kann nicht gefolgt werden. Gelangt der Sachverständige nämlich bei der Restwertschätzung zu einem niedrigen Betrag, kann dies durchaus im Interesse des Geschädigten liegen[530]. Ihm verbleibt dann nämlich die Möglichkeit, durch eigene Bemühungen (überobligatorische Anstrengungen) das Fahrzeug zu einem höheren Preis zu verkaufen und den zusätzlichen Erlös zu behalten[531]. Ein vom Sachverständigen niedrig veranschlagter Restwert eröffnet dem Geschädigten somit eine „attraktive Einkunftsquelle"[532]. Bei geschicktem Taktieren kann der Geschädigte hierdurch einen Erlös erzielen, der unter Umständen weit über der Schätzung des Sachverständigen liegt. Das zwei- oder dreifache ist je nach Fahrzeugtyp und Schaden keine Seltenheit. Dabei ist es unerheblich, ob er das Fahrzeug selbst weiter veräußert oder als Verhandlungsmasse bei dem Erwerb des Neufahrzeuges einsetzt, was letztendlich einer Veräußerung des Unfallfahrzeuges gleichkommt. In der Praxis häufig zu beobachten, ist auch folgender Fall:

Nach einem Verkehrsunfall ist die Schuldfrage zunächst unklar. Beide Beteiligte melden den Schaden deshalb auch ihrer Vollkaskoversicherung. Diese übermittelt im Rahmen des ihr zustehenden Weisungsrechts gemäß § 7 Abs. 3 AKB vorsorglich bereits über eine Restwertbörse eingeholte Angebote. Später stellt sich heraus, dass der Unfall doch von einer der Parteien allein verursacht worden ist. Dies ermöglicht es dem (nicht ersatzpflichtigen) Geschädigten das Fahrzeug an einen ihm von seiner Kaskoversicherung genannten Aufkäufer zu veräußern. Bei der Abrechnung mit der gegnerischen Haftpflichtversicherung kann er den von seinem Gutachter angegebenen Restwert, der wesentlich geringer sein dürfte als die von seiner Kaskoversicherung erhaltenen Angebote, zugrunde legen.

Anders kann sich die Situation für den Geschädigten darstellen, wenn die alleinige Schuld des Unfallgegners nicht feststeht. Dann geht nämlich ein zu niedrig bestimmter Restwert zu Lasten des Geschädigten[533], wie nachfolgendes Beispiel zeigt:

Ein unfallbeschädigtes Fahrzeug hat einen Wiederbeschaffungswert von 10.000,00 € und einen (unter Einbeziehung der Restwertbörsen) zu erzielenden Restwert von 5.000,00 €. Der Sachverständige gibt in seinem Gutachten den Restwert, orientiert nur am allgemeinen Markt, lediglich mit 3.000,00 € an.

Bei einem Wiederbeschaffungswert von 10.000,00 € und dem im Gutachten ausgewiesenen Restwert von 3.000,00 € erhält der Geschädigte, eine volle Haftung des Unfallgegners unterstellt, von dessen Versicherung eine Schadensersatzleistung in Höhe von 7.000,00 €, nämlich den Differenzbetrag zwischen Wiederbeschaffungswert und Restwert, so dass er insgesamt einen Wiederbeschaffungsaufwand von 10.000,00 € erhält. Daran würde sich für den Geschädigten auch dann nichts ändern, wenn der Sachverständige den unter Einbeziehung der Restwertbörsen zu erzielenden Restwert auf 5.000,00 € veranschlagt hat. In diesem Falle würde der Geschädig-

---

530 Steffen, DAR 97, 297.

531 BGH, SP 05, 90 = DAR 05, 152.

532 Huber, DAR 02, 337, 342.

533 Hopfner, MDR 02, 801, 802.

te von der Versicherung des Schädigers 5.000,00 € erhalten, so dass ihm gleichfalls wieder ein Betrag von 10.000,00 € zur Verfügung stünde.

Etwas anderes gilt jedoch dann, wenn sich der Geschädigte eine Mitverantwortlichkeit, etwa in Höhe eines 50 %-igen Haftungsanteils, entgegenhalten lassen muss. Sobald sich der Geschädigte dann auf den vom Sachverständigen ermittelten Restwert von 3.000,00 € verlässt, erhält er von der Versicherung des Schädigers lediglich 50 % aus dem Differenzbetrag zum Wiederbeschaffungswert, somit 3.500,00 €. Zählt man den anhand des Gutachtens erzielten Restwert von 3.000,00 € hinzu, bekommt der Geschädigte insgesamt nur 6.500,00 €.
Bei Zugrundelegung des höheren Restwerts von 5.000,00 € würde der Geschädigte von der Haftpflichtversicherung des Schädigers den hälftigen Differenzbetrag zum Wiederbeschaffungswert, im Beispielsfall also 2.500,00 € erhalten. Dies ergäbe dann bei dem höheren Restwert von 5.000,00 € insgesamt 7.500,00 €, also einen Mehrbetrag für den Geschädigten in Höhe von 1.000,00 €[534].

Im Ergebnis zeigt dies, dass sich die Einwände des Geschädigten gegen eine Berücksichtigung des Sondermarktes und der Restwertbörsen letztlich auf die Fälle beschränken, in denen eine Alleinhaftung seines Unfallgegners vorliegt. Dann verbleibt für ihn nämlich die Möglichkeit, bei der Schadensabrechnung unter Berücksichtigung des geringeren, vom Sachverständigen auf Grundlage des all-gemeinen Marktes ermittelten Restwertes, einen zusätzlichen Erlös beim Verkauf des Fahrzeuges zu erzielen und diesen ohne Anrechnung zu vereinnahmen[535]. Sobald allerdings eine Mithaftung des Geschädigten im Raum steht und diese einen Haftungsanteil von 50 % erreicht, hat auch er ein Interesse daran, den Restwert möglichst hoch und damit unter Berücksichtigung des Sondermarktes und der Restwertbörsen, feststellen zu lassen.

**b) Das Interesse des Schädigers bzw. dessen Haftpflichtversicherers**

Dass die Kfz-Haftpflichtversicherer ein Interesse an der Einbeziehung des Sondermarktes unter Berücksichtigung der Restwertbösen haben, bedarf keiner näheren Begründung. Hierdurch eröffnet sich die Möglichkeit, höhere Restwerterlöse zu erzielen oder diese zumindest gegenüber dem Geschädigten zur Anrechnung zu bringen, so dass sich die Schadensersatzleistung reduziert[536]. Dem gegenüber könnte es dem Schädiger selbst letztlich gleich sein, wie viel seine Haftpflichtversicherung zahlt. Die Rückstufung in eine schlechtere Schadens-freiheitsklasse ist von der Höhe der gezahlten Ersatzleistung nämlich unabhängig. Dies trifft für größere Unfallschäden in der Tat ohne Einschränkung zu. Ob der eigene Haftpflichtversicherer letztlich 5.000,00 € oder 10.000,00 € an den geschädigten Unfallgegner zu zahlen hat, interessiert den Versicherungsnehmer nicht. Dies kann bei geringeren Schadenshöhen jedoch anders sein. Je nach Schadenshöhe ist es für den Schädiger nämlich sinnvoll, die Regulierung des bei dem Unfall eingetretenen Schadens selbst vorzunehmen bzw. seiner Haftpflichtversicherung den von dieser im Rahmen ihres Ermes-

534 Hopfner, a.a.O.
535 BGH, SP 05, 90 = DAR 05, 152.
536 Greiner, zfs 06, 63 ff.; LG Kaiserlautern, zfs 06, 150, 152.

sens[537] geleisteten Betrag wieder zu erstatten. Dadurch bleibt sein Vertrag schadensfrei und er verhindert eine Rückstufung und vermeidet die ansonsten hierdurch bedingte Erhöhung der Versicherungsprämie. Im Zusammenhang mit dem Restwert könnte ein solcher Fall dann vorliegen, wenn bei einem älteren Fahrzeug mit einem geringen Wiederbeschaffungswert der Restwert möglichst hoch angesetzt wird, da dann der eigentliche zu ersetzende Schaden geringer ausfällt. Ist der Schädiger beispielsweise für einen Unfall allein verantwortlich und stellt der vom Geschädigten beauftragte Sachverständige einen Wiederbeschaffungswert von 1.000,00 € und einen Restwert von 300,00 € fest, ergibt dies eine Schadensersatzleistung in Höhe von 700,00 € zuzüglich Nebenkosten wie Gutachterkosten, Kostenpauschale etc. Bei dieser Höhe lohnt es sich für den Geschädigten regelmäßig noch nicht, den Schaden „aus eigener Tasche" zu begleichen. Anders sieht der Fall allerdings dann aus, wenn der Restwert mit 600,00 € festgestellt wird bzw. dem Geschädigten rechtzeitig ein entsprechendes Angebot unterbreitet wird. Dann beläuft sich der Schadensersatzanspruch des Unfallgegners nur noch auf 400,00 €. Der „Rückstufungsschaden", den der Schädiger durch die Erhöhung seiner Versicherungsprämie erleidet, würde sich jedoch auf rund 550,00 € belaufen, wobei noch nicht berücksichtigt ist, dass in den Folgejahren durchaus weitere Unfallschäden und damit zusätzliche Rückstufungen hinzukommen können. Der Schädiger ist deshalb durchaus interessiert, Schäden möglichst allein, d.h. ohne Einbeziehung seiner Haftpflichtversicherung, zu regulieren. Deshalb hat er ein „persönliches Interesse" daran, dass der Restwert möglichst hoch und damit auf Grundlage des Sondermarktes ermittelt wird.

**c) Das Interesse des Verkäufers des Ersatzfahrzeuges**

Der Verkäufer des Ersatzfahrzeuges ist in Anbetracht der gesunken Verkaufszahlen von Kraftfahrzeugen[538] in erster Linie daran interessiert, dem Geschädigten ein Neufahrzeug zu veräußern. Der Ankauf des beschädigten Fahrzeugs ist in vielen Fällen für ihn nur ein notwendiges „Anhängsel" zu dem Verkauf des Ersatzfahrzeuges. Der Verkäufer eines Ersatzfahrzeuges wird jedoch, bevor das Geschäft mit dem Ersatzfahrzeug scheitert, das verunfallte Fahrzeugwrack selbst dann erwerben, wenn dieser Ankauf für ihn eigentlich nicht rentabel ist. Für den Verkäufer stellt sich dieses Kopplungsgeschäft, nämlich Ankauf Unfallwagen / Verkauf Neufahrzeug als reine Mischkalkulation dar. Selbst wenn er bei der Weiterveräußerung des verunfallten Fahrzeuges keinen Gewinn machen sollte, verbleibt ihm immer noch derjenige aus dem Verkauf des Neufahrzeuges. Abgesehen davon kommt es ihm darauf an, einen Kunden zu binden, damit dieser nicht die Gelegenheit des Unfalls nutzt, die Fahrzeugmarke oder das Autohaus zu wechseln. Damit sichert sich der Verkäufer auch eventuelle Folgegeschäfte in Form von Veräußerungen weiterer Fahrzeuge oder künftiger Reparaturaufträge. Gerade in Zeiten sinkender Markentreue spielt dieser Umstand für viele Autohäuser eine immer größere Rolle. Darüber hinaus ist der Verkauf des verunfallten Fahrzeuges auch nicht mit einem großen zeitlichen und finanziellen Aufwand verbunden. Dies gilt jedenfalls dann, wenn der Fahrzeugverkäufer nur den Restwert zu zahlen hat, den der Sachverständige (ohne Einschaltung von Restwertbörsen) festgestellt hat. Dann genügen dem Händler regelmäßig ein bis

---

537 AG Frankfurt/Main, SP 03, 74.

538 www.kba.de/Stabstelle/Presseservice/Pressemitteilungen/presse-mitteilungen 20, abgerufen 31.08.05.

zwei Telefonate, um das zu den Konditionen des allgemeinen Marktes (günstig) erworbene Fahrzeug seinerseits auf dem Sondermarkt über die Online-Börsen weiter zu veräußern. Die Interessen des Verkäufers des Ersatzfahrzeuges gehen deshalb dahin, dass der Restwert durch den Gutachter möglichst gering und damit letztlich ohne Berücksichtigung des Sondermarktes und der Restwertbörsen ermittelt wird. Wenn der Sachverständige bei der Bewertung des Restwertes bereits das höchste Online-Angebot berücksichtigen müsste, wäre sein Aufwand für den Einkauf bzw. die Inzahlungnahme des verunfallten Fahrzeuges höher und die Möglichkeit, bei dem Weiterverkauf einen Gewinn zu erzielen, geringer, wenn nicht sogar ausgeschlossen.

**d) Die Interessen des Sachverständigen**

Einige Sachverständige unterliegen besonderen wirtschaftlichen Zwängen[539]. Wie bereits ausgeführt, nehmen sehr viele Unfallgeschädigte, gerade bei größeren Unfallschäden, als erstes Kontakt mit ihrer Vertragswerkstatt auf. In der Regel ist es diese, die entweder den Gutachter beauftragt oder zumindest vermittelt. Dem Rat der Werkstatt wird der Geschädigte in den meisten Fällen folgen. Für derartige Vermittlungsdienste erbringen die Sachverständigen regelmäßig Gegenleistungen in der Form, dass sie den Autohäusern preiswerte Unfallfahrzeuge vermitteln. Da zumindest größere Autohäuser auch mit mehreren Sachverständigen zusammenarbeiten, liegt es auf der Hand, dass gerade derjenige bevorzugt wird, der sich entsprechend „revanchiert"[540]. Erhält nun beispielsweise ein Gutachter etwa 50 % seines Sachverständigenvolumens allein von einem Autohaus, wird er nach Kräften bemüht sein, dieses als Vermittler für die Gutachtenaufträge nicht zu verlieren, da hiervon unter Umständen seine berufliche Existenz abhängen kann.

Verschärft hat sich die Situation für die Gutachter zusätzlich durch das so genannte „Schadensmanagement" der Versicherer. Diese sind nämlich verstärkt dazu übergegangen, eine so genannte „Komplettunfallregulierung" aus einer Hand anzubieten. Dazu gehört, dass sie ihrerseits nicht nur für das Abschleppen verunfallter Fahrzeuge sorgen, sondern auch versuchen, mit dem Geschädigten möglichst umgehend nach dem Unfall Kontakt aufzunehmen, damit sie ihre eigenen Gutachter beauftragen können[541], bis hin zu der Vermittlung einer Werkstatt bzw. eines Mietwagenunternehmens. Vielen Geschädigten ist nicht bekannt, dass sie das Recht haben, eigene Gutachter zu beauftragen[542], so dass sie auf das Angebot der Versicherer, das Fahrzeug durch einen von der Versicherung beauftragten Sachverständigen begutachten zu lassen, häufig eingehen. Diese Situation führt dazu, dass das Auftragsaufkommen für die so genannten freien Sachverständigen stetig abnimmt[543]. Wie groß die Zwänge mancher Sachverständiger sind, um an Gutachtenaufträge heranzukommen, wur-

539 Huber, DAR 02, 337, 343; Steffen, DAR 97, 297.

540 Engelke, SP 01, 280, 281.

541 Engelke, a.a.O.

542 AG Coburg, Urteil v. 22.01.04, Az: 11 C 1361/03 n.v.; AG Frankfurt am Main, Urteil v. 05.07.05, Az: 31 C 3352/04-74 n.v.; AG Coburg, Urteil v. 02.06.05, Az: 11 C 2120/04; AG Alsfeld, Urteil v. 17.01.04, Az: 30 C 541/04(70) n.v.; AG Bad Schwalbach, Urteil v. 06.12.02, Az: 3 C 495/02 (1) n.v.; LG Wiesbaden, Urteil v. 04.04.01, Az: 10 O 102/99 n.v.

543 Staudinger/Schiemann, § 251, Rdnr. 55.

de beispielsweise deutlich in einem vom Landgericht Berlin[544] entschiedenen Fall. Bei dem dort zugrunde liegenden Sachverhalt hatte ein Sachverständiger Reparaturfirmen und / oder Versicherungsvertretern eine Provision für die Vermittlung von Gutachtenaufträgen angeboten. Das Landgericht Berlin hatte auf eine entsprechende Unterlassungsklage eines Konkurrenten festgestellt, dass das Anbieten, Versprechen oder Gewähren von Provisionen der streitgegenständlichen Art mit den Grundsätzen des Leistungswettbewerbs nicht zu vereinbaren ist und damit einen Verstoß gegen § 1 UWG darstellt[545]. Damit stellt sich die Frage, wie derartige Geschäftspraktiken unterbunden werden können ?

Eine Möglichkeit besteht darin, alle Sachverständigen zu verpflichten, die Online-Börsen zu nutzen. Hierdurch wird jedenfalls die Gefahr, dass ein Sachverständiger der Versuchung nachgibt, durch die Bestimmung eines zu geringen Restwerts dem Interesse seines Gutachtenauftragsvermittlers an einem „preiswerten" Unfallfahrzeug zu entsprechen, zumindest vermindert. Darüber hinaus kann hierdurch auch die Diskriminierung der Sachverständigen, die die Online-Börse ständig nutzen und gerade deshalb in der Regel von bestimmten Autohäusern nicht vermittelt werden, reduziert werden. Insgesamt gesehen würde sich durch eine Pflicht der Gutachter, bestmögliche Angebote über eine Online-Recherche ausfindig zu machen, die Situation der Gutachter erheblich verbessern.

**e) Die Interessen des Anwalts des Geschädigten**

Auch für den Anwalt des Geschädigten kann die Höhe des Restwertes von Bedeutung sein. Je geringer nämlich der Restwert ist, desto höher fällt die Differenz zwischen Wiederbeschaffungswert und Restwert aus und desto höher ist damit auch der Schadensersatzanspruch des von ihm vertretenen Geschädigten. Die Berechnung der Gebühren des Anwaltes erfolgt aus der von der gegnerischen Versicherung letztlich gezahlten Schadenssumme, wobei dies je nach Gebührensprung, d.h. bei der Abrechnung nach der nächst höheren Gebührengruppe, zu einer ganz beachtlichen Differenz führen kann. Bei einem Gesamtschaden, d.h. der Summe sämtlicher von der gegnerischen Versicherung zu zahlender Positionen von beispielsweise 3.500,00 € errechnet sich der Gebührenanspruch des Rechtsanwaltes gemäß Ziffer 2400 des Vergütungsverzeichnisses zum Rechtsanwaltsvergütungsgesetz wie folgt:

Gegenstandswert (§ 23 RVG): 3.500,00

| | | |
|---|---|---|
| 1,30 | 2400 Geschäftsgebühr | 282,10 |
| | 7002 Post- und Telekomm.-Entgelt: | 20,00 |
| Zwischensumme | | 302,10 |
| 16,00 % | 7008 Umsatzsteuer | 48,34 |
| **Endbetrag** | | **350,44** |

544 LG Berlin, SP 04, 101.
545 LG Berlin, a.a.O.

Bei einem um nur 600,00 € höheren Restwert ermäßigt sich die Schadenssumme um diesen Betrag auf nunmehr 2.900,00 €. Die Gebührennote lautet dann wie folgt:

| Gegenstandswert (§ 23 RVG): 2.900,00 | | |
|---|---|---|
| 1,30 | 2400 Geschäftsgebühr | 245,70 |
| | 7002 Post- und Telekomm.-Entgelt: | 20,00 |
| Zwischensumme | | 265,70 |
| 16,00 % | 7008 Umsatzsteuer | 42,51 |
| **Endbetrag** | | **308,21** |

Die Differenz beläuft sich damit auf 36,40 € netto bzw. 42,23 € brutto.

Noch größer wird der Unterschied bei der Abrechnung auf der Basis einer 1,8-Gebühr wie dies der Deutsche Anwaltsverein (DAV) mit einer Reihe von Versicherern zum Beispiel Allianz, DEVK, VGH, VHV u.a. vereinbart hat.

| Gegenstandswert (§ 23 RVG): 3.500,00 | | |
|---|---|---|
| 1,80 | 2400 Geschäftsgebühr | 390,60 |
| 7002 | Post- und Telekomm.-Entgelt: | 20,00 |
| Zwischensumme | | 410,60 |
| 16,00 % | 7008 Umsatzsteuer | 65,70 |
| **Endbetrag** | | **476,30** |

| Gegenstandswert (§ 23 RVG): 2.900,00 | | |
|---|---|---|
| 1,80 | 2400 Geschäftsgebühr | 340,20 |
| 7002 | Post- und Telekomm.-Entgelt: | 20,00 |
| Zwischensumme | | 360,20 |
| 16,00 % | 7008 Umsatzsteuer | 57,63 |
| **Endbetrag** | | **417,83** |

Der Unterschied hier beläuft sich sogar auf 50,40 € netto bzw. 58,47 € brutto.

Gerade bei den Rechtsanwälten, die überwiegend mit der Schadensregulierung von Verkehrsunfällen befasst sind, können sich diese Beträge durchaus zu einer stattlichen Summe addieren. Es ist deshalb nachvollziehbar, wenn die entsprechenden Interessengruppen, wie zum Beispiel die Interessengemeinschaft der Verkehrsanwälte im Deutschen Anwaltverein vehement die bisherige Rechtsprechung des BGH[546]

546 BGH, NJW 92, 457; BGH, VersR 93, 769; BGH, VersR 00,467 = NJW 00, 800; BGH, SP 05, 90; BGH, NJW 05, 3134.

verteidigen. Dieser Standpunkt ist wirtschaftlich ebenso nachvollziehbar, wie er von den Vertretern der Versicherungswirtschaft kritisiert[547] wird.

**III. Stellungnahme und Kritik**

Es ist fraglich, ob die Abgrenzung und Unterscheidung des BGH in einen vertrauten und seriösen allgemeinen Markt sowie in einen Sondermarkt, tatsächlich (noch) sachgerecht und geboten ist[548]. Verkannt werden darf nicht, dass derartige Einschätzungen einem zeitlichen Wandel unterliegen und sich auf Dauer der Entwicklung neuer Märkte und Kommunikationsmöglichkeiten wie des Internets nicht verschließen können[549].

In diesem Zusammenhang stellt sich zunächst die Frage, was überhaupt unter einem „seriösen" allgemeinen Markt bzw. „seriösen" Autohändler zu verstehen ist. Ist der Händler, der zumindest teilweise Fahrzeuge auch an Restwertaufkäufer weiterveräußert, nicht mehr seriös ? Gilt das Gleiche für denjenigen, der versucht möglichst viel Gewinn mit der Veräußerung von Fahrzeugen zu erzielen ? Üblicherweise wird die durchschnittliche Händlergewinnspanne auf 20-25 % geschätzt[550]. Ist derjenige nicht mehr seriös, der mit einer höheren Marge kalkuliert ? Klar ist, dass jeder Händler, der ein Fahrzeug erwirbt, dieses auch mit einer angemessenen Handelsspanne wieder verkaufen möchte, um die unter-nehmerischen Risiken, etwaige Finanzierungskosten und einen Wertverlust während der Standzeit etc. aufzufangen sowie einen angemessenen Gewinn zu erzielen. Diese Handelsspanne ist zu den Aufwendungen, wie Ankaufskosten, gegebenenfalls auch Instandsetzungskosten hinzuzurechnen. Um die Händlergewinnspanne zu ermitteln, müssen viele Faktoren berücksichtigt werden. Von Bedeutung ist einmal die Art der Beschädigung des Fahrzeuges. Es gibt Schäden, deren Behebung verhältnismäßig wenig Arbeitskraft erfordert und solche, bei denen gerade die reine Arbeitskraft im Vordergrund steht. Kann nun die Arbeitskraft günstig eingekauft werden, wie in vielen osteuropäischen Staaten, dann lässt sich ein Fahrzeug dorthin leichter veräußern. Wenn zusätzlich die beschädigten Fahrzeugteile durch die Verwendung von „Alt-Teilen" anderer Unfallfahrzeuge ersetzt werden können, so bestimmt auch dies den Preis für das verunfallte Fahrzeug. Für die Kalkulation außerdem von Bedeutung ist, ob es sich um ein leicht zu veräußerndes, marktgängiges Serienfahrzeug handelt oder um ein solches, das bereits im nicht verunfallten Zustand nur schwer zu verkaufen ist, ob der Händler Finanzierungskosten hat und welche laufenden Aufwendungen für Personal, Miete sowie sonstige Nebenkosten auf ihn zukommen. Kalkuliert ein Händler mit einer höheren Gewinnspanne als den üblichen 20 % bis 25 %, ist dies nicht zwangsläufig unseriös. Ebenso wenig macht es einen Unterschied, ob ein Gebrauchtwagenhändler das Fahrzeug erwirbt, gegebenenfalls repariert und dann weiter veräußert oder ein Restwertaufkäufer aus dem Sondermarkt das Fahrzeug erwirbt und es unrepariert mit einer höheren Gewinnspanne, in welcher Höhe auch immer, ins Ausland veräußert. Vom Grundsatz her ist die eine Vorgehensweise genauso seriös oder unseriös wie die andere. Da-

---

547 Höke, NZV 02, 254.

548 Rischar, VersR 99, 686, 687, OLG Düsseldorf, r+s 99, 25, 26.

549 Nickel, zfs 98, 409, 410.

550 LG Aachen, SP 04, 15, 16; vgl. hierzu auch Huber, Das neue Schadensersatzrecht, Rdnr. 295; LG Koblenz, VersR 03, 1050.

von, dass es nicht nur bei den Restwertaufkäufern, sondern auch bei den lokalen Kfz-Händlern „schwarze Schafe“ gibt, geht offenbar auch der BGH[551] aus. Andernfalls bedürfe es nämlich des Zusatzes „seriös“ bei den lokalen Händlern nicht.

Des Weiteren ist zu bedenken, dass eine Trennung zwischen dem allgemeinen und dem Sondermarkt, von der der BGH ausgeht, in der Praxis gar nicht möglich ist. Vielmehr sind die Übergänge fließend.

Allen, die mit dem An- und Verkauf von verunfallten Fahrzeugen zu tun haben, ist die Suche nach der bestmöglichen Verwertung gemein[552]. Eine vernünftige Begründung für eine Differenzierung gibt es nicht. Soweit teilweise als Markenzeichen der Seriosität ein Preis genannt wird, den ein lokaler Kfz-Händler zahlt und bei dem er nach fachgerechter Reparatur und anschließender Veräußerung noch immer eine Handelsspanne erzielen kann[553], ist es durchaus verständlich, warum dieser Preis sich von dem der Restwertaufkäufer des Sondermarktes so exorbitant unterscheiden kann. Übersehen wird bei dieser Betrachtungsweise, dass der ganz überwiegende Teil der Fahrzeuge letztlich ohnehin nicht in Deutschland repariert wird, sondern über eine weitere Handelsstufe gleichfalls in die so genannten MOE-(Mittel-Osteuropa)-Staaten abgesetzt wird. Der „seriöse“ Kfz-Händler wird ebenso wie jeder andere vernünftige Geschäftsmann auch überlegen, bei welcher Art der Verwertung er den höheren Gewinn erzielt. Dieser bestimmt sich anhand vieler unterschiedlicher Faktoren. Selbst wenn dem Geschädigten ein berechtigtes Interesse gerade an einer Inzahlunggabe des Unfallfahrzeuges bei „einem Autohändler des Vertrauens“ zugebilligt wird[554], dürfte dieses Interesse durch die Benutzung der Online-Börsen tatsächlich nicht beeinträchtigt werden. Durch die Vorlage der erzielten und auf ihre Plausibilität überprüften „Online-Gebote“ erhält auch das fragliche Autohaus des Vertrauens die Möglichkeit, das Fahrzeug an die aufgeführten Bieter zu dem im Gutachten angegebenen Preis zu veräußern. Da die Autohäuser in aller Regel ein Unfallfahrzeug sowieso nur dann in Zahlung nehmen, wenn sie im Gegenzug ein Neufahrzeug an den Geschädigten veräußern können, würden sie sich hiergegen nicht sträuben. Letztlich wird der Geschädigte durch die Verwertung der Online-Abfrage nicht an einer Inzahlunggabe des Unfallfahrzeuges bei dem „Händler seines Vertrauens“ gehindert oder eingeschränkt. Fakt ist, dass die Abrechnung von Restwerten nicht den Zweck hat, den Werkstätten und den Kfz-Händlern ein lukratives Nebeneinkommen zu bescheren[555]. Schließlich erleichtert die Verwendung von Geboten aus den Online-Börsen dem Geschädigten die Verwertung des Fahrzeuges, denn er kann entweder selbst mit den in den Online-Börsen bietenden Restwertaufkäufern Kontakt aufnehmen oder aber sein Unfallfahrzeug (nebst Online-Gebote) bei dem Autohaus im Rahmen eines Neuwagengeschäfts in Zahlung geben.

Die Annahme des 6. Senates des BGH[556], es gäbe einen allgemeinen Markt, der nur Geschädigten offen stehe und einen Sondermarkt, der dem Geschädigten erst durch

---

551 BGH, NJW 00, 800.

552 Huber, DAR 02, 337, 341.

553 Gebhardt, NZV 02, 249, 251.

554 Steffen, DAR 97, 297, 299.

555 Rischar, VersR 99, 686, 687; Höke, NZV 02, 254, 256.

556 BGH VersR 92,457.

den Versicherer eröffnet werde, ist kaum zu rechtfertigen[557]. Dies mag früher der Fall gewesen sein, als es nur wenige, allein den Versicherern bekannte Restwertaufkäufer gab[558]. Heutzutage existiert nur ein einheitlicher Restwertmarkt[559]. Auch von der Terminologie her ist die Unterscheidung zwischen einem allgemeinen und einem Sondermarkt unglücklich[560]. Schon der Bezeichnung Sondermarkt haftet etwas Negatives und Unseriöses an, was letztlich nicht gerechtfertigt ist. Terminologisch besser wäre es, von einem einheitlich existierenden Restwertmarkt auszugehen und die Unterscheidung zwischen dem allgemeinen und dem Restwertsondermarkt aufzugeben[561]. Aufgrund der zunehmenden Bedeutung des Handels mit verunfallten Fahrzeugen und der ständig wachsenden Globalisierung ist es nicht mehr möglich, die vom BGH beschriebene Unterscheidung vorzunehmen und nachzuvollziehen. Zumindest in seinen neueren Entscheidungen lässt der BGH Bereitschaft erkennen, seine bisherige Rechtsprechung zu korrigieren, denn er nimmt nunmehr eine Verpflichtung des Geschädigten an, das Gebot eines spezialisierten Restwertaufkäufers, das ihm rechtzeitig vor der Veräußerung des Fahrzeuges über den Haftpflichtversicherer des Schädigers vermittelt wird, zu beachten. Entscheidend für eine Berücksichtigung des „Sondermarktes" ist nach der Entscheidung des BGH vom 07.12.2004[562], ob dem Geschädigten hierdurch „überobligationsgemäße Anstrengungen" abverlangt werden. Anders als früher steht damit heute nicht mehr die Seriosität des Sondermarktes in Frage. Maßgebend ist heute vielmehr die die subjektive Schadensbetrachtung. Das entscheidende Kriterium für die Berücksichtigung von Restwertangeboten ist mithin nicht mehr die Herkunft des Angebotes, sondern ausschließlich die hiermit verbundenen Belastungen des Geschädigten. Der BGH will damit den Geschädigten vor übermäßigen Aufwand und darüber hinaus dessen Vertrauen in die Richtigkeit der Begutachtung des von ihm beauftragten Sachverständigen schützen. Weshalb der höhere Restwert des Sondermarktes für den Geschädigten nach Ansicht des BGH allerdings nur dann maßgebend sein soll, solange er das Fahrzeug noch nicht veräußert hat, ist nicht ohne weiteres nachzuvollziehen.

Im Ergebnis bleibt somit zu hoffen, dass der BGH seine Ansätze in den neuen Entscheidungen so ausweitet und sich für die sachgerechte, generelle Einbeziehung und Berücksichtigung der Sondermärkte und der sie tragenden Online-Börsen bei der Restwertbestimmung entscheidet, auch wenn dies im letzten BGH-Urteil nicht der Fall war[563]

557 Speer, VersR 02, 17.
558 Trost, VersR 02, 795, 800.
559 Dornwald, VersR 93, 1075; Rischar, VersR 99, 687; Küppersbusch, VGT 94, 163, 174.
560 Steffen, DAR 97, 297, 300.
561 Speer, VersR 02, 17 ff.
562 BGH, SP 05, 90.
563 BGH, NJW 05, 3134.

## C. Sonderfälle

### I. Erweiterter örtlicher allgemeiner Markt

Die Grundsätze der BGH-Rechtsprechung[564] könnten zu Verzerrungen führen, nämlich wenn der im Sondermarkt tätige Restwertaufkäufer am Ort des Geschädigten ansässig ist und von diesem ohne weiteres aus dem Branchenbuch bzw. den Gelben Seiten ermittelt werden kann. Das Argument der Rechtsprechung, der Geschädigte brauche sich nicht auf einen, ihm unzugänglichen, so genannten Sondermarkt verweisen zu lassen, greift nämlich in diesem Fall nicht[565]. Es stellt sich deshalb die Frage, ob sich der Geschädigte in einem solchen Fall den höheren Restwert, anrechnen lassen muss.

Einerseits handelt es sich zwar um spezielle Restwertaufkäufer und damit um Personen, die dem so genannten Sondermarkt zuzurechnen sind. Andererseits besteht für den Geschädigten eine räumliche Nähe und Zugangsmöglichkeit wie im Fall des so genannten allgemeinen Marktes. Die Schlagworte „örtlicher allgemeiner Markt" oder „Sondermarkt" werden hier praktisch zur Makulatur. Die Einschränkungen, die der BGH in Bezug auf den Sondermarkt macht, liegen im vorliegenden Fall in Bezug auf den Geschädigten gerade nicht vor. Der Unterschied beschränkt sich allein auf die Restwerthöhe, wobei es vernünftigerweise keine Rolle spielen kann, ob die Aufkäufer auch Teilnehmer der Böse sind und ob die Angebote nun per Telefon, Fax, e-mail, per Gutachteneinsicht oder aber per Börsenangebot abgegeben werden[566]. Für das Landgericht Berlin war es in einer Entscheidung vom 09.07.1998[567] allein entscheidend, ob der Geschädigte selbst den Aufkäufer ohne große Anstrengungen über dessen Branchenbucheintrag hätte erreichen können. Letztlich überzeugt diese Auffassung jedoch nicht, da sie zur Folge hätte, dass die Pflichten des Sachverständigen und die des Geschädigten auseinanderklafften[568]. Die Grundlagen, die der Sachverständige heranziehen müsste, waren nicht übereinstimmend mit den Angeboten, die seinem Auftraggeber zumutbar wären. Dies würde zu widersprüchlichen Ergebnissen führen, da auch im Rahmen des Vertrages mit Schutzwirkung zu Gunsten Dritter der Auftraggeber des Sachverständigen allein der Geschädigte bleibt, dessen berechtigte Interessen der Sachverständige wahrzunehmen hat[569].

### II. Behandlung eines tatsächlich erzielten Mehrerlöses

Es ist in der Praxis keineswegs selten, dass der Geschädigte das Fahrzeug nicht zu dem im Sachverständigengutachten ausgewiesenen Restwert veräußert, sondern einen höheren Preis erzielt. Dies kann ohne sein Zutun geschehen, wenn ihm beispielsweise der (Neuwagen-) Händler, der ihm ein (neues) Fahrzeug veräußern möchte, einen höheren Preis für das verunfallte Fahrzeug bietet. Häufig wird der hö-

564 BGH, NJW 00, 800; BGH, SP 05, 90 = DAR 05, 152.
565 BGH, NJW 92, 903.; OLG Köln, VersR 04, 1145.
566 Gülpen, a.a.O.
567 LG Berlin, Urteil v. 09.07.98, Az: 59 S 466/97, n.v.
568 LG Saarbrücken, Urteil v. 08.06.00, Az: 2 S 310/99, zit. nach juris.
569 LG Frankfurt/Main, Urteil v. 06.04.05, Az: 2 -16 S 285/04, zit. nach juris; AG Gründstadt, Urteil v. 17.08.04, Az: 1 C 135/03, n.v.

here Erlös aber auf besondere Verkaufsbemühungen des Geschädigten zurückzuführen sein. Es stellt sich deshalb die Frage, wie ein solcher Mehrerlös in die Schadensberechnung eingestellt werden muss.

Hierbei stehen sich zwei wesentliche Grundsätze des Schadensersatzrechts gegenüber. Zum einen soll der Geschädigte durch das Schadensereignis nicht besser gestellt werden, d.h. er soll hieran nicht verdienen[570]. Im Lichte dieses Grundsatzes müsste der erzielte Mehrerlös in die Schadensberechnung eingestellt werden, so dass der Schädiger hiervon profitiert. Zum anderen sollen zusätzliche Bemühungen des Geschädigten, zu denen er nicht verpflichtet ist, dem Schädiger nicht zugute kommen[571]. Folgt man diesem Grundsatz, so verbleibt dem Geschädigten der erzielte Mehrerlös[572] und dieser fließt nicht in die Schadensabrechnung ein. Im Zweifel geht die Rechtsprechung zugunsten des Geschädigten davon aus, dass ein Mehrerlös grundsätzlich durch überobligationsgemäßes Verhalten erzielt wurde[573].
Fraglich ist nun, wann überpflichtgemäße Anstrengungen vorliegen. Nach allgemeiner Ansicht ist dies zunächst dann der Fall, wenn der Geschädigte von sich aus die Initiative ergreift und aufgrund seiner Bemühungen einen höheren Erlös erzielt[574]. Dies ist sicher dann zu bejahen, wenn der Geschädigte auf seine Kosten oder in Eigenregie bzw. in Eigenarbeit das Wrack in Teile zerlegt und diese dann peu à peu einzeln auf welchem Wege auch immer (Internet, Inserate etc.) veräußert[575]. Dann hat er wesentlich mehr an Zeit und Aufwand investiert, als dies von einem Geschädigten erwartet werden darf. Ein anderer Fall ist, dass der Geschädigte beim Kauf eines Neufahrzeuges das Wrack für einen höheren Betrag an den Händler abgibt, als vom Sachverständigen im Gutachten angegeben. Hier liegt nämlich zumeist in dem höheren Erlös ein versteckter Rabatt für das Neufahrzeug, der gleichfalls dem Geschädigten verbleiben muss[576].

Was unter dem Begriff „überobligatorisch" zu verstehen ist, ist fraglich. Jedenfalls aber ist der Begriff dem zeitlichen Wandel unterworfen. Was noch vor Jahren als überobligatorisch angesehen wurde, muss es heute nicht mehr zwingend sein. Man denke nur an den Einsatz von Computern und modernen Kommunikationsmitteln auch im täglichen Bereich, die es eben nicht mehr notwendig machen, mit dem Gutachten Händler und Autohäuser aufzusuchen, um einen möglichst hohen Kaufpreis zu erzielen. Durch das Aufsuchen mehrerer Händler und Autohäuser wäre allein wegen des damit verbundenen zeitlichen Aufwandes bereits von überobligatorischen Anstrengungen auszugehen. Von einem Geschädigten kann nämlich gerade nicht verlangt werden, dass er sich derart intensiv um die Veräußerung bemüht, ohne dass ihm der erzielte (Mehr-) Erlös zugute kommt. Etwas anders kann jedoch dann gelten, wenn die Bemühungen des Geschädigten allein in der Benutzung seines Computers liegen. Zumindest dann, wenn der Geschädigte von der gebräuchlichen und heutzu-

---

570 BGH, SP 05, 250 = BGH, NJW 05, 357; Greiner, zfs 06, 63, 64.

571 Bachmeier, Jahrbuch Verkehrsrecht 00, 39, 40.

572 BGH, NJW 00, 800; BGH, SP 05, 90 = DAR 05, 152; BGH, VersR 78, 182, 183.

573 BGH, a.a.O.

574 Huber, DAR 02, 337, 346.

575 Kempgens, NZV 92, 307, 308.

576 Huber, DAR 02, 337, 346; BGHZ 66, 239, 248; Staudinger/Schiemann § 251, Rdnr. 52-54; OLG Köln, VersR 93, 1290; Erman/Kuckuk, § 249, Rdnr. 96.

tage üblichen Verwertungsmöglichkeiten dergestalt Gebrauch macht, dass er nach Erhalt des Gutachtens den Pkw ins Internet einstellt und das Fahrzeug auf diese Weise kurze Zeit später veräußert, wird man von einer überobligatorischen Anstrengung kaum noch ausgehen können[577]. Letztlich ist nämlich der Aufwand geringer als wenn der Geschädigte das Fahrzeug entweder direkt oder zumindest durch Vorlage des Gutachtens bei einem Händler zum Kauf anbietet.

Zu dieser Frage hat nunmehr auch der BGH Stellung genommen und zwar in einem Urteil vom 07.12.2004[578]. Der BGH stellt dort fest, dass grundsätzlich ein überdurchschnittlicher Erlös, den der Geschädigte für seinen Unfallwagen aus Gründen erzielt, die mit dem Zustand des Fahrzeuges nichts zu tun haben, dem Schädiger nicht zugute kommt. Etwas anderes gelte aber dann, wenn der Geschädigte ohne überobligationsmäßige Anstrengungen für das Unfallfahrzeug einen Erlös erzielt, der den vom Sachverständigen geschätzten Betrag übersteigt. In diesem Fall kann ihn der Schädiger auf den tatsächlich erzielten Erlös verweisen, da nach allgemeinen schadensrechtlichen Grundsätzen der Geschädigte zwar vollen Ersatz verlangen kann, an dem Schadensfall aber nichts „verdienen" soll[579]. Dass der Geschädigte zu der von ihm entwickelten Initiative nicht verpflichtet war, rechtfertige es nicht, ihm den daraus resultierenden Erfolg ohne Anrechnung auf den Schaden zu Lasten des Schädigers und der Versichertengemeinschaft zu belassen[580].
Die Grundsätze dieser Entscheidung finden im Ergebnis nur auf die Fälle Anwendung, in denen ein Erwerber das verunfallte Fahrzeug ohne vorherige Besichtigung erworben bzw. der Geschädigte dieses per „Mausklick" veräußert hat. Nicht berücksichtigt hatte der BGH in dem entschiedenen Fall den Vortrag des Geschädigten, wonach er zu Besichtigungen durch Interessenten mit seinem Fahrzeug am Wochenende mehrfach von seinem Wohnort zu seiner Arbeitsstelle habe fahren müssen, da diese Behauptung sowohl zum Umfang des Aufwandes als auch zu der Zahl solcher Fahrten zu unbestimmt gewesen sei. Genau bei dieser Problematik wird jedoch in Zukunft mit erheblichen Diskussionen und Streitpunkten zu rechnen sein. Nach dieser Entscheidung ist letztlich der Geschädigte schlecht beraten, der sein Fahrzeug veräußert, ohne dies mit einem gewissen Aufwand zu verbinden. Um trotz dieser aktuellen BGH-Rechtsprechung[581] den Mehrerlös behalten zu dürfen, wird es deshalb für den Geschädigten zukünftig darauf ankommen, einen solchen Aufwand, der beispielsweise einige Telefonate sowie Besichtigungstermine mit Interessenten beinhaltet, substantiiert darzulegen. Wie viel Aufwand tatsächlich erforderlich ist, hat der BGH ausdrücklich offen gelassen. Diese Frage wird deshalb weiteren erheblichen Zündstoff für die zukünftige Abwicklung von Verkehrsunfällen auf Totalschadenbasis geben. Jeder Geschädigte tut deshalb gut daran, nicht gleich dem ersten Angebot eines Aufkäufers zuzustimmen, sondern zumindest den Versuch zu unternehmen, durch weitere Telefonate bzw. via e-mail auch mit anderen Interessenten Kontakt aufzunehmen, um so einen gewissen Zeitaufwand zu dokumentieren, ja geradezu zu provozieren.

---

577 BGH, DAR 05, 152; AG Velbert, SP 04, 126.

578 BGH, NJW 05, 357 = NZV 05, 140.

579 BGH, NJW 05, 1108; BGH, NJW 05, 1110, so auch BGH, DAR 06, 83, 84 (zum Unfallersatztarif).

580 LG Darmstadt, Urteil v. 27.07.05, Az: 21 S 84/05, n.v.

581 BGH, NJW 05, 357.

Ebenfalls ungeklärt ist die Frage, wie zu verfahren ist, wenn der Kaufvertrag über die Restwertbörse per Mausklick zustande kommt, dann jedoch bei der Abwicklung des Vertrages Probleme auftreten. Dies kann beispielsweise dann der Fall sein, wenn der Erwerber das Fahrzeug zum vereinbarten Termin nicht abholt oder sich Schwierigkeiten im Zusammenhang mit der Bezahlung ergeben. In diesem Fall ist der Kaufvertragsschluss nicht aufgrund überobligatorische Anstrengungen des Geschädigten zustande gekommen. Allerdings verlangt die Abwicklung dieses Vertrages und damit die eigentliche Erzielung des höheren Restwerterlöses genau solche zusätzlichen Anstrengungen, so dass auch bei dieser Fallgestaltung der Mehrerlös dem Geschädigten verbleibt und nicht dem Schädiger bzw. dessen Haftpflichtversicherer zugute kommt. Die Frage der überobligatorischen Anstrengungen wird sich nicht allein anhand des Vertragsschlusses beantworten lassen, sondern hier werden sämtliche Bemühungen und Anstrengungen des Geschädigten, gerade auch im Rahmen der nachfolgenden Vertragsabwicklung, zu berücksichtigen sein.

Hiermit steht im Einklang, dass der BGH immerhin bestätigt hat, dass der Schädiger bzw. die dahinter stehende Versicherung die Darlegungs- und Beweislast dafür tragen, dass der höhere Restwert ohne überobligatorische Anstrengung erzielt wurde[582]. Dies wird es den Versicherern bei geschicktem Taktieren des Geschädigten nicht einfach machen, den Nachweis zu führen, dass kein überobligatorisches Verhalten vorliegt. Das Berufungsgericht der zugrunde liegenden BGH-Entscheidung hatte aus dem Umstand, dass der Zeitpunkt des Kaufvertragsschlusses und der Zeitpunkt der Übergabe des Unfallfahrzeuges offensichtlich unmittelbar aufeinander folgen, geschlossen, dass der Erwerber das Fahrzeug ohne vorherige Besichtigung gekauft hatte. So eindeutig sind in der Praxis jedoch die wenigstens Fälle. Darüber hinaus hat es der Geschädigte in der Hand, zu verhindern, dass ein Erwerb ohne Besichtigung stattfindet bzw. kann er anderweitig dafür Sorge tragen. Je mehr Zeit zwischen dem Abschluss des Kaufvertrages und der Übergabe des Fahrzeuges liegt, desto schwieriger wird es jedenfalls für die Versicherung werden, den Nachweis zu führen, dass kein überobligationsgemäßes Verhalten vorgelegen hat.

Der zeitliche Wettlauf zwischen dem Geschädigten und dem Haftpflichtversicherer des Schädigers wird sich zukünftig noch verschärfen. Die Haftpflichtversicherer müssen ihrerseits nun noch mehr darauf bedacht sein, möglichst umgehend ein Restwertangebot zu übersenden, welches von dem Geschädigten zu akzeptieren ist. Die Versicherer werden in Zukunft noch mehr im Zwiespalt sein, einerseits selbst ein möglichst hohes Restwertangebot zu erhalten und andererseits nicht durch zu langes Abwarten dem Geschädigten die Möglichkeit zu geben, die Veräußerung in Eigenregie vorzunehmen. Erfahrungsgemäß ist ein Restwertangebot umso höher je länger das Fahrzeug in den Restwertbörsen eingestellt ist, da sich dann mehr Bieter an dem Verfahren beteiligen. Ein zu langes Einstellen hat aber zur Folge, dass das Fahrzeug durch den Geschädigten, welcher in aller Regel früher mit den Veräußerungsbemühungen begonnen hat, bereits verkauft ist oder aber dieser so erhebliche Tätigkeiten nachweisen kann, dass ihm gleichwohl der Mehrerlös zustehen würde.

---

582 so auch bereits BGHZ 143, 189, 194, VersR 92, 457.

## 4. Kapitel: Verstoß gegen die Schadensminderungspflicht im Zusammenhang mit der Fahrzeugverwertung

### A. Grundlagen und allgemeine Bedeutung

Die Regelung des § 254 Abs. 2 BGB verpflichtet den Geschädigten zu Geringhaltung des Schadens[583]. Sie ist als Schadensminderungspflicht mitbestimmend für die erforderliche Schadensersatzleistung im Sinne des § 249 Abs. 2 Satz 2 BGB[584]. Sie gibt mehr oder weniger eine Verpflichtung des Geschädigten vor, es überhaupt nicht zur Erforderlichkeit eines bestimmten Schadensersatzbedarfes kommen zu lassen[585].

Grundsätzlich gilt für die Höhe des Ersatzes das so genannte „alles-oder-nichts-Prinzip" (Totalreparation)[586]. Der Schädiger hat danach alle Schäden, auch außergewöhnlich hohe, ohne Abstufung etwa nach dem Grad des Verschuldens oder der Vermögensverhältnisse der Parteien, zu ersetzen. Die Funktion der Schadensminderungspflicht liegt nun darin, dass sie dieses Prinzip der Totalreparation einschränkt und eine Schadensabwägung erlaubt. Bedeutung erlangt hierbei ein etwaiges Mitverschulden gemäß § 254 Abs. 2 BGB[587], das bei Schadensersatzansprüchen aus Vertrag oder unerlaubter Handlung ebenso zu berücksichtigen ist wie bei einer Verschuldenshaftung oder einer verschuldensunabhängigen Gefährdungshaftung[588]. Rechtsprechung und Literatur dehnen den Anwendungsbereich des § 254 BGB aus, um die Schadensersatzansprüche einzuschränken und der Höhe nach nicht ausufern zu lassen[589]. Nach den allgemeinen Beweisgrundsätzen hat allerdings der Schädiger, der ein Mitverschulden des Geschädigten anspruchsmindernd geltend machen will, die tatsächlichen Grundlagen darzulegen und gegebenenfalls zu beweisen[590].

In Bezug auf den Restwert könnte ein Verstoß gegen die Schadensminderungspflicht gemäß § 254 Abs. 2 BGB beispielsweise dann in Betracht kommen, wenn der Geschädigte bei der Veräußerung des Fahrzeuges nicht den im Sachverständigengutachten ausgewiesenen Restwert beachtet.

Hat nämlich der Sachverständige den Restwert beispielsweise mit 500,00 € veranschlagt und veräußert der Geschädigte das Fahrzeug jedoch nur für 300,00 € könnte er in Höhe eines Betrages von 200,00 € selbst für den Schaden verantwortlich sein. Gleiches könnte dann gelten, wenn im Gutachten ein Betrag in Höhe von 500,00 € angegeben ist und vor der Veräußerung des Fahrzeuges der Geschädigte ein Angebot erhält, in welchem ein Betrag von 800,00 € verbindlich angeboten wird. Veräußert er das Fahrzeug trotzdem für die im Gutachten angegebenen 500,00 €, hat er

---

583 BGB – RGRK/Alff, § 254, Rdnr. 1.

584 von Gerlach, DAR 00, 241, 242.

585 Bachmeier, Jahrbuch Verkehrsrecht, 00, 39, 41.

586 Mü-Ko/Oetker, § 254, Rdnr. 77.

587 Jauernig/Teichmann, BGB, vor §§ 249 bis 253, Rdnr. 2; Palandt/Heinrichs, Vorb. v § 249, Rdnr. 6.

588 Erman/Kuckuk, § 254, Rdnr. 6; Jauernig, vor §§ 249 bis 253, Rdnr. 1; BGB – RGRK/Alff, § 254, Rdnr. 2 ff.

589 Greiner, zfs 06, 63, 64.; BGH, NJW 03, 2085.

590 BGH, NZV 00, 162.

es zumindest unterlassen, einen Mehrerlös zu erzielen und dadurch den Schaden zu reduzieren. Wäre kein Dritter für den Schaden (mit-)verantwortlich und dieser alleine von dem Geschädigten zu tragen, hätte er sicher die günstigste Verwertungsmöglichkeit in Anspruch genommen. Trotzdem kann für die Bestimmung überobligatorische Anstrengungen letztlich nicht darauf abgestellt werden, welche Bemühungen und unter Umständen sogar Risiken der Geschädigte dann unternehmen würde oder einzugehen bereit ist, wenn er den Schaden nicht von einem Schädiger ersetzt bekommt sondern hierfür allein verantwortlich ist und diesen allein zu tragen hat. Die Frage eines Verstoßes gegen die Schadensminderungspflicht bei der Restwertverwertung ist damit differenzierend, je nach den Umständen des konkreten Einzelfalls zu beantworten.

## B. Mögliche Verstöße gegen die Schadensminderungspflicht

### I. Falsche oder unvollständige Angaben gegenüber dem Sachverständigen

Die Schadensminderungspflicht des § 254 BGB könnte verletzt sein, wenn der Geschädigte gegenüber dem von ihm mit der Gutachtenerstellung und der Restwertermittlung beauftragten Sachverständigen unvollständige oder unzutreffende Angaben macht und diese in die Bewertung einfließen[591]. Denkbar wäre, dass bei einem beschädigten Fahrzeug bereits Vorschäden vorhanden sind, die ein Sachverständiger nur bei genauer Besichtigung des Fahrzeuges erkennen kann. Besichtigt der Sachverständige ein solches Fahrzeug nach einem Unfallschaden im Heckbereich, ist er natürlich verpflichtet, den Heckschaden genau festzustellen. Die Pflicht geht jedoch nicht soweit, darüber hinaus festzustellen, ob auch an anderen Stellen des Fahrzeuges gegebenenfalls weitere, wenn auch nicht sofort sichtbare Schäden vorhanden sind. Wenn dem Geschädigten jedoch selbst derartige Schäden am Fahrzeug bekannt sind, hat er darauf hinzuweisen. So kommt es beispielsweise bei Fahrzeugen bestimmter Fabrikate ab einem bestimmten Alter häufig vor, dass die Klimaanlage defekt, d.h. undicht ist. Eine vollständige fachgerechte Behebung des Schadens bestünde darin, dass die Klimaanlage für viele Hundert € ausgetauscht wird. Eine Alternative besteht darin, die Kühlflüssigkeit abzulassen und für einen geringen Betrag ein Dichtungsmittel einzufüllen. Dies wäre zwar nur mit einer Notreparatur zu vergleichen, hätte jedoch den Effekt, dass die Anlage noch ca. ein weiteres Jahr betrieben werden könnte, bevor sie dann endgültig ausgewechselt werden muss. Wenn der Sachverständige auf das Einfüllen mit Dichtungsmitteln nicht hingewiesen wird, kann er demzufolge auch keinen Defekt an der Klimaanlage feststellen und bei der Ermittlung des Wiederbeschaffungswertes nicht berücksichtigen. Gerade bei älteren Fahrzeugen mit einem geringen Wiederbeschaffungswert kann es jedoch von großer Bedeutung sein, ob eine solche Reparatur mit dem entsprechenden finanziellen Aufwand in Kürze ansteht oder nicht. Unterlässt der Geschädigte, dem dieser Schaden bekannt ist, einen entsprechenden Hinweis, dann nimmt er nicht nur eine unzutreffende Restwertermittlung durch den Sachverständigen in Kauf, sondern verletzt seine Schadensminderungspflicht[592].

---

591 BGB – RGRK/Alff, § 254, Rdnr. 37.

592 KG Berlin, SP 04, 244; AG Köln, SP 03, 147; AG Düsseldorf, SP 03, 147 m.w.N.; AG Hattingen, SP 01, 3; AG Kassel, SP 01, 283; AG Gelsenkirchen, SP 01, 273.

## II. Veräußerung des Fahrzeugs trotz eines höheren Restwertangebotes

### 1. Voraussetzungen eines zu beachtenden Restwertangebotes

Dem Gebot zur Wirtschaftlichkeit leistet der Geschädigte im allgemeinen Genüge, wenn er das Unfallfahrzeug auf der Grundlage eines von ihm eingeholten Sachverständigengutachtens und des darin ausgewiesenen Restwertes verkauft oder in Zahlung gibt[593]. Eine Verpflichtung das Fahrzeug vorher der gegnerischen Versicherung anzubieten, besteht nicht[594], so dass der Geschädigte, der dies unterlässt, grundsätzlich nicht seine Schadensminderungspflicht aus § 254 Abs. 2 BGB verletzt. Fraglich ist jedoch, ob nicht unter besonderen Umständen doch ein Verstoß gegen § 254 Abs. 2 BGB angenommen werden kann. Einen derartigen Fall könnte man dann annehmen, wenn der Geschädigte das Fahrzeug zwar zu dem im Sachverständigengutachten ausgewiesenen Preis an einen Dritten veräußert oder bei einem Autohaus in Zahlung gibt, ihm gleichwohl zuvor allerdings ein höheres, akzeptables d.h. nur noch anzunehmendes Angebot des Haftpflichtversicherers des Unfallgegners zugeht.

Es wäre in einem solchen Fall dem Geschädigten möglich, das Angebot anzunehmen und das beschädigte Fahrzeug zu dem höheren Restwert zu verkaufen, ohne dass er hierdurch in irgendeiner Form mit zusätzlichen Anstrengungen belastet wird[595]. Wenn der Geschädigte tatsächlich nicht mehr tun müsste, als das höhere Angebot anzunehmen, dann ist ein Verstoß gegen die Schadensminderungspflicht grundsätzlich zu bejahen. Wer das Wenige nicht tut, was das Gesetz nach dem Eintritt eines Schadens von einem Geschädigten verlangt, um diesen gering zu halten, verstößt schuldhaft gegen seine Verpflichtung und hat die Folgen zu tragen[596].

Ein solches Vorgehen ist einem Geschädigten auch unter Berücksichtigung seines Interesses an einer schnellen Schadensabwicklung durchaus zumutbar. In diesem Zusammenhang ist nämlich zu berücksichtigen, dass dem Geschädigten ein Anspruch auf eine so genannte Kostenpauschale zwischen 25,00 € und 30,00 € zusteht, mit der unter anderem Telefonate des Geschädigten und der von ihm aufgewendete Zeitaufwand in einem normalen Umfang abgegolten werden sollen[597].

### 2. Anforderung an das Angebot

Fraglich ist, ob jedes höhere Angebot seitens der Versicherung den Geschädigten verpflichtet, sein Fahrzeug zu dem höheren Restwert zu verkaufen. Einigkeit besteht darin, dass nur „seriöse“ Angebote berücksichtigungsfähig sind. Nur diese lösen die Schadensminderungspflicht aus. Ob ein derartiges seriöses Angebot vorliegt, hängt grundsätzlich vom Einzelfall ab.

---

593 BGHZ, 143, 189 ff.; BGH, NZV 89, 465; Greger, Kurskorrekturen beim Kraftfahrzeugschaden, NZV 06, 1, 3.

594 a.A. OLG Frankfurt/Main, VersR 92, 620; LG Aachen, VersR 92, 712.

595 BGH, NJW 00, 800.

596 OLG Frankfurt, SP 05, 131.

597 AG Weimar, SP 03, 275; LG Halle, SP 02, 391; AG Pößneck, SP 02, 307; AG Naumburg, SP 02, 307.

Seriös ist ein Angebot, wenn der Geschädigte dieses nur anzunehmen braucht und ihm ansonsten keine weiteren Aktivitäten abverlangt werden[598]. Behauptet im Prozessfall der Geschädigte, das Angebot sei nicht seriös gewesen, trifft ihn gegenüber dem Versicherer die Darlegungslast. Ein pauschales Bestreiten genügt daher nicht. Vielmehr hat der Geschädigte konkret darzulegen, aus welchen Gründen das Angebot nicht akzeptabel oder unzumutbar gewesen sein soll[599]. Der Geschädigte muss daher etwa darlegen, dass der Aufkäufer nicht bereit gewesen ist, die Zahlung in bar vorzunehmen bzw. das Fahrzeug kostenlos innerhalb angemessener Frist abzuholen.

Entsprechendes gilt für den Einwand des Geschädigten, das Angebot des Restwertaufkäufers diene nur dem Erwerb des Fahrzeugbriefes und sei deshalb unseriös. Auch insoweit trifft den Geschädigten die Darlegungslast. Im Rahmen dieser Darlegungslast muss der Geschädigte Ausführungen dazu machen, dass der Aufkäufer bereits vorher derartige Geschäfte mit dem Ziel des Brieferwerbs getätigt hat oder dem Geschädigten andere Umstände bekannt sind, die eine solche Annahme bestätigen können.

### III. Erhalt eines Restwertangebotes nach Verkauf und Übergabe des beschädigten Fahrzeuges

Fraglich ist des Weiteren, ob ein Verstoß gegen § 254 Abs. 2 BGB vorliegen könnte, wenn der Geschädigte das Fahrzeug an einen Dritten zu dem im Gutachten angegebenen Restwertbetrag veräußert und erst danach ein höheres Angebot der Versicherung bei ihm eingeht. Dieser Fall ist letztlich leicht zu beantworten. Da sich der Geschädigte bei der Veräußerung auf den vom Gutachter ermittelten Restwert grundsätzlich verlassen darf, liegt ein Verstoß gegen die Schadensminderungspflicht nicht vor. Dies gilt selbst dann, wenn die Veräußerung unverzüglich nach Erhalt des Gutachtens erfolgt ist[600], ohne dass der Versicherer letztlich überhaupt reagieren und ein Gegenangebot unterbreiten könnte[601].

### IV. Veräußerung des Fahrzeuges unterhalb des von dem Sachverständigen angegebenen Restwertes

Die Frage nach der Schadensminderungspflicht stellt sich auch dann, wenn die Veräußerung des Fahrzeuges durch den Geschädigten unterhalb des von dem Sachverständigen angegebenen Restwertes erfolgt. Derartige Fälle kommen in der Praxis durchaus vor. Denkbar ist etwa, dass der Geschädigte das Fahrzeug einem oder auch zwei Gebrauchtwagenhändler in seiner näheren Umgebung anbietet, die jedoch hieran kein Interesse haben, weil es sich bei dem Fahrzeug um kein gängiges

---

598 BGH, NJW 00, 800.

599 AG Weimar, SP 03, 275; OLG Frankfurt, SP 03, 15.

600 BGH, zfs 00, 103, 104; OLG München, DAR 99, 408; OLG Düsseldorf, VersR 98, 518, 519; OLG Köln, VersR 99, 332; Harneit, DAR 94, 93; a.A. AG Eschweiler, SP 03, 101 f. ; BGH, NJW 05, 3134; a.A. OLG Frankfurt/Main, VersR 92, 620; LG Aachen, VersR 92, 712.

601 BGH, NJW 05, 3134.

Modell handelt. Dann stellt sich die Frage, was mit dem Differenzbetrag zwischen dem vom Gutachter angegebenen und dem real erzielten Restwert geschieht.

Regelmäßig hat der Geschädigte dafür zur sorgen, dass der Schaden möglichst gering gehalten wird (§ 254 II BGB). Fraglich ist nun, welche Aktivitäten der Geschädigte entfalten muss, um seiner Schadensminderungspflicht gerecht zu werden, insbesondere was dem Geschädigten zuzumuten ist, um den vom Gutachter geschätzten Restwertbetrag zu erzielen. Denkbar wäre etwa, dass sich der Geschädigte vor der Veräußerung mit dem Sachverständigen in Verbindung setzt und diesen darauf hinweist, dass eine Veräußerung zu dem im Gutachten festgesetzten Betrag nicht möglich ist. Insbesondere könnte er den Sach-verständigen auffordern, ihm mitzuteilen, wo er den geschätzten Preis erzielen könnte[602]. Unter Umständen kann er den Sachverständigen auch auffordern eine Korrektur des von ihm angegebenen Restwertes vornehmen, wenn dieser auf dem Markt tatsächlich nicht zu erzielen ist. Zu Recht vertritt die Rechtsprechung die Auffassung, dass eine bloße Veräußerung zum geringeren Preis ohne Rücksprache des Geschädigten beim Sachverständigen eine Verletzung der Schadensminderungspflicht darstellt[603]. Ein Verstoß gegen § 254 Abs. 2 BGB kann der Geschädigte auch dadurch verhindern, wenn er statt mit dem Sachverständigen Rücksprache zu nehmen, dies mit der Haftpflichtversicherung der Gegenseite tut. Bietet dieser das Fahrzeug zu dem geringeren Preis an unter Hinweis darauf, dass der im Gutachten genannte Restwert nicht zu erzielen ist, reagiert der Versicherer jedoch nicht bzw. ist er nicht bereit das Fahrzeug zu dem im Gutachten angegebenen Restwert zu übernehmen oder einen Aufkäufer zu nennen, ist es dem Geschädigten möglich, das Fahrzeug auch zu einem geringeren Preis zu veräußern[604]. Dies gilt auch dann, wenn der Fahrzeugschaden im Übrigen fiktiv auf Gutachtenbasis abgerechnet wird. Die Einstellung des konkret erzielten (geringeren) Restwertbetrages in die Schadensabrechnung stellt dann keine unzulässige Kombination von fiktiver und konkreter Abrechnung, sondern die Behauptung des Geschädigten zur Höhe des erzielbaren Restwertes dar und kann dann als Grundlage für die gemäß § 287 Abs. 1 ZPO vorzunehmende Schadensschätzung dienen.

### V. Veräußerung des Fahrzeugs zu einem Zeitpunkt, zu dem noch kein Gutachten und keine Restwertermittlung vorliegen

Ein Verstoß gegen die Schadensminderungspflicht könnte auch gegeben sein, wenn der Geschädigte das verunfallte Fahrzeug bereits zu einem Zeitpunkt veräußert, zu dem noch gar kein Gutachten eines Sachverständigen vorliegt. Dies gilt umso mehr, wenn im Zeitpunkt der Veräußerung des Fahrzeugwracks noch nicht feststeht, ob ein wirtschaftlicher Totalschaden vorliegt, da hier weder die Reparaturkosten noch der Wiederbeschaffungswert ermittelt werden können[605]. Grundsätzlich ist der Geschädigte Herr des Restitutionsverfahrens, so dass er allein entscheiden darf, was mit dem verunfallten Fahrzeug passiert. Gleichwohl hat er jedoch auch das Wirtschaftlichkeitsgebot zu beachten[606].

---

602 LG Berlin, SP 97, 258; LG Darmstadt, SP 97, 108; AG Gummersbach, SP 97, 257.

603 AG Köln, SP 97, 468 m.w.N.

604 BGH, NJW 06, 2320 f.

605 LG Tübingen, SP 03, 101.

606 so bereits BGH, NZV 92, 66; BGH, NZV 89, 645.

Im Regelfall geht der Bundesgerichtshof geht davon aus, dass dem Gebot der Wirtschaftlichkeit erst dann genüge getan ist, wenn das Unfallfahrzeug auf der Grundlage eines bereits eingeholten Sachverständigengutachtens und des darin ausgewiesenen Restwertes verkauft oder in Zahlung gegeben wird[607]. Erst wenn der Restwert ermittelt ist, kann die Wirtschaftlichkeitsprüfung überhaupt einsetzen. Diese Prüfung ist aber dann nicht mehr möglich, wenn sich der Geschädigte von vornherein bei der Inzahlunggabe bzw. dem Verkauf, der noch zu erwartenden Wertfestsetzung durch einen Sachverständigen unterwirft, was dann um so schwerwiegender ist, wenn zwischen dem Sachverständigen und dem Aufkäufer auch noch Verbindungen bestehen. Dann nämlich wird die Restwertbemessung im Interesse des Aufkäufers erfahrungsgemäß häufiger niedriger ausfallen. Dies ermöglicht ihm einerseits eine leichtere und schnellere Veräußerung und andererseits einen höheren Gewinn.

Die Schadensminderungspflicht gemäß § 254 Abs. 2 BGB verpflichtet den Geschädigten zwar nicht, Marktforschung in dem Sinne zu betreiben, dass er unter allen möglichen und für ihn erreichbaren Abnehmern das günstigste Angebot heraussucht. Will er jedoch nicht gegen § 254 Abs. 2 BGB verstoßen, wird man von ihm zumindest verlangen können, dass er das Fahrzeug nicht an den Erstbesten veräußert. Vielmehr ist der Geschädigte verpflichtet abzuwarten bis zumindest das Gutachten vorliegt, um überhaupt eine Basis und auch eine Untergrenze zu haben, zu der das Fahrzeug veräußert werden darf[608].

## VI. Sonderfälle

### 1. Andienungspflicht des Geschädigten gegenüber Kfz-Haftpflichtversicherer vor Veräußerung des Fahrzeuges

Fraglich ist, ob die Schadensminderungspflicht soweit geht, dass sie den Geschädigten verpflichtet, das Fahrzeug nach Vorlage des Sachverständigengutachtens zunächst dem Schädiger bzw. dessen Versicherer anzubieten, um diesen die Möglichkeit zu geben, ein höheres Restwertangebot zu unterbreiten[609]. Aus der Sicht der Versicherer wäre eine solche Verpflichtung natürlich interessant, da über höhere Restwertangebote erhebliche Gelder eingespart werden könnten. Dagegen wird allerdings eingewandt, dass der Geschädigte Herr des Restitutionsverfahrens ist und er deshalb die Schadensbehebung „selbst in die Hand nehmen kann". Darüber hinaus soll ihm die Möglichkeit verbleiben, das Fahrzeug bei einem vertrauten Händler oder einer vertrauten Vertragswerkstatt kurzfristig in Verbindung mit dem Erwerb eines Ersatzfahrzeuges in Zahlung zu geben, ohne zunächst eine Reaktion des Schä-

---

607 BGHZ 115, 364, 372; BGH, VersR 92, 457; BGH, VersR 93, 769; 770; BGH, SP 05, 90. = DAR 05, 152.

608 BGH, VersR 92, 457, 458; BGH, VersR 93, 769, 770; BGH, VersR 05, 381, 382; BGH, NJW 05, 3134.

609 Erman/Kuckuk, § 249, Rdnr. 96.

digers und dessen Haftpflichtversicherer abwarten zu müssen[610]. Aus diesem Grund lehnt der BGH eine Andienungspflicht des Geschädigten ab[611].

Ob dies tatsächlich sachgerecht ist, erscheint allerdings fraglich. Dagegen spricht nämlich, dass die Versicherer in der Regulierungspraxis regelmäßig erst dann von Unfällen Kenntnis erlangen, wenn der Geschädigte bereits über das Fahrzeug disponiert hat, d.h. das verunfallte Fahrzeug in der Regel bereits veräußert wurde. In diesem Fall geht ein höheres Verwertungsangebot, das der Versicherer nun dem Geschädigten unterbreitet, ins Leere und er muss sich auf den im Gutachten ausgewiesenen Restwert verweisen lassen. Sollte der Geschädigte tatsächlich einen höheren Restwert erzielt haben, verbliebe dem Versicherer lediglich die Möglichkeit darzulegen und nachzuweisen, dass der Geschädigte den zusätzlichen Erlös ohne überobligatorische Anstrengungen erzielt hat[612], was aus den bereits geschilderten Gründen in der Praxis problematisch und für den Versicherer mit erheblichem Aufwand verbunden ist[613]. Demgegenüber erscheint die Verpflichtung des Geschädigten, das Fahrzeug unter Vorlage des Gutachtens zunächst dem Versicherer anzubieten und wenige Tage zuzuwarten, auf den ersten Blick zumutbar[614]. Dies gilt umso mehr, wenn man im Hinblick auf eine zügige Schadensabwicklung der Versicherung nur zwei bis drei Werktage für die Unterbreitung eines höheren Restwertangebotes zubilligt.

Trotz dieser Bedenken ist im Ergebnis der Rechtsprechung zuzustimmen. Entscheidend ist nämlich, dass eine solche Verpflichtung des Geschädigten zu weit in die ihm vom Gesetz gewährte Dispositionsfreiheit eingreift. Er wäre dann nämlich nicht mehr gehalten, einem zu berücksichtigenden Angebot des Versicherers zuzustimmen, sondern verpflichtet, zunächst selbst aktiv tätig zu werden[615]. Der Geschädigte müsste zunächst für eine Übersendung des Gutachtens an den Versicherer, mit allen hiermit verbundenen Zugangsproblemen Sorge tragen. Im Ergebnis bliebe ihm nichts anderes übrig, als dieses Gutachten mit Einschreiben/Rückschein zu versenden, um die „Erfüllung einer solchen Verpflichtung" nachweisen zu können. Des Weiteren müsste er nach diesem Zugang zunächst weitere Zeit abwarten, während es ihm nicht möglich ist, zu disponieren, d.h. beispielsweise das verunfallte Fahrzeug bei einem Neuerwerb in Zahlung zu geben. Auch wenn die vom Versicherer sodann vorgelegten Angebote den Anforderungen der BGH-Entscheidung[616] entsprechen, würde dem Geschädigten ein Abwarten oder eine Zeit der Ungewissheit aufgebürdet, was dem Wesen des Schadensersatzrechtes widerspricht[617]. Letztlich liegt eine schnelle Klärung und ein hiermit verbundener kurzfristiger Schadensausgleich auch im Interesse des Schädigers, da hierdurch zusätzliche Kosten, etwa Standgelder o-

---

610 a.A. Huber, DAR 02, 385, 394; OLG Hamm, NZV 92, 363; LG Aachen, VersR 92, 713; AG Neuss, VersR 92, 67; AG Biberach, VersR 91, 1412; OLG Köln, SP 05, 196 f.

611 BGH, VersR 92, 457; BGH, VersR 93, 769; BGH, NJW 00, 800; BGH, SP 05, 90; BGH, NJW 05, 3134; a.A. OLG Frankfurt/Main, VersR 92, 620; LG Aachen, VersR 92, 712.

612 BGH, SP 05, 90.

613 BGH, NJW 05, 3134.

614 OLG Frankfurt, VersR 92, 620; LG Koblenz, MittBl der Arge VerkR 04, 135 f.

615 BGH, NJW 00, 800; BGH, SP 05, 90 = DAR 05, 152.

616 BGH, NJW 00, 800.

617 BGH, VersR 78, 182, 183; BGH, NJW 05, 3134.

der höhere Mietwagenkosten vermieden werden. Für den Geschädigten gilt dies umso mehr, wenn er sich eine Mitverantwortlichkeit an dem Unfallgeschehen anrechnen lassen muss und sein Schaden nur anteilmäßig, entsprechend seiner Haftungsquote reguliert wird.

Mit den Grundsätzen der Rechtsprechung des Bundesgerichtshofes ist deshalb eine Andienungspflicht des Geschädigten gegenüber dem Kfz-Haftpflichtversicherer vor einer Veräußerung des Fahrzeuges abzulehnen.

**2. Hinweis durch den Versicherer des Schädigers**

Fraglich ist, ob von dem Geschädigten nach § 254 Abs. 2 BGB verlangt werden kann, mit der Veräußerung zuzuwarten, wenn der Versicherer des Schädigers pauschal mitteilt, eine Überprüfung des Gutachtens vornehmen zu wollen, um gegebenenfalls ein höheres Restwertangebot zu unterbreiten. In der Praxis der Versicherer erfolgen diese Mitteilungen per Formschreiben, häufig bereits bevor ihnen das Gutachten und der hierin ermittelte Restwert überhaupt bekannt sind. Hier wird von dem Geschädigten nur verlangt, mit der Veräußerung zuzuwarten, also gerade nichts zu tun.

Natürlich will der Geschädigte, dass der Unfallschaden möglichst zügig und unkompliziert reguliert wird. Der Versicherer des Schädigers hat ein berechtigtes Interesse daran, das behauptete Unfallgeschehen und die geltend gemachten Ansprüche zu überprüfen, so dass selbst bei einem unstreitigen Unfallverlauf und bei einer sich hieraus ergebenden eindeutigen Haftungslage, die Schadensregulierung einen Zeitraum von ein bis zwei Wochen in Anspruch nimmt. Dann allerdings kann es auf ein paar Tage, die dem Haftpflichtversicherer zur Prüfung des Restwertes und dem Unterbreiten eines Gegenangebotes nach zuvor erteiltem Hinweis, zugebilligt werden, letztlich nicht ankommen. Dies gilt umso mehr, als eigene Veräußerungsbemühungen des Geschädigten gleichfalls mit einem entsprechenden zeitlichen Aufwand verbunden sind. Regelmäßig muss er zunächst einen potenziellen Erwerber suchen, muss mit diesem Verhandlungen führen, die Modalitäten des Erwerbs abstimmen und die Art und Weise der Kaufpreiszahlung vereinbaren. Selbst wenn er das Fahrzeug in Zahlung geben will, wird er dies regelmäßig nicht bereits beim erstbesten Händler tun, sondern mehrere Angebote einholen. Keineswegs selten sind hierbei Fälle, in denen die örtlichen Gebrauchtwagenhändler bei nicht gängigen Fahrzeugen nicht bereit sind, den vom Gutachter festgestellten Restwert zu zahlen. Dann müsste der Geschädigte weitergehende Bemühungen unternehmen oder nochmals mit dem Sachverständigen in Kontakt treten, damit dieser die Möglichkeit hat, entweder den von ihm kalkulierten Restwert zu reduzieren oder mitzuteilen, bei welchem Händler der im Gutachten festgestellte Restwert tatsächlich erzielt werden kann. Diese möglichen Probleme, die Teil der Ausnahmesituation sind, in der sich der Unfallgeschädigte befindet[618], stellen sich nicht, wenn der Versicherer des Schädigers ihm ein den Anforderungen der Rechtsprechung entsprechendes Restwertangebot unterbreitet, das zudem noch höher als die Kalkulation des Sachverständigen ist.

618 BGH, NJW 92, 903, 904.

Der eigentliche Nachteil für den Geschädigten liegt darin, dass seine Dispositionsfreiheit eingeschränkt und ihm gegebenenfalls die Möglichkeit genommen wird, durch überobligatorische Anstrengungen einen Mehrerlös zu erzielen, den er behalten darf. Die Möglichkeit einer solchen Gewinnerzielung geht jedoch über die reine Schadenskompensation hinaus und kann nicht das maßgebende Kriterium sein. Entscheidend ist vielmehr, dass der Geschädigte durch einen entsprechenden Hinweis des Versicherers auf eine andere ihn wirtschaftlich nicht schlechter stellende Verwertungsmöglichkeit aufmerksam gemacht wird und er deshalb nicht mehr grenzenlos auf die Restwertermittlung im Sachverständigengutachten vertrauen darf. Andererseits ist ihm ein Zuwarten von einigen Tagen innerhalb der Schadensabwicklung durchaus zuzumuten. Deshalb sollte ein Hinweis des Versicherers, das Gutachten überprüfen zu wollen, um gegebenenfalls ein höheres Restwertangebot zu unterbreiten, dazu führen, dass der Geschädigte verpflichtet wird, dem Versicherer diese Möglichkeit zu gewähren. Kommt der Geschädigte dieser Verpflicht nicht nach, liegt ein Verstoß gegen § 254 Abs. 2 BGB vor mit der Folge, dass er sich sodann einen höheren vom Versicherer angebotenen Restwert anrechnen lassen muss.

## Kapitel 5: Der Restwertregress des Versicherers gegen den Kfz-Sachverständigen

### A. Ausgangssituation

Die typische Fallgestaltung nach einem Verkehrsunfall führt dazu, dass der Versicherer das Risiko eines fehlerhaft festgestellten Restwertes trägt und dieses nicht auf den Geschädigten „abwälzen" kann[619]. Zum einen ist der mit der Gutachtenerstellung und Restwertermittlung beauftragte Sachverständige kein Erfüllungsgehilfe des Geschädigten, so dass der Versicherer dessen Ermittlungsfehler und Schlechtleistung grundsätzlich nicht dem Geschädigten zurechnen kann. Zum anderen wird ein Auswahlverschulden des Geschädigten bei Beauftragung des Sachverständigen kaum vorliegen. Der Versicherer, der den Schaden auf Grundlage der unrichtigen Ermittlungen des Gutachtens reguliert hat bzw. regulieren muss, wird nun versuchen, seinerseits Regress vom Sachverständigen mit der Begründung zu nehmen, dieser habe den Restwert fehlerhaft ermittelt, d.h. zu niedrig angesetzt[620]. Als Folge hiervon sei die Schadensersatzleistung, die der Versicherer an den Geschädigten zu zahlen hatte, zu hoch gewesen. Den Differenzbetrag zwischen dem vom Sachverständigen angegebenen und dem höheren vom Versicherer angebotenen Restwert, begehrt der Haftpflichtversicherer dann als Schadensersatz[621].

Es stellt sich somit die Frage, woraus sich ein solcher Regressanspruch des Versicherers gegen den vom Geschädigten beauftragten Sachverständigen ergeben kann.

---

619 z.B. LG Kaiserlautern, zfs 06, 150 ff.

620 Huber, DAR 02, 337, 338.

621 vgl. dazu Küppersbusch, VGT 94, 163, 177, wobei Küppersbusch darauf hinweist, dass bei dieser Konstellation der Haftpflichtversicherer erst zu spät die Möglichkeit hat, einzugreifen, nämlich nachdem das verunfallte Fahrzeug bereits veräußert ist. LG Kaiserslautern, zfs 06, 150 ff.

## B. Rechtliche Grundlagen des Regressanspruches

### I. Unmittelbarer eigener Anspruch

Ein unmittelbar eigener vertraglicher Anspruch des Versicherers gegen den Sachverständigen setzt ein Vertragsverhältnis zwischen diesen Parteien voraus. Unmittelbare vertragliche Beziehungen zwischen diesen bestehen jedoch nicht, sondern nur zwischen dem Geschädigten und dem von ihm beauftragten Gutachter. Ein unmittelbarer vertraglicher Anspruch des Versicherers gegen den Sachverständigen scheidet somit aus. Ebenso wenig sind – abgesehen von § 826 BGB – deliktische Ansprüche gegeben, da keines der hierdurch geschützten Rechtsgüter verletzt wird.

### II. Anspruch aus fremdem Recht

#### 1. Schadensersatzanspruch aus § 631 ff. BGB

Als weitere mögliche Anspruchsgrundlage könnten die Vorschriften über das Werkvertragsrecht gemäß § 631 ff. BGB in Betracht kommen[622]. Dann müsste zunächst ein Werkvertrag vorliegen. Gemäß § 631 Abs. 1 BGB verpflichtet sich der Unternehmer zur Herstellung und Verschaffung des versprochenen individuellen Werks, d.h. zur Herbeiführung eines bestimmten Erfolges für den Besteller im Austausch gegen die Leistung einer Vergütung[623]. Der Sachverständige verpflichtet sich nicht „nur" versprochene Dienste zu leisten[624], sondern er verpflichtet sich ein Werk, d.h. ein Gutachten zu erstellen. Mithin ist ein Vertrag über die Erstellung eines Gutachtens als Werkvertrag im Sinne des § 631 BGB anzusehen[625]. Sofern der Sachverständige ein unrichtiges, d.h. fehlerhaftes Gutachten erstellt hat, ist dies grundsätzlich als eine mangelhafte Werkleistung anzusehen[626]. Insoweit könnte gegen den Sachverständigen ein Anspruch auf Schadensersatz aus den §§ 631, 633, 634 Nr. 4 in Verbindung mit § 280 Abs. 1 BGB (n.F.) geltend gemacht werden, da der Schadensersatz auch einen Mangelfolgeschaden regelt. Da der Haftpflichtversicherer keine eigenen Ansprüche hat, könnte man daran denken, im Rahmen der Regulierung des Haftpflichtfalles im Gegenzug vom Geschädigten zu verlangen, dass dieser seine Schadensersatzansprüche gegen den Sachverständigen an den Haftpflichtversicherer abtritt. Eine solche Verpflichtung des Geschädigten zur Abtretung könnte zumindest aus dem Grundsatz hergeleitet werden, dass der Geschädigte an einem Schadensereignis nicht verdienen, d.h. insgesamt nicht mehr erhalten soll, als er zur Wiederherstel-

---

622 BGHZ 67, 1 ff.; BGHZ 127, 378 ff.; Palandt/Thomas, zu Einf v § 631, Rdnr. 14.

623 Palandt/Sprau, Einf v § 631, Rdnr. 1; Staudinger/Peters, Vorbem. zu § 631 ff., Rdnr.1; Mü-Ko/Busche, § 631, Rdnr. 1.

624 Palandt/Weidenkaff, Einf v § 611, Rdnr. 1; Mü-Ko/Müller-Glöge, § 611, Rdnr.7; BGB – RGRK/Glanzmann, § 631, Rdnr. 2.

625 BGHZ 67, 1 ff., BGHZ 127, 378 ff.; Palandt/Weidenkaff, Rdnr. 24, Einf v § 631.; Mü-Ko/Busche, § 631, Rdnr. 261; Staudinger/Peters, Vorbem. zu § 631 ff., Rdnr. 28; BGB – RGRK/Glanzmann, § 631, Rdnr. 182; Erman/Ehmann, § 675, Rdnr. 7, der den Sachverständigenvertrag als Geschäftsbesorgungsvertrag auf werkvertraglicher Grundlage ansieht.

626 Palandt/Sprau, § 633, Rdnr. 13; Mü-Ko/Busche, § 631, Rdnr. 262.

lung des Zustandes vor Eintritt des Schadensereignisses benötigt.[627] Die Haftpflichtversicherung könnte dann aus abgetretenem Recht gegen den Sachverständigen vorgehen.

Soweit der Erwerber des Fahrzeuges Ansprüche gegen den Sachverständigen geltend machen will, könnte sich eine Verpflichtung des Geschädigten zur Abtretung unmittelbar aus dem Kaufvertrag der Parteien ergeben.

In beiden Konstellationen tritt jedoch ein Schaden beim Geschädigten nicht ein, da seine Ansprüche trotz des fehlerhaft ermittelten Restwertes durch die Zahlung des Haftpflichtversicherers befriedigt sind. In Ermangelung eines solchen Schadens hat der Geschädigte somit keine Ersatzansprüche gegen den Sachverständigen, die er an den Versicherer oder den Erwerber des Fahrzeuges abtreten könnte.

**2. Anspruch aus Vertrag mit Schutzwirkung zugunsten Dritter**

Denkbar wäre auch ein Anspruch aus dem zwischen dem Geschädigten und dem Sachverständigen bestehenden Werkvertrag in Verbindung mit den Grundsätzen des Vertrages mit Schutzwirkung zugunsten Dritter. Ein solcher Anspruch könnte für die Haftpflichtversicherung in Betracht kommen, wenn sie in den Schutzbereich des Werkvertrages (Gutachtervertrag) zwischen dem Sachverständigen und dem ihn beauftragenden Geschädigten einbezogen wird. Die tatbestandlichen Voraussetzungen einer solchen Einbeziehung in den Schutzbereich sind zunächst, dass eine Leistungsnähe des Dritten zur Leistung des Schuldners besteht[628] und der Gläubiger ein Interesse an der Einbeziehung des Dritten in den Schutzbereich hat[629].
Des Weiteren muss die Einbeziehung des Dritten für den Schuldner erkennbar [630] und der Dritte schließlich schutzbedürftig sein[631].

**a) Leistungsnähe des Haftpflichtversicherers**

Das Tatbestandsmerkmal der Leistungsnähe liegt vor, wenn der Dritte bestimmungsgemäß mit der Leistung in Berührung kommt und den Gefahren von Schutzpflichtverletzungen ebenso ausgeliefert ist wie der Gläubiger selbst[632]. Es stellt sich somit die Frage, ob zugunsten des Schädigers bzw. dessen Haftpflichtversicherer eine solche Drittbezogenheit vorliegt.

Der Geschädigte beauftragt den Sachverständigen gerade deshalb, damit er seine Ansprüche gegenüber der Haftpflichtversicherung des Schädigers im Einzelnen beziffern kann. Das Gutachten ist die Basis für die gesamte Schadensregulierung und

---

627 vgl. Palandt/Heinrichs, vor § 249, Rdnr. 119-161; Staudinger/Schiemann, § 249, Rdnr. 132-177; Mü-Ko/Oetker, § 249, Rdnr. 222-267; BGH, NJW 89, 309 f, = DAR 89, 340; BGH, NJW 93, 1618 f; KG Berlin, VerkMitt 95, 35 ff.; BGH, NJW 03, 2085; BGH, NJW 05, 2541.

628 BGHZ 49, 354; Larenz SchuldR AT 244 ff.

629 BGH, NJW 70, 40; Larenz a.a.O.

630 BGHZ 49, 354 und BGH NJW 85, 489.

631 BGHZ 70, 330 und NJW 96, 2929, so Mü-Ko/Gottwald Rdnr. 117 zu § 328 BGB.

632 BGHZ 49, 354 und 129, 168.

dies nicht nur aus Sicht des Geschädigten, der sich hierauf beruft. Das Gutachten gibt letztlich die Schadensregulierung vor und wirkt somit unmittelbar auf die Vermögensverhältnisse des Schädigers bzw. seines Haftpflichtversicherer ein, der zudem auch die Kosten des (fehlerhaften) Gutachtens zu tragen hat[633].

Damit wird man davon ausgehen können, dass der Schädiger und sein Haftpflichtversicherer nicht nur bestimmungsgemäß mit der Leistung des Gutachtens in Berührung kommen, sondern auch den Gefahren von Pflichtverletzungen des Gutachters ausgesetzt sind. Die für die Einbeziehung in den vertraglichen Schutzbereich erforderliche Leistungsnähe des Haftpflichtversicherers ist damit zu bejahen.

**b) Interesse des Geschädigten an der Einbeziehung des Schädigers bzw. seines Haftpflichtversicherers**

Wann der Geschädigte ein Interesse an der Einbeziehung des Dritten in den Schutzbereich des Vertrages hat ist nicht ganz eindeutig. Während die Rechtsprechung für ein solches Einbeziehungsinteresse ursprünglich verlangt hat, dass der Gläubiger für das „Wohl und Wehe" des Dritten einzustehen hat[634], ist im Interesse einer gebotenen Erweiterung des Vertragsschutzes nunmehr in abgeschwächter Form ein besonderes Interesse des Gläubigers an der Einbeziehung des Dritten ausreichend[635].

Ein solches Einbeziehungsinteresse des Geschädigten wird für den vorliegenden Fall zum Teil abgelehnt[636]. Begründet wird dies damit, dass der Geschädigte mit dem von ihm beauftragten und vorgelegten Gutachten allein seinen Schaden geltend machen wolle. Er gehe davon aus, dass der Sachverständige „für ihn", den Geschädigten, tätig werde und er nicht daran interessiert sei, dass bei dieser Tätigkeit des Gutachters auch die Interessen seines Schädigers bzw. dessen Haftpflichtversicherers berücksichtigt werden. Ob diese Begründung die Interessenlage des Geschädigten zutreffend wiedergibt, erscheint allerdings fraglich.

Das vordringlichste Interesse des Geschädigten liegt sicher darin, dass der Schaden problemlos und kurzfristig reguliert wird[637]. Entscheidend ist für ihn hierbei, dass ein Schadensnachweis, d.h. das von ihm vorgelegte Gutachten vom Haftpflichtversicherer des Schädigers akzeptiert wird bzw. akzeptiert werden muss und eine verbindliche Regulierungsgrundlage darstellt. Diese Verbindlichkeit setzt voraus, dass der Versicherer mit Einwänden gegen das Gutachten weitgehend ausgeschlossen ist[638], was wiederum bedeutet, dass der Versicherer letztlich in das Gutachten „einbezogen" wird. Das Vertrauen, das der Geschädigte nach der Rechtsprechung in die Richtigkeit des Gutachtens und dessen Restwertangabe setzen darf und die sich hieraus ergebende Bindungswirkung, sind nur gerechtfertigt, wenn auch sowohl die Interessen des Geschädigten als auch die der Haftpflichtversicherung einbezogen werden. Damit ist letztlich auch das Einbeziehungsinteresse als weiteres Tatbe-

---

633 Greger, Kurskorrekturen beim Kraftfahrzeugschaden, NZV 06, 1, 2; BGH, NZV 89, 465.

634 BGHZ 51,96.

635 BGHZ 127, 378; NJW 76, 1844.

636 LG Kassel Az: 7 O 69/00, n.v.

637 Steffen, NJW 95, 2057, 2059 f.

638 LG Kleve, zfs 99, 239.

standsmerkmal für einen Vertrag mit Schutzwirkung zugunsten Dritter im vorliegenden Fall gegeben.

### c) Erkennbarkeit für den Sachverständigen

Eine weitere Voraussetzung für die Einbeziehung des Schädigers und seines Haftpflichtversicherers in den Schutzbereich des Gutachtervertrages ist, dass für den Gutachter erkennbar war, dass er seine Leistung nicht nur für den auftraggebenden Geschädigten, sondern mit einem darüber hinausgehenden Drittbezug erbringt.

Vereinzelt wird nun vertreten, dass nur staatlich anerkannte oder eine vergleichbare Anerkennung genießende Sachverständige ein besonderes Vertrauen in Anspruch nehmen mit der Folge, dass ihre Haftung auch zugunsten Dritter ausgeweitet wird[639]. Hiergegen spricht allerdings, dass es für die Schadensregulierung keinen Unterschied macht, ob ein Sachverständiger öffentlich bestellt ist oder nicht. An der Beauftragung durch den Geschädigten ändert dies nichts. Entscheidend ist einzig und allein, dass das Gutachten als Basis für die Schadensregulierung dient und der Geschädigte sich hierauf verlässt. Demzufolge hat der BGH [640]ausgeführt, auch der Sachverständige könne gegenüber einem Dritten haften, dem die Öffentlichkeit nicht in gleicher Weise wie etwa einem öffentlich bestellten Sachverständigen besonders hervorgehobene Kompetenz, Erfahrung und Zuverlässigkeit zuschreibt. Auch der beauftragte private Sachverständige geht selbstverständlich davon aus, dass sein Gutachten als Basis für eine Schadensgeltendmachung und Regulierung in Bezug auf einen Schädiger und dessen Haftpflichtversicherer dient und weiß regelmäßig um die Bedeutung, die seiner Gutachtertätigkeit im Rahmen dieser Schadensregulierung zukommt. Das Tatbestandsmerkmal der Erkennbarkeit für den Sachverständigen kann deshalb nicht in Abrede gestellt werden.

### d) Schutzbedürftigkeit des Schädigers bzw. seines Haftpflichtversicherers

Als weitere Tatbestandsvoraussetzung erfordert die Ausdehnung des Vertragsschutzes schließlich ein entsprechendes Bedürfnis, weil der Dritte andernfalls nicht ausreichend geschützt wird. Dieses gebietet sich entweder im Wege einer ergänzenden Vertragsauslegung[641] oder über den Grundsatz von Treu und Glauben gemäß § 242 BGB[642].
Es ist bereits wiederholt darauf hingewiesen worden, welche grundlegende Bedeutung ein Sachverständigengutachten für die Schadensregulierung hat und dass ihm letztlich auch für den Schädiger und dessen Haftpflichtversicherer eine Bindungswirkung zukommt. Will er diese Einwände gegen das Gutachten vorbringen, so muss sie die aus dem Gutachten ergebende Nachweissituation nicht nur entkräften sondern letztlich widerlegen[643]. Hat der Geschädigte auf Grundlage des Gutachtens bereits Dispositionen vorgenommen und, wie dies die Regel ist, das beschädigte Fahr-

---

639 OLG Dresden, NJW-RR 01, 1001, 1002 – für die Bewertung eines Grundstücks durch ein Verkehrswertgutachter-.

640 BGH, NJW 01, 514, 516 – für einen Bodengutachter.

641 BGHZ 56, 273, 84, 356.

642 Mü-Ko/Gottwald, § 328, Rdnr. 102.

643 Greger, Kurskorrekturen beim Kraftfahrzeugschaden, NZV 06, 1, 2.

zeug auf der Grundlage der Restwertangabe des Sachverständigen verkauft, sind dem Versicherer sämtliche Einwände, die sich aus einer fehlerhaften Restwertermittlung ergeben könnten, gegenüber dem Geschädigten versagt[644]. Da der Sachverständige kein Erfüllungsgehilfe des Geschädigten ist[645], können Fehler bei der Gutachtenerstellung und Ermittlung diesem nicht über § 278 BGB zugerechnet werden. Ein Auswahlverschulden des Geschädigten wird gleichfalls kaum in Betracht kommen[646]. Ebenso wenig ergeben sich abtretbare Ansprüche des Geschädigten gegen den Sachverständigen. Dies zeigt, dass der regulierungspflichtige Geschädigte und sein Haftpflichtversicherer letztlich schutzlos gestellt wären. Deshalb ist eine Schutzbedürftigkeit im Sinne der Grundsätze des Vertrages mit Schutzwirkung zugunsten Dritter gegeben.

Zusammenfassend lässt sich feststellen, dass nach ganz herrschender und überwiegender Rechtsprechung der Haftpflichtversicherer gegen den Sachverständigen nach den Grundsätzen des Vertrages mit Schutzwirkung zugunsten Dritter vorgehen kann[647]. Die Rechtsgrundlage hierfür bildet das Vertragsverhältnis zwischen dem Geschädigten und dem von ihm beauftragten Gutachter, in dessen Schutzkreis der Versicherer des Schädigers entweder im Wege einer ergänzenden Vertragsauslegung[648] oder über den Grundsatz von Treu und Glauben gemäß § 242 BGB[649] einbezogen wird. Das OLG München hat dies in einer einschlägigen Entscheidung anschaulich und zusammenfassend so beschrieben[650]:

*„Der von dem Fahrzeugeigentümer dem Bekl. erteilte Gutachtenauftrag ... stellt einen Werkvertrag dar, in dessen Schutzwirkung die Kl. einbezogen war. Grundsätzlich bleibt es einer Vertragspartei unbenommen, eine Schutzpflicht auch zugunsten von solchen Personen zu begründen, die nicht ihrer Fürsorge anvertraut sind. Ob ein solcher rechtsgeschäftlicher Wille bestand, ist nach allgemeinen Auslegungsregeln zu ermitteln. Hier ist deshalb von einem Vertrag mit Schutzwirkung für die Kl. auszugehen, da das Gutachten ... ersichtlich für die Kl. als Fahrzeugversicherer bestimmt war. Da der Fahrzeugeigentümer beim Bekl., der über eine besondere Sachkunde verfügte, ein Gutachten bestellte, um mit diesem gegenüber der Kl. Ansprüche zu begründen, war er auch daran interessiert, dass die gutachterlichen Ausführungen des Bekl. entsprechende Beweiskraft besaßen. Dies war jedoch nur dann gewährleistet, wenn der Bekl. als Verfasser des Gutachtens dies objektiv und nach bestem Wissen und Gewissen erstellte und auch der Kl. gegenüber für die Richtigkeit einstehen wollte. Die Einbeziehung der Kl. in den Schutzbereich des zwischen dem Fahrzeugeigentümer und dem Beklagten abgeschlossenen Vertrages hängt auch nicht davon ab, ob dem Bekl. bekannt war, dass der Kl. das Gutachten vorgelegt werden sollte. Es genügt vielmehr, wenn dem Bekl. erkennbar war, dass seine Ausarbeitung für eine Versicherung bestimmt war. Damit war die Schutzpflicht auch auf eine über-*

---

644 Huber, DAR 02,337, 338.

645 KG Berlin, DAR 03, 318; OLG Hamm, DAR 01, 506; AG Minden Urteil v. 10.01.03, Az: 332 C 23332/02, n.v.; LG Köln, AR 03, 226.

646 KG Berlin, a.a.O.

647 Höke, NZV 02, 254, 256; BGH, NJW 84, 355 f; BGH, VersR 01, 1388; Palandt/Heinrichs, § 328, Rdnr. 34 m.w.N.

648 BGHZ 56, 273, 84, 356.

649 Mü-Ko/Gottwald, § 328, Rdnr. 102.

650 OLG München, r+s 90, 273, 274.

*schaubare und klar abgegrenzte Personengruppe beschränkt. Eine solche Erkennbarkeit der Bestimmung des vom Bekl. erstellten Gutachtens für eine Versicherung im Rahmen einer Schadenabwicklung ergibt sich bereits aus dem Inhalt des Gutachtens."*[651]

Im Ergebnis führen diese Grundsätze allerdings nur dazu, dass eine Rechtsgrundlage für unmittelbare Ansprüche des Schädigers und seinen Haftpflichtversicherer gegen den Sachverständigen in Betracht kommt, obwohl zwischen beiden keine unmittelbare vertragliche Beziehung besteht. Ob ein solcher Anspruch tatsächlich besteht hängt, wie im Vertragsverhältnis üblich, davon ab, ob der Sachverständige eine vertragliche Verpflichtung schuldhaft verletzt, d.h. im Ergebnis den Restwert fehlerhaft festgestellt hat[652].

## C. Fehlerhafte Restwertermittlung aufgrund fehlerhafter Bewertung durch den Sachverständigen

Der Sachverständige ist zur Wahrnehmung der Interessen seines Auftragsgebers verpflichtet. Hierzu gehört die zutreffende Restwertermittlung[653]. Ob der Sachverständige den Restwert fehlerhaft ermittelt hat, ist schwer zu beurteilen. Er ist zwar grundsätzlich den Interessen seines Auftraggebers, d.h. des Geschädigten verpflichtet. Dies entbindet ihn jedoch nicht von der Verpflichtung einen nicht nur diesen Interessen entsprechenden Restwert zu bestimmen, sondern eine Restwertermittlung nach objektiven Kriterien vorzunehmen. Dies gilt umso mehr, als sich der Sachverständige nicht nur unmittelbaren Ansprüchen seines Auftraggebers sondern, nach den Grundsätzen eines Vertrages mit Schutzwirkung zugunsten Dritter, auch unmittelbare Ansprüche des Schädigers und dessen Haftpflichtversicherers ausgesetzt sieht.

### I. Stellung des Sachverständigen

Es besteht eine Art Dreiecksbeziehung, durch die die Tätigkeit des Sachverständigen unmittelbar beeinflusst wird[654]. Letztlich ist der Sachverständige in einer Art „Zwickmühle"[655].

#### 1. Verhältnis zum Auftraggeber

Der Sachverständige ist einerseits Vertragspartner des Geschädigten[656], da er von diesem den Gutachtenauftrag erhält. Der Auftrag geht üblicherweise dahin, bei einem Reparaturschaden die Reparaturkosten und gegebenenfalls die Wertminderung bzw. im Falle eines Totalschadens den Wiederbeschaffungswert sowie den Restwert festzustellen. Aus der vertraglichen Beziehung zwischen dem Sachverständigen und seinem Auftraggeber resultieren daher nebenvertragliche (Fürsorge-) Pflichten des

---

651 OLG München, zfs 90, 296 = r+s 90, 273.
652 OLG Köln, NJW-RR 05, 26.
653 LG Koblenz, VersR 03, 1050; OLG Köln, NJW-RR 05, 26; LG Kaiserlautern, zfs 06, 150.
654 OLG Köln, SP 04, 388.
655 Steffen, DAR 97, 297 ff.
656 Dornwald, VersR 93, 1075.

Sachverständigen seinem Auftraggeber gegenüber. Zumindest wenn die alleinige Schuld des Unfallgegners feststeht, ist der Geschädigte daran interessiert, dass ein möglichst geringer Restwert ausgewiesen wird, um im Falle einer Weiterveräußerung oder Inzahlunggabe einen Gewinn durch einen höheren Verkaufserlös oder eine höhere Anrechnung erzielen zu können[657]. Letztlich hängt die Höhe der von der Versicherung des Schädigers zu zahlenden Schadensersatzleistung von dem Ergebnis des Gutachtens ab[658].

## 2. Verhältnis zur Haftpflichtversicherung des Schädigers

Der Sachverständige weiß, dass sein Gutachten in aller Regel die Basis für die Schadensregulierung und die Schadensersatzleistung des Haftpflichtversicherers ist[659]. Erwartet der Geschädigte nämlich, etwa bei einem selbstverschuldeten Unfall, keine Ersatzleistung eines Dritten, bestünde für ihn auch kein Anlass den Schaden feststellen zu lassen. Dann würde er bei seiner Werkstatt allenfalls einen Kostenvoranschlag einholen, sofern er beabsichtigt, das Fahrzeug reparieren zu lassen oder gleich eine Reparaturauftrag erteilen. Wenn er ein Gutachten einholt, lässt er es in aller Regel gerade zu diesem Zweck erstellen, weil er auf der Basis desselben abrechnen möchte. Selbst wenn keine fiktive Abrechnung erfolgt und das Fahrzeug nach Erstellen des Gutachtens repariert wird, dient selbiges in aller Regel auch häufig den Werkstätten als Basis für die durchzuführende Reparatur bzw. den Reparaturweg und –umfang. Der Versicherer seinerseits ist mit Einwänden gegen das Gutachten mehr oder minder ausgeschlossen[660], es sei denn er kann ganz konkret Einwendungen gegen das Gutachten vorbringen wie beispielsweise, dass am Fahrzeug Vorschäden vorhanden waren, die der Sachverständige dennoch in die Kalkulation mit aufgenommen hat. Die Bedeutung des Gutachtens für die Schadensregulierung und die hieraus resultierenden eingeschränkten Möglichkeiten des regulierungspflichtigen Versicherers Einwände geltend zu machen, haben neben der Einbeziehung in den Schutzbereich des Vertragsverhältnisses zwischen Geschädigten einerseits und Sachverständigen andererseits[661] dazu geführt, dass die Versicherer in jüngster Zeit massiv auf die Gutachter einwirken und entweder unmittelbar Einfluss auf die Restwertermittlung nehmen oder dies mittelbar über Kürzungen und Verrechnungen bei dem Sachverständigenhonorar vornehmen. Man kann insoweit sogar schon von Versuchen der Versicherer sprechen, die Sachverständigen einschüchtern zu wollen.

### a) Einflussnahme auf die Restwertermittlung

So heißt es etwa in Standardschreiben großer deutscher Versicherungen an Sachverständige wie folgt:

---

657 Huber, DAR 02, 337, 343; OLG Karlsruhe, VersR 05, 706; Geigel, S. 87; LG Frankfurt/Main, Urteil v. 06.04.05, Az: 2 – 16 S 285/04, zit. nach juris; LG Kaiserlautern, zfs 06, 150, 151.

658 AG Göppingen, SP 05, 142 f.

659 LG Kaiserlautern, zfs 06, 150; BGH, NJW 01, 3115 m.w.N.

660 LG Kleve, zfs 99, 239; vgl. BGH zfs 89, 299, 300; Jagusch-Hentschel, Straßenverkehrsrecht, 34. Aufl. 97, § 1 StVG Rz. 6 m.w.N.

661 LG Heidelberg, SP 05, 247; AG Göppingen, SP 05, 142.

*„Bei der Überprüfung Ihres Gutachtens haben wir festgestellt, dass Sie bei der Ermittlung des Restwertes der Empfehlung des Verkehrsgerichtstages 2002, auch Angebote aus der Restwertbörse zu berücksichtigen, nicht gefolgt sind. Für die Überprüfung des Restwertes sind Zusatzkosten entstanden. Wir haben diese von Ihrer Honorarforderung in Abzug gebracht und Ihr Honorar daher angemessen gekürzt."*

In anderen Standardschreiben heißt es:

*„Die Gutachtenprüfung und die uns vorliegenden Restwertangebote haben wir Ihnen bereits zugesandt. Ein Vergleich mit diesen Angeboten zeigt, dass uns hieraus ein Schaden in Höhe von X € entstanden ist. Hinzu kommen die Gebühren des prüfenden Sachverständigen und die Gebühren aus der Restwertbörse von pauschal X €. Wir bitten daher um Zahlung von X €."*

In einem anderen Schreiben an einen Sachverständigen finden sich wörtlich folgende Ausführungen:

*„Auf Seite 8 unten bzw. 9 oben nehmen Sie zum Restwert genauer Stellung, d.h. Sie lehnen sich an eine demnächst 10 Jahre alte Entscheidung des Bundesgerichtshofes aus 1993, die so mittlerweile nicht mehr aktuell ist. Wir hatten daher keine Möglichkeit mehr den von uns ermittelten Restwert in die Abrechnung einbeziehen zu können, so dass wir im Ergebnis ein Schaden in Höhe von 2.800,00 € haben, in dem eben 5.400,00 € erzielbar gewesen wären, jedoch aufgrund Ihres Gutachtens lediglich 2.600,00 € im Endergebnis gegenüber der Geschädigten als Restwert hingenommen werden mussten. Diesen Schaden machen wir hiermit Ihnen gegenüber geltend."*

Und weiter heißt es in dem Schreiben:

*„Unverbindlich teilen wir mit, dass wir grundsätzlich auch bereit wären, uns mit Ihnen irgendwie zu einigen, insbesondere im Hinblick darauf, dass Sie erklären würden, zukünftig die Restwertbörse bei Ihren Restwertermittlungen einzubeziehen."*
Eine weitere große Versicherung versandte mit Datum 15.11.2004 so genannte „Anforderungen an die von in Auftrag gegebenen Kfz-Gutachten (gültig ab 01.01.2005)", in welchen unter anderem unter der Rubrik Wiederbeschaffungswert/Restwert folgender Vermerk zu finden ist:

*„Grundsätzliche Ermittlungen und Angaben zum Wiederbeschaffungswert und Restwert, sofern die Reparaturkosten 50 % des Wiederbeschaffungswertes übersteigen.*

*Restwertbörsen sind grundsätzlich anzuwenden, sofern Restwerte anzugeben sind. Keine Einschränkung zur Höhe! Gewünscht über die Einstellung in beide RW-Börsen[662]. Das Höchstangebot ist im Regelfall im Gutachten auszuweisen. Die Einstellung in die Restwertbörsen sollten im Regelfall nicht unter 36 Stunden liegen und durch Fotos ausreichend dokumentiert sein. Erfahrungsgemäß werden die Angebote höher je länger ein Fahrzeug eingestellt ist, da dann mehr Interessenten Zugriff neh-*

---

662 www.cartv.de und www.autohaus-online.de

*men. Im Gutachten sind alle erforderlichen Daten des Höchstbieters, mit Hinweis auf die Gebotsfrist anzugeben.*

*Die Nachweise aus den Restwertbörsen sind nur dem Originalgutachten, welches die Versicherung erhält, beizufügen.*

*Die Gebühren für die Restwertabrufe werden ohne Kostenaufschläge übernommen.*

*Regionale Anbieter / Aufkäufer sind im Ausnahmefall ebenfalls mit einzubinden.*
*Die Anwendung der Restwertbörsen wird grundsätzlich erwartet, unabhängig davon, wer Auftraggeber ist. Alle restwertbeeinflussenden Faktoren sind bei der Restwertbörse-Einstellung zu dokumentieren. Bei fehlerbehafteten Angaben haftet der Einsteller."*

Es ist bezeichnend, dass es sich bei derartigen Versuchen nicht mehr nur um Aktivitäten einzelner Versicherer handelt, sondern mittlerweile fast alle versuchen, über eine solche Einflussnahme die Restwertbörsen (die Rechtsprechung des Bundesgerichtshofes[663]) ins Spiel zu bringen. Daran hat auch die Entscheidung des BGH vom 07.12.2004[664] nichts geändert. Abzuwarten bleibt jedoch, ob die letzte Entscheidung vom 12.07.2005[665], in welcher der BGH ausdrücklich im Leitsatz 2 darauf hingewiesen hat, dass eine Verpflichtung des Gutachters eine Anfrage im Internet durchzuführen oder Nachfrage bei spezialisierten Restwertaufkäufern zu halten, nicht besteht, an der Vorgehensweise etwas ändern wird. Der Sachverständige, der diesen Vorgaben folgt und etwa aufgrund des letztgenannten Schreibens mit besagter Versicherung zusammenarbeitet und die Grundsätze beachtet, die ihm im Schreiben vorgegeben werden, handelt einzig und allein zum Vorteil des Versicherers und im Ergebnis zum Nachteil seines eigenen Auftraggebers[666]. Mit einer unabhängigen Sachverständigentätigkeit hat dies somit nichts mehr zu tun. Ferner besteht für den Sachverständigen hierdurch die Gefahr, dass er sich Schadensersatzansprüchen seines Auftraggebers aussetzt, soweit dieser, gegebenenfalls über seinen Rechtsanwalt erfährt, dass die Restwertermittlung entgegen den Vorgaben der BGH-Rechtsprechung erfolgt ist[667] und er wegen des zu hoch festgesetzten Restwertes einen Schaden erlitten hat.

### b) Einflussnahme auf das Sachverständigenhonorar

Vielfach nehmen die Versicherer den von ihnen gegen die Restwertermittlung des Sachverständigen erhobenen Einwand zum Anlass, den angeblich entstandenen Schaden nicht nur gegenüber dem Sachverständigen geltend zu machen, sondern ihn kurzerhand vom Honorar des Sachverständigen in Abzug zu bringen. Einer solchen Vorgehensweise könnte allerdings entgegenstehen, dass es sich bei dem Honoraranspruch des Sachverständigen um einen solchen gegen seinen Auftraggeber

---

663 BGH, VersR 92, 457; BGH, VersR 93, 769; BGH, VersR 00, 467 = NJW 00, 800; BGH, SP 05, 90; BGH, NJW 05, 3134.

664 BGH, SP 05, 90 = DAR 05, 152.

665 BGH, NJW 05, 3134.

666 LG Kaiserlautern, zfs 06, 150, 151; Riedmeyer, DAR 02, 42, 45.

667 BGH, a.a.O.

handelt. Der Haftpflichtversicherer ist diesem und nicht dem Gutachter gegenüber verpflichtet, so dass die Frage, inwieweit ein Versicherer unmittelbar die Honorarforderung des Sachverständigen gegenüber dem Geschädigten kürzen kann, sich allein aus dem Verhältnis zwischen Geschädigtem und Haftpflichtversicherer beantwortet. Wenn der Versicherer tatsächlich einen Schaden gegenüber dem Gutachter geltend machen will, dann kann er dies zwar nach den Grundsätzen des Vertrages mit Schutzwirkung zugunsten Dritter tun. Eine Aufrechnungslage, die eine unmittelbare Verrechnung mit der Honorarforderung des Gutachters gegen seinen Auftraggeber ermöglicht, besteht allerdings nicht. Ebenso wenig steht dem Haftpflichtversicherer ein entsprechendes Zurückbehaltungsrecht zu, so dass es sich auch insoweit um einen unzulässigen und unlauteren Versuch der Einflussnahme handelt.

### 3. Stellung des Sachverständigen zwischen Geschädigten und Haftpflichtversicherung des Schädigers

Der Sachverständige befindet sich im Fadenkreuz unterschiedlicher Interessen[668]. Zum einen sieht er das Interesse des Geschädigten an einer möglichst hohen Schadensersatzleistung, zum anderen das Interesse des Schädigers und dessen Haftpflichtversicherer an einer möglichst geringen Ersatzleistung. Bei der Restwertermittlung kommen zu diesen gegenläufigen Interessen noch die Interessen und Einflüsse der potenziellen Kaufinteressenten hinzu[669]. Die wesentliche Schwierigkeit für den Sachverständigen, den „richtigen Restwert" festzustellen, ergibt sich gerade daraus, dass verschiedenste Personenkreise als Restwertaufkäufer in Betracht kommen und die Kalkulation der einzelnen Gruppen völlig unterschiedlich ist und damit auch erhebliche Spannen bei den Restwertangeboten vorliegen können. Wer kann nun zum Kreis der berücksichtigungsfähigen Restwertaufkäufer gezählt werden.

#### a) Werkstatt des Geschädigten

Als Aufkäufer des Unfallfahrzeuges kommt zunächst der Werkstattinhaber des Geschädigten in Betracht, bei dem das verunfallte Fahrzeug steht. Dieser hat damit in der Regel als erster die Möglichkeit, den Zustand des Fahrzeuges festzustellen. Grundsätzlich arbeiten die Werkstätten mit „ihrem" Sachverständigen oder zumindest einem festen Kreis von Sachverständigen zusammen, welcher dann von dem Geschädigten auf „Empfehlung" des Werkstattinhabers auch beauftragt wird. Sobald die Begutachtung erfolgt ist, hat der Werkstattinhaber nach Vorlage des Gutachtens oder auch schon nach vorheriger telefonischer Information durch den Sachverständigen als erster die Möglichkeit zu kalkulieren, wie hoch sich die Kosten der Reparatur belaufen bzw. zu welchem Preis er das Fahrzeug veräußern kann. Liegt eine geringe Werkstattauslastung vor und handelt es sich um ein gängiges und auch leicht wieder zu veräußerndes Fahrzeug, wird er versuchen, das Fahrzeug zu reparieren und anschließend mit Gewinn zu verkaufen[670]. Selbst wenn er bei hoher Auslastung seiner Werkstätte letztlich eine Reparatur nicht selbst durchführt, besteht für ihn immer noch die Möglichkeit, das Fahrzeug seinerseits mit einer entsprechenden Gewinnspanne

---

668 Steffen, DAR 97, 297 ff.

669 BGH, VersR 92, 457; BGH, VersR 93, 769; BGH, VersR 00, 467 = NJW 00, 800; BGH, SP 05, 90 = DAR 05, 152; BGH, NJW 05, 3134.

670 Höke, NZV 02, 254, 255.

an einen mit ihm zusammen arbeitenden Restwertaufkäufer weiter zu veräußern oder aber das Fahrzeug einfach über eine der Restwertbörsen anzubieten, nachdem er das Fahrzeug zuvor vom Geschädigten zu den im Gutachten angegebenen Restwert erworben hat. Ein Gewinn im vierstelligen Bereich innerhalb kürzester Zeit ist keine Seltenheit. Es liegt deshalb auf der Hand, dass der Gewinn steigt, wenn der für das verunfallte Fahrzeug zu zahlende Preis niedrig ist[671], also der Restwert durch den Sachverständigen möglichst gering geschätzt wird[672]. Gerade was die Werkstätten betrifft, hat sich seit der Entscheidung des BGH[673] geradezu ein Wettlauf mit den Versicherern eingestellt. Der Werkstattinhaber, dem die entsprechende BGH-Entscheidung in Grundzügen bekannt ist, versucht den Kaufvertrag mit dem Geschädigten über das verunfallte Fahrzeug alsbald abzuschließen, bevor diesem das Angebot eines von der Versicherung vermittelten Restwertaufkäufers erreicht, häufig auch bereits mit der Maßgabe „....zu dem vom Gutachten festgestellten Restwert .....".

**b) Gebrauchtwagenhändler ohne eigene Werkstatt**

Ein weiterer in Betracht kommender Aufkäufer ist ein Gebrauchtwagenhändler ohne eigene Werkstatt. Dessen Ziel wird es zwar zunächst sein, dem Geschädigten ein Fahrzeug aus seinem Bestand zu veräußern. Ein Interesse an dem verunfallten Fahrzeug besteht für ihn höchstens insoweit, als er versuchen wird, dieses wiederum an einen Restwertaufkäufer zu verkaufen. Selber reparieren wird er das Fahrzeug jedoch nicht, so dass der Erwerb des Unfallfahrzeuges für ihn nur zweitrangig ist. Letztlich steigt aber auch sein Gewinn, wenn der von ihm als Einstandspreis zu zahlende Restwert gering ist. So hat er die Möglichkeit, das Fahrzeug zumindest kostenneutral weiter zu veräußern[674] und an der Veräußerung des Ersatzfahrzeuges zu verdienen.

**c) Professioneller „seriöser" Restwertaufkäufer**

Als weiterer Interessent kann auch ein professioneller „seriöser" Restwertaufkäufer in Betracht kommen. Dieser handelt letztendlich einzig und allein mit verunfallten Fahrzeugen, gegebenenfalls auch nur als Zwischenhändler[675]. Ein solcher sucht häufig bereits ganz gezielt solche Fahrzeuge aus, von denen er weiß, dass bereits ein Abnehmer vorhanden ist, so dass sich diese Fahrzeuge nur kurz in seinem Besitz befinden und sein unternehmerisches Risiko gering ist. Diese Art von Aufkäufern kennt den Markt gut. Sie wissen genau zu welchem Preis sie die Fahrzeuge wieder absetzen können. Häufig liegen ihnen auch schon bestimmte Ankaufwünsche vor. Entsprechend niedrig oder hoch ist ihr eigener Einstiegspreis. Diese Art des Handeltreibens bezeichnet der BGH[676] als seriös, im Gegensatz zu den Aufkäufern, für die es auf das Fahrzeug selbst gar nicht ankommt, sondern die nur an dem Fahrzeugbrief sowie der Fahrzeugidentifikationsnummer interessiert sind. Diese Aufkäufer und de-

---

671 Dornwald, VersR 93, 1075.
672 LG Tübingen, SP 03, 101.
673 BGH, NJW 00, 800.
674 Dornwald, a.a.O.; Küppersbusch, VGT 94, 163, 171.
675 Hopfner, MDR 02, 801, 802.
676 BGH, VersR 92, 457.

ren Angebote sind bei der Ermittlung des Restwertes nach allgemeiner Ansicht von vornherein auszuschließen[677].

#### d) Auf Export spezialisierte Restwerthändler

Schließlich gibt es Restwerthändler, die allein auf den Handel mit verunfallten Fahrzeugen und deren Export vorwiegend in das osteuropäische Ausland[678] zum Teil jedoch sogar bis nach Südafrika spezialisiert sind. Insoweit ist zu berücksichtigen, dass eine Arbeitsstunde in Polen oder Tschechien mit maximal 15,00 € zu Buche schlägt. Dies führt folglich dazu, dass die Kalkulationsgrundlage eine ganz andere als in Deutschland ist. In Polen werden in Anbetracht der niedrigen Lohnkosten Fahrzeuge wieder reparaturwürdig und lassen sich mit Gewinn veräußern, die nach den deutschen Stundensätzen und Kosten zwangsläufig als wirtschaftlicher Totalschäden bewertet werden müssten. Ein Fahrzeug mit einem Wiederbeschaffungswert von 5.000,00 € und einem Restwert von 500,00 € ist bei zu erwartenden Reparaturkosten von beispielsweise 4.800,00 € als wirtschaftlicher Totalschaden anzusehen, da die Reparaturkosten höher als der Wiederbeschaffungswert abzüglich Restwert sind. Enthalten im Beispielsfalle die Reparaturkosten jedoch Lohnkosten von ca. 3.000,00 €, die in Polen nur 500,00 € verursachen würden, führt dies dazu, dass ein solches Fahrzeug mit einem vernünftigen Aufwand wieder repariert und veräußert werden kann.

Berücksichtigt man außerdem, dass die Neuwagenpreise beispielsweise in Polen im Jahre 2003 um ca. 10 % gestiegen sind, zeigt sich, dass nicht nur das Interesse besteht, Fahrzeuge dort reparieren und nach Deutschland reimportieren zu lassen. Vielmehr sind die Fahrzeuge auch für den polnischen Markt von Bedeutung.

#### e) Kfz-Mechaniker

Als Aufkäufer kann gleichfalls ein Kfz-Mechaniker in Frage kommen, der gelegentlich in seiner Freizeit alleine oder mit anderen zusammen ein unfallbeschädigtes Fahrzeug wieder herrichtet, um sich so einen Zusatzverdienst zu schaffen, ohne dass er gleich als Gewerbetreibender anzusehen ist[679]. Gerade in Zeiten „knapper Kassen" greift man gern auf die Möglichkeit eines solchen Zusatzverdienstes zurück. Es handelt sich dabei häufig um Angestellte in Kfz-Werkstätten mit entsprechendem Knowhow, die entsprechende Fahrzeuge von den Werkstätten auch vermittelt erhalten. Da diese Gruppe häufig nicht über die nötigen Spezialwerkzeuge verfügt, sind solche Fahrzeuge besonders interessant, bei denen viele Arbeiten an der Karosserie wie Ausbeulen, Schleifen, Spachteln etc. vonnöten sind und keine Arbeiten an der Elektronik, wofür Spezialkenntnisse und –geräte erforderlich wären.
Auch derjenige, der nicht über eine entsprechende Werkstätte verfügt, hat die Möglichkeit eine so genannte Mietwerkstätte aufzusuchen, in der er vom einfachen Werkzeug bis hin zur Hebebühne die benötigten Utensilien anmieten kann.

---

677 vgl. Rode, DAR 98, 52, 55.

678 Rode, DAR 98, 52, 53; Steffen, DAR 97, 297, 300; Höke, NZV 02, 254, 255.

679 Rode, a.a.O.

Im Vergleich zu einer Vertragswerkstätte ist diese Personengruppe in der Lage, mehr für das verunfallte Fahrzeug zu zahlen, da eine völlig andere Kalkulation als in einer Vertragswerkstätte erfolgt und eine kostengünstigere Reparatur durchgeführt werden kann[680]. Zu beachten ist, dass in diesem Zusammenhang keinerlei Lohnnebenkosten wie Sozialversicherungsbeiträge, Entgeltfortzahlung im Krankheitsfalle etc. anfallen. Gerade bei solchen Schäden, bei denen eine hohe Arbeitsleistung und wenig Material benötigt werden, lässt sich ein Fahrzeug mit einem vernünftigen Zeit- und Materialaufwand reparieren und gegebenenfalls mit erheblichem Gewinn, der oft auch nicht versteuert wird, veräußern.

**f) Teileverwerter**

Schließlich kommen als mögliche Aufkäufer auch diejenigen in Betracht, die allein Interesse an der Ausschlachtung des Fahrzeugs haben. Die Bedeutung dieser Käufergruppe hat in den vergangenen Jahren wegen des gestiegenen Interesses an Reparaturen mit preisgünstigen Ersatzteilen, stark zugenommen[681]. Obwohl der Gebrauchtautomarkt lahmt, finden beschädigte Fahrzeuge reißenden Absatz. Viele Autoverwerter reparieren schadhafte Autos nicht mehr, sondern zerlegen sie, um dann die noch intakten Einzelteile zu verkaufen. Gefragt sind vor allem Großserienfahrzeuge der Marken VW, Opel und Ford. Die ausgebauten Gebrauchtteile liegen selten länger als eine Woche im Lager. Immer mehr Autofahrer fragen nach Türen, Klappen, Getrieben und Motoren aus zweiter Hand, was natürlich auch für die oben beschriebene Gruppe der Mechaniker gilt, die gelegentlich ein Unfallfahrzeug herrichtet. Neue Ersatzteile sind häufig sehr teuer, so dass es sich nahezu immer lohnt, einen gebrauchten Motor, ein Getriebe oder auch nur die Bremsbeläge auszubauen[682]. Bei Ersatzteilen hochpreisiger Fahrzeuge, etwa der Marken Porsche, Mercedes etc. spricht die Branche sogar von „Edelschrott".

Ein Abnehmer wird sich letztlich immer finden.

**g) Briefehandel**

Eine weitere Möglichkeit zur gewinnbringenden Vermarktung eines wirtschaftlich nicht mehr verwertbaren Unfallfahrzeuges (technischer Totalschaden, z. B. ausgebrannt)[683] ist darin zu sehen, dass die Fahrzeugpapiere und die Fahrgestellnummer tragende Baugruppe sowie das Typenschild des Fahrzeuges auf ein gestohlenes, typgleiches Fahrzeug umgebaut werden, um so mit minimalem Aufwand relativ risikofrei einen guten Gewinn erzielen zu können (so genannter Briefhandel). Obwohl es diese schwarzen Schafe[684] gibt, ist zu bedenken, dass das Beschaffen eines Kfz-Briefes und das anschließend gezielte Suchen und Stehlen eines hierzu passenden Fahrzeuges auch für Kriminelle sehr aufwändig ist und sich nur bei hochpreisigen Wagen, wie Porsche oder Mercedes der S-Klasse, lohnt. Da diese Fahrzeuge aber einen sehr geringen Marktanteil haben, spielt der Briefhandel eher eine untergeord-

680 Dornwald, VersR 93, 1075.
681 AG Osnabrück, Urteil v. 21.11.97, Az: 81 C 168/97, n.v.
682 FAZ. NET v. 16.08.03 Nr. 189/48.
683 Rode, DAR 98, 52, 55.
684 Huber, DAR 02, 337, 341.

nete Rolle, so dass keinesfalls von einem Massenphänomen gesprochen werden kann[685], auch wenn dieser Briefehandel von Gegnern der Restwertbörse gern als warnendes Beispiel angegeben wird. Im Übrigen ist dies kein reines Restwertbörsenproblem, sondern ein Problem des Restwertmarktes insgesamt. Der effizienteste Weg über die Restwertbörse kriminell motivierte Angebote auszuschalten, wäre wohl die Forderung, bei offensichtlichen Totalschäden die Entwertung des Fahrzeugbriefes gemäß § 17 StVZO zur Voraussetzung für eine Einstellung des Fahrzeugs in die Restwertbörse zu machen[686]. Ein anderer Vorschlag, den Briefehandel zu unterbinden oder zumindest einzuschränken, ist die Erstellung einer „schwarzen Liste", in der Marktteilnehmer, die mit kriminellen Machenschaften aufgefallen sind, eingestellt werden[687]. Hierzu wäre jedoch nicht nur die Auffälligkeit des Marktteilnehmers sondern auch der Nachweis der „besagten Machenschaften" erforderlich, was letztlich nur im Wege einer gerichtlichen Entscheidung erfolgen kann. Diese dürfte in der Praxis nicht nur schwer zu handhaben, sondern im Ergebnis unrealistisch sein, zumal ein solcher Marktteilnehmer noch immer die Möglichkeit hätte, über Strohleute weiterhin aktiv zu bleiben.

Ein weiterer Vorschlag, den Briefehandel zu unterbinden oder zumindest einzuschränken, geht deshalb dahin, in Bezug auf das betroffene Fahrzeug zu bestimmen, wann dieses außerhalb krimineller Machenschaften nicht mehr sinnvoll verwertbar ist. Solche Fahrzeuge müssten dann komplett vom Handel in der Restwertbörse ausgeschlossen werden. Als anschauliches Beispiel mag ein völlig ausgebranntes Fahrzeugwrack dienen, bei dem nichts mehr Verwertbares vorhanden ist, ebenso ein solches Fahrzeug, welches derart beschädigt ist, dass nicht einmal mehr Teile verwendet werden können. Äußerst verdächtig wäre es auch, wenn ein Aufkäufer bereit ist, für die noch zu verwendeten Teile des Fahrzeuges mehr zu zahlen, als gleichwertige Neuteile kosten würden.

### 4. Stellungnahme

In der Praxis ist es äußerst schwierig den zutreffenden bzw. richtigen Restwert zu ermitteln. Letztlich kann man nicht von „dem Restwert" sprechen. Vielmehr muss man berücksichtigen, dass es sich immer um einen Näherungs- oder Schätzwert handelt. Wegen der Vielzahl der (unterschiedlichen) Personenkreise, die als Erwerber eines Unfallfahrzeuges in Betracht kommen[688], können die für ein und dasselbe Fahrzeug zu erzielenden Preise erheblich variieren[689]. Dies zeigt sich auch darin, dass bei Angeboten, die über eine Restwertbörse eingeholt werden, Differenzen von mehreren 100 % keine Seltenheit sind. Allen potentiellen Restwertaufkäufern ist eins gemein, nämlich das nachvollziehbare Interesse, das verunfallte Fahrzeug möglichst günstig zu erwerben, um so beispielsweise im Falle einer Weiterveräußerung nach oder auch ohne erfolgter Reparatur eine möglichst hohe Gewinnspanne zu erzielen. Deshalb besteht eine entsprechend große Bandbreite, innerhalb der ein mit der Restwertbegutachtung beauftragter Sachverständiger den zu erzielenden Restwert

---

685 Trost, VersR 02, 795, 804.

686 Rode, DAR 98, 52, 55.

687 Rode, a.a.O.

688 Höke, NZV 02, 254, 255.

689 Steffen, DAR 97, 297 ff.

angeben kann, was die Bestimmung des Restwertes so schwierig macht[690]. Der Sachverständige ist hierbei nicht nur seinem Auftraggeber, dem Geschädigten gegenüber verpflichtet, ein mangelfreies Gutachten abzugeben[691], sondern er muss bei der Begutachtung auch darauf achten, dass er berechtigte und schützenswerte Interessen der gegnerischen Haftpflichtversicherung und etwa anderer Beteiligter berücksichtigt, soweit diese in den Schutzbereich einbezogen sind[692]. Dieses führt naturgemäß zu einer Interessenkollision. Die Aufgabe des Sachverständigen besteht deshalb hauptsächlich darin, einen realistischen Restwert zu schätzen, ohne hierbei die widerstreitenden Interessen zwischen Auftraggeber und Haftpflichtversicherung außer Acht zu lassen. Einerseits soll er eine unabhängige Stellungnahme abgeben und für Rechtsfrieden sorgen[693], andererseits genießt er kein Richterprivileg[694]. Wie bei jeder Schätzung ist hier keine eindeutige richtige objektive Festlegung möglich. Dem Sachverständigen steht daher in gewissen Grenzen ein Ermessen zu. Pflichtwidrig handelt der Sachverständige erst, wenn er die Grenzen dieses Ermessens überschreitet.

Die eigentliche Frage, nämlich wann ein Gutachten unvollständig und falsch ist, wird danach zu beantworten sein, welche Bewertungsaufgabe der Sachverständige gegenüber seinem Auftraggeber hatte, welcher Markt für die Bestimmung des Restwertes maßgeblich ist und welchen Befragungs- und Ermittlungsaufwand der Sachverständige vornehmen muss[695]. Der Ausgangspunkt für die dem Sach-verständigen gestellte Bewertungsaufgabe wird in Anbetracht der Rechtsprechung des Bundesgerichthofes regelmäßig die Konkretisierung desjenigen Restwertes sein, den der Geschädigte bei einer Ersatzbeschaffung in eigener Regie nach § 249 Abs. 2 Satz 1 BGB zugrunde legen darf[696]. Eine fehlerhafte Ermittlung des Restwertes läge in diesem Fall vor, wenn der Gutachter den ausdrücklichen Auftrag erhalten hätte, bei der Bewertung des Restwertes nicht nur die örtlichen Händler und Werkstätten zu berücksichtigen, sondern auch überörtliche. Hierbei stellt sich weiter die Frage, ob eine fehlerhafte Bestimmung des Restwertes dann gegeben ist, wenn der Sachverständige diese auf den für den Geschädigten ohne weitere Anstrengungen zugänglichen Markt begrenzt. Genügt es, wenn der Sachverständige lediglich Angebote des ihm zugänglichen Gebrauchtwagenmarktes berücksichtigt[697] oder muss er darüber hinaus versuchen, Angebote auch von spezialisierten Restwertaufkäufern, von so genannten Online-Börsen zu erhalten?

Ausgangspunkt ist insoweit die bisher zu dieser Frage ergangene höchstrichterliche Rechtsprechung[698]. Danach darf der Schädiger den Geschädigten nicht auf einen

---

690 OLG Frankfurt, SP 03, 15.

691 Dornwald, VersR 93, 1075 f.

692 Engelke, SP 01, 280, 281.

693 Engelke, a.a.O.

694 Huber, DAR 02, 337, 343.

695 AG Homburg / Saar, MittBl der Arge, VerkR 03, 183.

696 BGH, NJW 05, 3134; AG Homburg / Saar, a.a.O.

697 so z.B. LG Koblenz, NZV 05, 46; AG Rüdesheim am Rhein, NZV 04, 589; OLG Köln, NZV 05, 44; LG Lüneburg, SP 03, 362; AG Lörrach, SP 03, 362f.

698 BGH, VersR 92, 457; BGH, VersR 93, 769; BGH, VersR 00, 467 = NJW 00, 800; BGH, SP 05, 90; BGH, NJW 05, 3134.

höheren Restwerterlös verweisen, den dieser auf einem Sondermarkt durch spezialisierte Restwertaufkäufer erzielen könnte[699]. Dementsprechend wird der maßgebliche Restwert derart umschrieben, dass es sich um den Wert handeln müsse, den der Geschädigte bei Anschaffung eines gebrauchten Ersatzfahrzeuges bei einem seriösen Händler seiner Umgebung bei Inzahlunggabe des Wracks erzielen könne[700]. Hintergrund dieser Rechtsprechung ist, dass nach der Objektbezogenheit der Schadensberechnung der erforderliche Aufwand zur Wiederherstellung nach der besonderen Situation zu bemessen ist, in der sich der Geschädigte befindet. Es ist also Rücksicht auf dessen individuelle Erkenntnisse sowie die möglicherweise gerade für ihn bestehenden Schwierigkeiten zu nehmen[701]. Durch diese Vorgehensweise soll verhindert werden, dass der Geschädigte sich bei der Verwertung des Unfallfahrzeuges auf ihm unbekanntes Terrain begeben muss[702].

Der Sachverständige ist indes nicht Erfüllungsgehilfe des Geschädigten[703]. Erfüllungsgehilfe ist nämlich derjenige, der nach den tatsächlichen Gegebenheiten des Falles mit dem Willen des Schuldners bei der Erfüllung einer diesem obliegenden Verbindlichkeit als seriöse Person tätig wird[704]. Da der Sachverständige eine solche Hilfsperson nicht ist, geht seine Verpflichtung nicht über diejenige hinaus, die auch der Geschädigte selbst vorzunehmen hätte[705]. Kann der Geschädigte jedoch nicht auf einen breiteren, ihm nicht zugänglichen Markt verwiesen werden, so kann und darf der Sachverständige auch diesen breiteren, nicht allgemein zugänglichen Markt bei seiner Wertermittlung nicht berücksichtigen, da ansonsten der konkrete Schaden des Geschädigten tatsächlich verzerrt ermittelt würde[706].

Wollte man in einer solchen Situation jede Abweichung vom letztlich tatsächlich erzielten Restwert als Pflichtverletzung werten, würde man den wohl verstandenen Interessen des Gutachters auch unter Berücksichtigung gegenläufiger Interessen des Auftraggebers keinesfalls gerecht[707]. Aus diesem Grunde schuldet ein Gutachter aus dem Gutachtervertrag keineswegs etwa ein bestimmtes „objektives" Ergebnis und haftet in der Konsequenz nicht für bloße Abweichungen im Ergebnis. Der werkvertraglich geschuldete Erfolg liegt vielmehr in der Abgabe einer Stellungnahme auf Ba-

---

699 BGH, NJW 05, 3134; so auch OLG Köln, NJW-RR 05, 26, 27; LG Koblenz, NZV 05, 46; LG München, DAR 05, 287, 288; LG Köln, NZV 02, 513.

700 AG Homburg / Saar, MittBl der Arge, VerkR 03, 183.

701 BGH, VersR 78, 182, 183.

702 BGH VersR 92, 457; BGH VersR 93, 769; BGH VersR 00, 467 = NJW 00, 800; BGH, SP 05, 90; LG Lüneburg, SP 03, 362.

703 Staudinger/Löwisch, § 278, Rdnr. 99; Palandt/Heinrichs, § 278, Rdnr. 17 und § 254, Rdnr. 56; Wussow/Karczewski, Kap. 41, Rdnr. 5; OLG Hamm VersR 01, 249; LG Siegen NZV, 96, 153; LG Lüneburg, MDR 70, 675; LG Köln, NJW 75, 57; AG Wetzlar, SP 00, 178; Ross, NZV 01, 321, 322.

704 BGHZ 13, 113; 50, 35; 62, 124; 98, 334.

705 AG Homburg / Saar, MittBl der Arge, VerkR 03, 183; AG Frankfurt/Main Abt. Hoechst, Urteil v. 10.12.04, Az: 387 C 1545/04 (98), n.v.; BGH, NJW 05, 3134.

706 AG Mannheim, Urteil v. 15.06.01, Az: 3 C 253/00, n.v.; LG Koblenz, NZV 05, 46.; so ausdrücklich bestätigt durch BGH, NJW 05, 3134.

707 AG Lörrach, SP 03, 362 f.

sis seiner sachkundigen Einschätzung zu der gutachterlichen Fragestellung[708]. Er ist mithin nur zur Erstellung seines Gutachtens unter Beachtung der gebotenen Sorgfalt und unter Einbeziehung seiner Sachkunde verpflichtet. Eine Pflichtverletzung kann sich nicht alleine aus dem Bewertungsergebnis, also konkret einer summenmäßigen Abweichung der verschiedenen Angebote für das Fahrzeug ergeben, sondern nur daraus ersehen, dass der Gutachter bei seiner Bewertungsentscheidung – hier der Restwertermittlung – nicht die gebotene Sorgfalt hat walten lassen[709].

Es stellt sich deshalb die Frage, welche Bewertungsgrundlagen der Sachverständige zu berücksichtigen und welche Bewertungsfehler er zu beachten hat.

## II. Bewertungsmethode und mögliche Bewertungsfehler durch den Sachverständigen

Die Aufgabe des Sachverständigen besteht darin, anhand von feststehenden oder von ihm zu ermittelten Tatsachen und über gutachterliche Schlussfolgerungen, zu einem nicht nur nachvollziehbaren, sondern letztlich belegbaren Ergebnis zu gelangen. Für den Bereich des Restwertes liegt der Schwerpunkt in der Ermittlung der Tatsachengrundlagen, so dass Bewertungsfehler des Sachverständigen auch in erster Linie diesen Bereich betreffen. In diesen Fällen könnte ein Verstoß des Sachverständigen gegen seine Verpflichtung aus dem Gutachtervertrag vorliegen. Zu denken wäre etwa an folgende Fallgestaltungen:

### 1. Tatsächlich nicht eingeholte Angebote

Als Tatsachengrundlagen für die Bestimmung des Restwertes, die der Sachverständige zu ermitteln und zu überprüfen hat, kommen konkrete Angebote, die innerhalb des Marktes für das beschädigte Fahrzeug unterbreitet werden, in Betracht. Eine Pflichtverletzung des Sachverständigen könnte deshalb dann vorliegen, wenn er den Restwert, ohne solche konkrete Angebote einzuholen, lediglich nach „Gutdünken" unter Berufung auf seine gutachterlicher Erfahrung und seine behauptete Marktkenntnis bestimmt[710].

Zwar ist dem Sachverständigen ein Beurteilungsspielraum bei der Ermittlung zuzubilligen[711]. Den richtigen Restwert gibt es nämlich nicht. Eine Bandbreite wird immer verbleiben. Letztlich wird es immer möglich sein, einen Aufkäufer ausfindig zu machen, der bereit ist, das bereits vorliegende Angebot noch zu überbieten. Wohl aber wird man von dem Sachverständigen verlangen können, Angebote einzuholen und diese nach Zeitpunkt, Anbieter und Höhe zu spezifizieren, da letztlich nur dann auch eine Überprüfung möglich ist. Wer als Kraftfahrzeugsachverständiger von dem Geschädigten mit der Bewertung eines unfallgeschädigten Fahrzeuges beauftragt wird, weiß, dass dieses Gutachten zur Vorlage bei der gegnerischen Versicherung be-

---

708 LG München II, DAR 05, 287, 288.

709 AG Saarburg, Urteil v. 30.05.03 , Az: 5 C 265/02; BGH, NJW 01, 514, 516 = LM § 328 Nr. 101, Staudinger/Peters, Vorbem. § 631, Rdnr. 28.

710 AG Göppingen, SP 05, 142 f.

711 LG Bochum, NJW-RR 93, 29; LG Stuttgart, zfs 92, 51, 52; Steffen, zfs 97, 297, 301.

stimmt ist[712]. Er wird sich nicht darauf berufen können, ihm sei der Markt auch so bekannt und er könne den Wert aufgrund seiner Erfahrung auch ohne Einholen konkreter Angebote einschätzen; denn der Restwertmarkt ist aufgrund der zahlreichen ihn beeinflussenden Faktoren schnelllebig. Die Nachfrage nach bestimmten Fahrzeugen kann sich kurzfristig erhöhen, so dass automatisch auch die zu zahlenden Preise steigen.

**2. Einholen von offensichtlich ungeeigneten Angeboten**

Das bloße tatsächliche Einholen von Angeboten allein stellt für den Sachverständigen jedoch noch keinen Freibrief dar. So reicht es nicht aus, wenn er zwar Angebote einholt, er jedoch von vornherein weiß, dass diese untauglich und damit ungeeignet sind. Dies könnte dann der Fall sein, wenn er den örtlichen Markt am Wohnsitz des Geschädigten zwar einschaltet, gleichwohl jedoch nicht ausreichend recherchiert. Ist ihm beispielsweise bekannt, dass ein örtlicher Gebrauchtwagenhändler nur Fahrzeuge bestimmter Fabrikate erwirbt, genügt er seinen Pflichten nicht, wenn er diesem ein Fahrzeug einer anderen Fahrzeugmarke anbietet. Zu den Aufgaben und Pflichten eines Sachverständigen zählt es, dass er zumindest versucht, geeignete Angebote einzuholen. Nach der Rechtsprechung reicht es hierfür nicht aus, nur bei einem oder zwei Aufkäufern nachzufragen, sondern es wird mindestens die Einholung von drei Angeboten verlangt[713]. Nur pro forma Anfragen stellen keine ordnungsgemäße Bearbeitung des Gutachtensauftrags dar. Der Gutachter muss sich darum bemühen, dort nachzufragen, wo er damit rechnen kann, auch geeignete und letztlich akzeptable Angebote zu erhalten. Darlegungs- und beweispflichtig für einen Pflichtenverstoß ist der Schädiger bzw. dessen Versicherung. An dieser Hürde dürfte die Geltendmachung eines Ersatzanspruches in aller Regel scheitern, da der Versicherer einen erheblichen Aufwand betreiben und seinerseits Nachforschungen anstellen müsste, ob der Sachverständige den regionalen Markt auch tatsächlich ausreichend berücksichtigt hat[714]. Der Versicherer müsste darlegen und notfalls auch beweisen, dass ein regionaler Aufkäufer bereit war, nicht nur einen höheren Preis zu zahlen, sondern dass der Gutachter auch verpflichtet gewesen wäre, gerade diesen Aufkäufer in seine Recherche einzubeziehen[715]. Legt der Sachverständige seinerseits dar, dass ihm drei andere Unternehmen aus welchen Gründen auch immer geeigneter erschienen, dürfte bereits damit ein Pflichtenverstoß ausscheiden. Der Darlegungslast genügt der Versicherer nicht, wenn er sich auf einen „Sondermarkt" beruft[716].

Eine fehlerhafte Bewertung könnte allerdings dann vorliegen, wenn der Sachverständige eine einseitig den Geschädigten begünstigende Auswahl der Anbieter ge-

---

712 OLG München, zfs 90, 296 f.

713 Gebhardt, NZV 02, 249, 253; Riedmeyer DAR 02, 43 ff., Nickel, zfs 98, 409; AG Ingolstadt, Urteil v. 18.09.03, Az: 11 C 784/03 n.v.; AG Pinneberg, Urteil v. 29.08.03, Az: 68 C 153/03, n.v.; AG Montabaur, Urteil v. 18.07.03, Az: 15 C 127/03, n.v.; AG Bersenbrück, Urteil v. 21.05.03, Az: 11 C 208/03, n.v.; LG Aachen, Urteil v. 05.02.02, Az: 11 O 164/02, n.v.; AG Aschaffenburg, Urteil v. 15.01.03, Az: 30 C 832/01, n.v.; Höke, NZV 02, 254, 257.

714 AG Bad Kissingen, Urteil v. 10.03.03, AZ: 21 C 311/02, n.v.

715 LG Lüneburg, SP 03, 362.

716 AG Bad Sobernheim, Urteil v. 29.09.03, Az: 6 C 181/03,. n.v.; BGH, NJW 05, 3134.

troffen hat. Hiervon ist auszugehen, wenn er bewusst bei solchen Aufkäufern anfragt, die nur Angebote im unteren Preissegment abgeben. Hier wäre vom Grundsatz her ein Verstoß zu bejahen, da die Restwertfeststellung einseitig zugunsten des Geschädigten erfolgt. Für einen solchen Verstoß des Sachverständigen ist jedoch wiederum die Versicherung darlegungs- und beweispflichtig[717], wobei ein pauschales Beweisangebot „Einholung eines Sachverständigen-Gutachten" als nicht ausreichend anzusehen ist, um dieser Darlegungs- und Beweislast zu genügen[718].

### 3. Unterlassene Überprüfung der eingeholten Angebote

Es stellt sich die Frage, ob der Sachverständige nicht nur zur Einholung von (geeigneten) Angeboten verpflichtet ist, sondern diese darüber hinaus einer zusätzlichen Überprüfung zu unterziehen hat. Hierzu gehören nicht die Fälle, in denen es sich dem „Sachverständigen aufdrängt", dass die eingeholten Angebote „unseriös" sind. Hier fehlt es dann bereits schon an der Geeignetheit der Angebote[719]. Zu denken ist vielmehr an die Fälle, an denen der Gutachter zunächst Angebote nach den Vorgaben der Rechtsprechung (mindestens drei seriöse Händler aus dem Bereich des allgemeinen Marktes)[720] eingeholt hat und sich nunmehr die Frage stellt, ob allein die unbesehene Übernahme dieser Angebote ausreicht oder ob diese zusätzlich auf ihre Plausibilität mit der tatsächlichen Marktlage zu überprüfen sind[721].

Eine solche Verpflichtung ist zumindest dann anzunehmen, wenn der allgemeine Markt nicht nur aus den drei nachgefragten Händlern besteht, sondern wie üblichrweise in Großstädten oder Ballungszentren erheblich größer ist. Dann wird es regelmäßig nicht ausreichen, sich allein auf die eingeholten Angebote zu berufen, sondern der Sachverständige muss zusätzlich die tatsächliche Marktlage ermitteln. Schließlich wird ihm ein Beurteilungsspielraum zur Ermittlung des Restwertes zugebilligt[722], was nur Sinn macht, wenn der Sachverständige eine entsprechende Beurteilung anstellt. Dies gilt vor allem und erst recht bei solchen Fahrzeugen, bei denen eine große Preisspanne zu erwarten ist, wie beispielsweise bei einem reparaturwürdigen Fahrzeug guter Marktgängigkeit in mittlerem Fahrzeugalter mit gängiger Fahrzeugausstattung, Motorisierung und Lackierung sowie der Möglichkeit zur kostengünstigen Reparatur gegebenenfalls unter Einsatz von Gebrauchtteilen[723].

---

717 AG Schleswig, Urteil v. 19.09.03, Az: 3 C 59/03, n.v.; LG Lüneburg, SP 03, 362.

718 AG Rosenheim, Zweigstelle Wasserburg a. Inn v. 09.10.02, Az: 18 C 207/02 n.v.; BGH, NJW 81, 577 m.w.N.; LG Kaiserlautern, zfs 06, 150, 153.

719 LG München II, DAR 05, 287f.

720 Gebhardt, NZV 02, 249, 253; Riedmeyer DAR 02, 43 ff., Nickel, zfs 98, 409; AG Ingolstadt, Urteil v. 18.09.03, Az: 11 C 784/03 n.v.; AG Pinneberg, Urteil v. 29.08.03, Az: 68 C 153/03, n.v.; AG Montabaur, Urteil v. 18.07.03, Az: 15 C 127/03, n.v.; AG Bersenbrück, Urteil v. 21.05.03, Az: 11 C 208/03, n.v.; LG Aachen, Urteil v. 05.02.02, Az: 11 O 164/02, n.v.; AG Aschaffenburg, Urteil v. 15.01.03, Az: 30 C 832/01, n.v.

721 AG Gütersloh, SP 03, 29 f.; AG Ulm, SP 02, 361; AG Aachen, SP 02, 385 m.w.N.

722 LG Bochum, NJW-RR 93, 29; LG Stuttgart, zfs 92, 51, 52; Steffen, zfs 97, 297, 301.

723 AG Aachen, a.a.O, 286.

**4. Nichtberücksichtigung der Online-Restwertbörsen**

Ein weiterer Bewertungsfehler des Sachverständigen könnte darin liegen, dass er weder bei der Einholung der Angebote noch bei der Ermittlung der Marktlage die so genannten Sondermärkte berücksichtigt. Grundsätzlich muss der Sachverständige den Markt erforschen, wenn er einen realistischen, d.h. marktgerechten Restwert ermitteln will[724]. Er müsste danach die gesamte Bandbreite der am Markt gegebenen Absatzmöglichkeiten, also auch die Online-Börsen ausschöpfen. Als mangelhaft im Sinne des § 634 Nr. 1, 280 BGB[725] wäre ein Gutachten nämlich auch dann anzusehen, wenn es auf einer unvollständigen oder unzutreffenden Tatsachengrundlage erstellt worden ist oder wenn in ihm falsche Schlussfolgerungen aus vorgegebenen oder vom Sachverständigen zu erarbeitenden zutreffenden Tatsachen gezogen werden. Ein beauftragter Sachverständiger hat die Richtigkeit des Inhalts und des Ergebnisses des Gutachtens zu gewährleisten und insbesondere dafür einzustehen, dass seine tatsächlichen Feststellungen vollständig sind, seine fachlichen Beurteilungen dem aktuellen Stand der Wissenschaft, Technik, Forschung und Erfahrung entsprechen und seine Schlussfolgerungen mit der sachlich gebotenen Sorgfalt vorgenommen wurden[726]. Es stellt sich deshalb die Frage, ob der Sachverständige somit auch verpflichtet ist, Angebote des Sondermarktes zu berücksichtigen.

In der Literatur wird teilweise die Auffassung vertreten, dass der Sachverständige nicht verpflichtet sei, aus Restwertbörsen entnommene Angebote von Restwertkäufern zu berücksichtigen[727]. Er dürfe vielmehr nur auf solche Angebote abstellen und zurückgreifen, die aus dem allgemeinen, dem Geschädigten räumlich zugänglichen und zuzumutenden Markt stammen und deren Seriosität der Sach-verständige überprüfen könne[728]. Es seien somit nur Angebote zu berücksichtigen, die von seriösen, in der Umgebung des Geschädigten befindlichen Gebrauchtwagen- und Vertragshändlern stammten[729].
Nach anderer Auffassung soll der Sachverständige bei der Ermittlung des Restwertes die gesamte Bandbreite der am Markt gegebenen Abfragemöglichkeiten ausschöpfen. Dies heißt, dass er sich eben nicht nur auf örtliche Gebrauchtwagen- und Vertragshändler beschränken darf, sondern auch die Online-Börsen mit berücksichtigen müsse[730].
Teilweise wird auch vertreten, dass sich die Standards für den Kfz-Sachverständigen anhand der Empfehlungen des einschlägigen Bundesverbände[731] sowie des Ver-

724 vgl. zum Beispiel LG Saarbrücken, SP 01, 104 f.
725 Palandt/Sprau, § 634, Rdnr. 6.
726 LG Kaiserlautern, zfs 06, 150, 153.
727 Walzer, DAR 05, 288.
728 LG Kaiserlautern, zfs 06, 150,153.
729 z.B. LG Köln, NZV 02, 513 f; AG Ludwigsburg, SP 98, 438 ff; AG Landshut, zfs 02, 433 ff; Steffen, zfs 02, 161 ff.; Riedmeyer, DAR 02, 43 ff.; OLG Köln, VersR 04, 1145 ff.; LG Koblenz, NZV 05, 46 ff.; AG Rüdesheim am Rhein, NZV 04, 589; AG Bad Sodernheim, Urteil v. 29.09.03, Az: 6 C 181/03, n.v.; LG München, DAR 05, 287.
730 LG Saarbrücken, SP 01, 104 f; LG Gießen, zfs 01, 496 f; AG Ulm, SP 02, 361 f.; LG Koblenz VersR 03, 1050 mit Anm. Trost; LG Zweibrücken, Urteil v. 22.02.05, Az: 3 S 62/04 m.w.N., zit. nach juris; Fuchs, DAR 02, 189, 191.
731 Riedmeyer, DAR 02, 43, 44.

kehrsgerichtstages ergeben. So hat der 40. Verkehrsgerichtstag 2002 die Empfehlung ausgesprochen, auch Angebote aus Restwertbörsen zu berücksichtigen, soweit sie dem Sachverständigen plausibel erscheinen und solche Angebote nicht zu berücksichtigen, die allein dem Handel mit Kraftfahrzeugbriefen und Fahrzeugteilen zu ungesetzlichen Zwecken dienen[732]. Der BVSK[733] empfiehlt seinen Mitgliedern zunächst weiterhin, den Restwert auf der Grundlage des allgemeinen Marktes festzustellen, diesen allerdings im Wege einer Plausibilitätsprüfung mit den Gegebenheiten und Möglichkeiten des Sondermarktes und den Online-Börsen, abzugleichen.

Nach derzeitiger Rechtsprechung des BGH ist der Restwert eines Unfallfahrzeuges der Betrag, den der Geschädigte im Rahmen der Ersatzbeschaffung nach § 249 Abs. 2 Satz 1 BGB bei einem seriösen Gebrauchtwagenhändler im örtlichen Bereich oder bei dem Kraftfahrzeughändler seines Vertrauens im Wege der Inzahlunggabe des beschädigten Fahrzeugs, also auf dem so genannten „allgemeinen" Markt noch erzielen kann[734]. Diesen Grundsatz hat der BGH durch die Urteile vom 17.12.2004[735] und 12.07.2005[736] nochmals bestätigt. Andere Gerichte wie das OLG Düsseldorf[737] und beispielsweise das OLG Hamm[738] haben sich dem gegenüber einer Berücksichtigung der Sondermärkte und der sie tragenden Online-Börsen geöffnet. Die Rechtsprechung ist damit, zumindest soweit es die Instanzgerichte betrifft, keineswegs einheitlich.

In Bezug auf den Sachverständigen stellt sich weniger die Frage, ob er in seiner Restwertberechnung die Online-Börsen einfließen lassen muss, sondern vielmehr, ob er dies in Anbetracht des ihm vom Geschädigten erteilten Gutachterauftrages überhaupt darf. Dies ist nach derzeitiger BGH-Rechtsprechung nicht der Fall[739]. Danach soll der Geschädigte im Verhältnis zum Schädiger gerade nicht darauf verwiesen werden, einen speziellen Restwertaufkäufer einschalten zu müssen. Solange der BGH an dieser Rechtsprechung festhält, wird man dem Sachverständigen, der bei der Restwertermittlung die Online-Börse unberücksichtigt lässt, keine Pflichtverletzung vorwerfen können, selbst wenn die Rechtsprechung der Instanzgerichte zum Teil hiervon abweicht[740].

---

732 Himmelreich/Halm/Bücken, SP 97, 26, 27 .

733 www.bvsk.de.

734 BGH, NJW 92, 03 = BGH, NJW 93, 1894; BGH, NJW 00, 800; BGH, NJW, SP 05, 90 = DAR 05, 152; BGH, NJW 05, 3134; sowie Geigel/Schlegelmilch, Rdnr. 44.

735 BGH, NJW 05, 357.

736 BGH, NJW 05, 3134.

737 OLG Düsseldorf, VersR 98, 518.

738 OLG Hamm, r+s 98, 64.

739 BGH, VersR 92, 457; NJW 1993, 1849; NJW 00, 800; BGH, SP 05, 90 = DAR 05, 152.; BGH, NJW 05, 3134.

740 LG Zweibrücken, Urteil v. 22.02.05 Az: 3 S 62/04, zit. nach juris; vgl. beispielsweise LG Koblenz, VersR 03, 1050 mit Anm. Trost; LG Saarbrücken, Urteil v. 08.06.00, Az: 2 S 310/99, zit. nach juris.

**5. Verstoß gegen das Vermittlungsverbot**

Auch wenn der Sachverständige Restwertangebote aus den Online-Börsen seiner Restwertberechnung nicht zugrunde legen muss[741], stellt sich die Frage, ob der Sachverständige verpflichtet ist, diese Angebote dem Geschädigten zumindest zukommen zu lassen[742]. Gegen eine solche Verpflichtung des Sachverständigen wird jedoch eingewandt, dass diese Vermittlung von Geschäften gegen das in den Sachverständigenordnungen der Industrie- und Handelskammern enthaltene Vermittlungsgebot verstößt[743]. So ist in § 8 Abs. 3 Ziffer 5 b der Mustersachverständigenordnung bestimmt:

„Insbesondere darf der Sachverständige nicht Gegenstände, die er im Rahmen seiner Sachverständigentätigkeit begutachtet hat, erwerben oder zum Erwerb vermitteln, es sei denn, er wird nach Gutachtenerstattung vom Auftraggeber dazu veranlasst."

Der Text dieser Mustersachverständigenordnung stimmt wörtlich mit den einzelnen Sachverständigenordnungen der Industrie- und Handelskammern überein und gilt zwar nur für den öffentlich bestellten und amtlich anerkannten Sachverständigen. Gleichwohl muss die Bestimmung auch auf den privaten Sachverständigen zumindest analog Anwendung finden, da für diesen insoweit nichts anders als für den öffentlich bestellten, amtlich anerkannten Gutachter gelten kann. Klar ist, dass sich der Gutachter nicht am Handel beteiligen darf, wozu auch die Vermittlung zählt. Einerseits würde dies gegen die Unabhängigkeit und Objektivität des Gutachters sprechen, der in solchen Fällen einem Interessenkonflikt ausgesetzt sein könnte, andererseits wäre die Vermittlung von Fahrzeugrestwerten eine gewerbliche und gewerbesteuerpflichtige Tätigkeit, die der freiberuflichen Tätigkeit des Sachverständigen entgegensteht.

Aus diesem Umstand zu schlussfolgern, der Sachverständige dürfte dem Geschädigten keine konkreten Restwertangebote gewerblicher Restwertaufkäufer mitteilen, geht aber zu weit. Auch liegt darin noch kein Verstoß gegen seine im Gutachten übernommenen Sorgfaltsanforderungen. Die Handwerksordnungen hatten in diesem Zusammenhang sicher andere Fallkonstellationen im Sinn. Hier geht es letztlich nicht um eine Maklertätigkeit. Der Gutachter, der solche Angebote recherchiert und dem Geschädigten weitergibt, erwartet hierfür keinerlei Maklercourtage. Ein Maklervertrag im Sinne von § 652 ff. BGB liegt deshalb auch nicht vor. Nach dem gesetzlichen Leitbilds des Maklervertrages verpflichtet sich der Auftraggeber für den Nachweis einer Gelegenheit zum Abschluss eines von ihm gewünschten Vertrages mit einem Dritten oder für die Vermittlung dieses Vertragsabschlusses unter der Voraussetzung des Zustandekommens dieses Vertrages, dem Makler eine Vergütung zu bezahlen[744]. Dies liegt eindeutig nicht vor. Auch kommen nur deshalb, weil Angebote genannt werden, keine Zweifel an der Unabhängigkeit, Objektivität und Neutralität des Sachverständigen auf. Sinn und Zweck der Vorschrift ist es aber genau dies zu ver-

741 BGH, SP 05, 90; BGH, NJW 05, 3134.

742 LG Frankfurt/Main, Urteil v. 06.04.05, Az: 2-16 S 285/04, zit. nach juris.

743 AG Frankfurt/Main Abt. Hoechst, Urteil v. 10.12.04, Az: 387 C 1545/04 (98), n.v.

744 BGH NJW – RR 03, 699; Palandt/Sprau, § 652, Rdnr. 11, 19.

hindern. Was schließlich der Geschädigte mit seinem verunfallten Fahrzeug macht, ob er dieses behält, selbst repariert oder veräußert, hat mit der Erstellung des Gutachtens nichts mehr zu tun und ist dem Sachverständigen letztlich auch gleichgültig. Er hat hieran kein Eigeninteresse. Unabhängig davon ist ein Geschädigter grundsätzlich daran interessiert, einen für ihn erzielbaren Erlös zu kennen, auf welcher Weise dieser auch erzielt werden kann, wobei es sich natürlich nur um einen dem Geschädigten zugänglichen Markt handeln kann. Ein Geschädigter ist nach der Lebenserfahrung bereit, wenn er eine kurzfristige Bezahlung erhält, den Wagen bestmöglichst zu veräußern, selbst wenn juristisch unklar ist, welche Verwertungsmöglichkeiten der Geschädigte berücksichtigen muss[745].

## D. Verschulden des Sachverständigen

### I. Allgemeiner Verschuldensmaßstab

Ein Schadensersatzanspruch des Versicherers setzt voraus, dass der Sachverständige den Bewertungsfehler schuldhaft begangen hat. Maßstab ist insoweit die im Verkehr erforderlich Sorgfalt (§ 276 BGB)[746]. Im Rahmen des § 276 BGB ist ein objektiver Maßstab zu bestimmen[747]. Erforderlich ist das Maß an Umsicht und Sorgfalt, das nach dem Urteil besonnener und gewissenhafter Angehöriger des in Betracht kommenden Verkehrskreises zu beachten ist[748]. Hierbei muss die tatsächliche Übung bei der Festlegung der Sorgfaltsanforderungen zwar mit berücksichtigt werden[749]. Allerdings entspricht die maßgebende, erforderliche Sorgfalt nicht notwendig der „üblichen"[750], so dass Nachlässigkeiten oder gar Verkehrsunsitten, die allgemein praktiziert werden, nicht entschuldigen[751]. Wegen der großen Bedeutung des Gutachtens für die Schadensregulierung wird in aller Regel ein strenger Maßstab anzulegen sein[752].

Für den Sachverständigen bedeutet dies zunächst, dass er grundsätzlich verpflichtet ist, unter Ausschöpfung aller nahe liegenden Informationsquellen den für den Geschädigten wahrscheinlich erzielbaren Restwerterlös zu ermitteln. Die hierbei anzusetzende Sorgfalt verlangt vom Sachverständigen, neben einer ständigen Weiterbildung, damit er Schritt halten kann mit den Entwicklungen in der Kfz-Technik und den Reparaturmethoden, auch eine Aktualisierung seiner Erkenntnisse über den Neu- und Gebrauchtwagenmarkt sowie die Regulierungspraktiken der Versicherer. Verlangt und gleichfalls Verschuldensmaßstab ist aber auch, dass der Sachverständige die Grundlagen und die Fortentwicklungen der für ihn entscheidenden Rechtspre-

---

745 AG Ulm, SP 02, 361.

746 vgl. LG Saarbrücken, SP 01, 104, 105; Steffen, DAR 97, 297, 298; Palandt/Heinrichs, § 276, Rdnr. 3.

747 Steffen, a.a.O.

748 vgl. BGH; NJW 72, 151; OLG Köln, VersR 91, 1246 = NJW RR 90, 793; BGB – RGRK, Alff, § 276, Rdnr. 19.

749 BGHZ 65, 308.

750 Jauernig/Vollkommer, 10. Aufl., § 276, Rdnr. 29; vgl. Palandt/Heinrichs, BGB, § 276, Rdnr. 16 m.w.N.; Mü-Ko/Grundmann, § 276, Rdnr. 60.

751 vgl. BGHZ, 5, 319 = VersR 52, 237.

752 Steffen, DAR 97, 297 ff.

chung kennt. Diese geben ihm letztlich vor, anhand welcher Tatsachen seine Ermittlungen anzustellen und seine Feststellung zu treffen sind[753]. Beachtet er diese Sorgfaltsanforderungen nicht, liegt ein Verschulden im Sinne des § 276 BGB vor.

## II. Haftungsfreistellung der Sachverständigen durch Freistellungserklärung

Wie bereits dargelegt, befindet sich der Sachverständige im Fadenkreuz unterschiedlicher Interessen[754]. Daher besteht für ihn ein besonderes Haftungsrisiko in mehrere Richtungen, und es stellt sich für ihn die Frage, ob er dieses Risiko nicht durch entsprechende Vereinbarungen reduzieren kann.

In der Praxis gebräuchlich ist etwa der Hinweis an den Geschädigten, zumeist in Form eines formularmäßigen Zusatzes im Gutachten, „zur Sicherheit vor Veräußerung des Fahrzeuges bei den Versicherern nachzufragen". Diesen Hinweis will der Sachverständige grundsätzlich nicht als bloßen Rat, sondern als rechtliche Aufklärung verstanden wissen, die Bestandteil des Gutachtens ist und den Sachverständigen hinsichtlich seiner Restwertbestimmung entlastet.

Fraglich ist, ob dadurch ein Haftungsausschluss wirksam erklärt werden kann. Die Wirksamkeit derartiger Freistellungserklärungen ist anhand der §§ 305 ff. BGB, insbesondere des § 307 Abs. 2 Ziffer 2 BGB zu bewerten und erscheint fraglich[755]. Wenn sich ein Geschädigter eines Sachverständigen als Fachmann bedient, um unter anderem im Falle eines Totalschadens auch die Höhe des Restwertes zu erfragen, kann und darf er eine korrekte Antwort hierauf erfahren. Die Feststellung des Restwertes ist Bestandteil der werkvertraglichen und damit der vertragsimmanenten Verpflichtung des Sachverständigen. Eine Haftungsreduzierung oder gar eine Freistellungserklärung in Bezug auf diese Verpflichtung hätte letztlich zur Folge, dass sich der Sachverständige von wesentlichen Pflichten des Vertrages entlastet und damit den eigentlichen Vertragszweck gefährdet[756].

Dies gilt umso mehr, wenn dem Geschädigten als Auftraggeber weitere Aktivitäten auferlegt werden sollen, indem er vor der Veräußerung des Fahrzeuges erst bei der Versicherung nachfragen muss, um das festzustellen, was letztlich Aufgabe des Sachverständigen war. Dies stellt einen Widerspruch zu dem Grundsatz dar, dass sich der Geschädigte auf das Gutachten eines Sachverständigen verlassen darf. Würde er verpflichtet, sich erst rückzuversichern, ob er sich auch tatsächlich auf das Gutachten verlassen darf, würde dieser Grundsatz bedeutungslos werden. Dementsprechend ist einer solchen Klausel gemäß § 307 Abs. 2 Ziffer 2 BGB die Wirksamkeit zu versagen[757].

---

753 Steffen, a.a.O.

754 Huber, DAR 02, 337, 343.

755 BGH, NJW 85, 3016, 3018; BGH, NJW 90, 761, 764; Staudinger/Schiemann, Vorbemerkung zu §§ 249 ff. BGB, Rdnr. 11.

756 Palandt/Heinrichs, § 307 BGB, Rdnr. 35 f.; Ermann/Roloff, § 307 BGB, Rdnr. 31 ff.; MüKo/Basedow, § 307 BGB, Rdnr. 111 ff.; Staudinger/Coester, zu § 9 AGB-Gesetz, Rdnr. 347.

757 A.A., AG Bad Kissingen, SP 01, 357.

### E. Liquidation des Schadens

Sollte ein Schadensersatzanspruch dem Grunde nach bejaht werden, würde ein Haftungsanspruch des Versicherers gegen den Gutachter auch einen Schaden voraussetzen. Fraglich ist nun, wie der Schaden der Versicherung zu berechnen ist. Zu denken wäre daran, die Differenz zwischen den vom Sachverständigen als Restwert ermittelten und den von der Versicherung genannten Betrag zugrunde zu legen. Demgegenüber wäre ein Durchschnitt der Angebote zu ermitteln und hieraus die Differenz zu dem vom Gutachter veranschlagten Restwert zu bilden. Letztlich überzeugen aber beide Ansätze nicht. Zu berücksichtigen sind nämlich die Ungenauigkeiten und Unwägbarkeiten, die mit der Restwertermittlung verbunden sind. Um diesen gerecht zu werden, ist auf jeden Fall ein Sicherheitsabschlag vorzunehmen. Den Vorzug verdient deshalb die Meinung, die zwar vom höchsten Gebot ausgeht, jedoch hiervon einen Abschlag vornimmt. Zu denken wäre an einen Abschlag von 15-20%[758]. Hierbei wäre auch berücksichtigt, dass der Sach-verständige selbst immer nur eine begrenzte Anzahl von Angeboten einholen kann und muss und es ihm praktisch unmöglich sein wird, das „höchste Restwertangebot", das später von einer Versicherung unterbreitet wird, seiner Berechnung zugrunde zu legen[759].

## 6. Kapitel: Schadensersatz des Geschädigten gegenüber dem von ihm mit der Unfallabwicklung beauftragten Rechtsanwalt

### A. Ausgangslage:

Häufig beauftragt ein durch einen Unfall Geschädigter einen Rechtsanwalt mit seiner Interessenvertretung, d.h. mit der Durchsetzung der Ansprüche gegenüber dem Schädiger bzw. der gegnerischen Versicherung. Der Anwalt rät dem Geschädigten, sofern dies nicht bereits vor Mandatserteilung erfolgt ist, zur Einholung eines Sachverständigengutachtens. Stellt sich nach Vorlage dieses Gutachtens heraus, dass ein technischer oder wirtschaftlicher Totalschaden vorliegt, enthält dieses üblicherweise auch Angaben zum Restwert[760].

Im Regelfall erhält der Rechtsanwalt das Gutachten entweder von dem Geschädigten zwecks Weiterleitung an den Haftpflichtversicherer des Unfallgegners oder direkt vom Gutachter. Der Rechtsanwalt leitet das Gutachten dann zusammen mit einem Anspruchsschreiben, in welchem er den Fahrzeugschaden aufgrund des Gutachtens, d.h. Wiederbeschaffungswert abzüglich des im Gutachten ausgewiesenen Restwertes berechnet, an den Haftpflichtversicherer des Unfallgegners. Dieser wird nun die Feststellungen im Gutachten und insbesondere den angegebenen Restwert überprüfen. Je nach Fahrzeugtyp und Beschädigung wird er gegebenenfalls versuchen, über Online-Recherchen und dergleichen ein höheres vom Geschädigten zu akzeptierendes Restwertangebot zu erhalten. Gelingt dies, sendet er dieses Rest-

---

758 AG Mühlheim/Ruhr, Verkehrsunfall und Fahrzeugtechnik 99, 200; LG Saarbrücken, SP 01, 104; AG Paffenhoffen a.d. Ilm, SP 01, 176; AG Bad Kissingen, SP 01, 357; LG Koblenz, SP 03, 251; AG St. Goar SP 05, 26.

759 AG Bonn, Urteil v. 18.04.00, Az: 15 C 429/98, n.v.

760 Kääb, NZV 93, 465, 466.

wertangebot[761] an den Rechtsanwalt des Geschädigten. Dies geschieht in der Praxis recht schnell.
Lässt der Rechtsanwalt nun seinerseits dieses Angebot einige Tage in der Kanzlei liegen und sendet es erst dann an den Geschädigten weiter, stellt sich die Frage, welche haftungsrechtlichen Konsequenzen sich für den Rechtsanwalt des Geschädigten aus der verspäteten Weiterleitung dieses Angebotes ergeben können. Dies hängt entscheidend davon ab, welche Pflichten den Anwalt im Rahmen der Schadensabwicklung wem gegenüber treffen.

## B. Haftung des Rechtsanwaltes

### I. Pflichtverletzung

Die Pflichten des Anwaltes ergeben sich aus dem mit seinem Mandanten, d.h. dem Geschädigten geschlossenen Vertrag und bestehen allein in Bezug auf seinen Mandanten. Der Schädiger oder dessen Haftpflichtversicherer sind in keinster Weise, auch nicht über das Institut des Vertrages mit Schutzwirkung zugunsten Dritter, in den Schutzbereich dieses Vertrages einbezogen. Der Rechtsanwalt ist allein seinem Mandanten und nicht dessen Schädiger oder der Haftpflichtversicherung des Schädigers verpflichtet[762].

Als Pflichtverletzung gegenüber dem Mandanten kommt allein eine unterbliebene oder verspätete Weiterleitung des unterbreiteten Restwertangebotes in Betracht. Insoweit macht es für die Rechtsfolgen, die sich für den Geschädigten ergeben, keinen Unterschied, ob das Restwertangebot unmittelbar an ihn oder zunächst seinem Anwalt übermittelt wird. Für den Anwalt könnte sich hieraus jedoch die Verpflichtung ergeben, das ihm zugegangene Angebot zu überprüfen und seinen Mandanten umgehend zu unterrichten. Zu dieser Unterrichtung gehört nicht nur die Weiterleitung des Angebotes, sondern auch ein Hinweis darauf, welche Bedeutung dieses Angebot hat und inwieweit es zu beachten ist. Eine umgehende Weiterleitung bedeutet nicht unverzüglich, d.h. ohne schuldhaftes Zögern, sondern umschreibt einen wesentlich kürzen Zeitraum. Das Landgericht Wuppertal etwa[763] verlangt eine Weiterleitung des Restwertangebotes der Versicherung noch am Tag des Eingangs. Eine höchstrichterliche Rechtsprechung zu dieser Frage liegt noch nicht vor.

Fraglich ist, ob dieser Auffassung zu folgen ist. Eine Unterrichtung noch am Tag des Eingangs ist oft aus rein praktischen Erwägungen nicht möglich und deshalb abzulehnen. Es ist zu berücksichtigen, dass der die Angelegenheit bearbeitende Rechtsanwalt sich am Tag des Eingangs möglicherweise auf einem auswärtigen Termin befinden und ihm das Angebot erst am folgenden Tag vorgelegt werden kann. Darüber hinaus bringt es die übliche Büroorganisation mit sich, dass die eingegangene Korrespondenz eben nicht taggenau, sondern nach deren Zugang, Erfassung und fristenmäßigen Kontrolle erst am nächsten Tag vorgelegt und bearbeitet wird. Man wird deshalb von einer Bearbeitungszeit von mindestens 24 Stunden ausgehen müssen, so dass eine verspätete und damit den Pflichtverstoß begründende Weiterlei-

761 BGH, NJW 00, 800.
762 LG Hagen, VersR 73, 531 f.
763 LG Wuppertal, SP 03, 383;LG Saarbrücken, SP 01, 104.

tung nicht vorliegt, wenn das Angebot spätestens am nächsten Tag nach Eingang bei dem Anwalt, an den Mandanten übermittelt wird. Dies kann mündlich oder schriftlich geschehen. Zu den Pflichten eines Anwalts gehört es demzufolge auch, bereits bei Mandatsübernahme nicht nur die Anschrift, sondern auch die sonstigen Erreichbarkeit seines Mandanten, insbesondere Festnetztelefonnummer, Handynummer, Fax- sowie e-mailanschrift zu erfassen und hierauf zurückzugreifen.

Will sich der Anwalt vor einem möglichen Regress schützen und Streit darüber vermeiden, ob das Angebot nun rechtzeitig weitergeleitet worden ist, verbleibt ihm letztlich nur die Möglichkeit, sofort mit dem Anspruchsschreiben an die Versicherung darauf hinzuweisen, dass er für den Erhalt eines Restwertangebotes nicht zustellungsbevollmächtigt ist. Im Innenverhältnis zu seinem eigenen Mandanten wird er diesen allerdings auf seine Pflichten bei Erhalt eines solchen Angebotes durch den gegnerischen Haftpflichtversicherer hinweisen müssen. Unterlässt er auch dies, verbleibt es trotz des Hinweises bei einem Pflichtenverstoß des Anwalts.

### II. Verschulden des Anwaltes

Eine Haftung des Anwaltes setzt weiter voraus, dass er den Pflichtenverstoß im Sinne der §§ 276 ff. BGB zu vertreten hat. Dieses Verschulden wiederum wird sehr weit zu fassen sein mit der Folge, dass nahezu keine Fälle denkbar sind, in denen ein Pflichtenverstoß zu entschuldigen wäre. Dies gilt umso mehr, als dem Anwalt ein Verschulden seiner Mitarbeiter über § 278 BGB zuzurechnen wäre, sofern nicht ohnehin ein Organisationsverschulden und die damit verbundene unmittelbare Verantwortlichkeit vorliegt. Der Anwalt ist verpflichtet, sein Büro so zu organisieren, dass derartige Fehler in Form von verspäteter Weiterleitung entsprechender Schreiben nicht auftreten können.

## C. Schaden

Als weitere Voraussetzung für einen Schadensersatzanspruch müsste auch ein Schaden beim Mandanten eingetreten sein. Ob dem Mandanten, d.h. dem Geschädigten durch die unterlassene, bzw. verspätete Weiterleitung eines zu beachtenden Restwertangebotes tatsächlich ein Schaden entstanden ist, hängt zunächst davon ab, was mit dem Fahrzeug bis dahin passiert ist.

### I. Noch keine Verfügungen über das Fahrzeug getroffen.

Erreicht den Geschädigten ein Restwertangebot des Versicherers bevor er über den Wagen verfügt hat, ist er, sofern er eine Veräußerung plant, verpflichtet, das höhere, verbindliche Restwertangebot des Versicherers zu berücksichtigen. Die verspätete Übersendung des Angebotes durch den Rechtsanwalt an den Geschädigten hätte damit für ihn keinerlei Folgen, da sich die Grundsituation, nämlich Vorlage eines akzeptablen Gegenangebotes zur rechten Zeit noch nicht geändert hat[764].

764 BGH, NJW 00, 800.

## II. Verfügung über das Fahrzeug bereits erfolgt

Anders könnte sich die Situation darstellen, wenn der Geschädigte bereits Verfügungen über das Fahrzeug getroffen hat. Diese können unterschiedlicher Art sein:

### 1. Werkstattauftrag erteilt

Liegt dem Geschädigten das Gutachten vor und führt der hierin angegebene (geringere) Restwert dazu, dass eine Reparatur gegebenenfalls in Eigenregie bzw. mit Gebrauchtteilen akzeptabel erscheint, ist es durchaus möglich, dass der Geschädigte trotz eines wirtschaftlichen Totalschadens einen Reparaturauftrag erteilt oder selbst mit der Reparatur beginnt und zu diesem Zweck bereits Ersatzteile erwirbt. Wie bereits mehrfach erwähnt, werden die Reparaturkosten im Falle einer fachgerechten und nachgewiesenen Reparatur bis zur Höhe von 130 % des Wiederbeschaffungswertes erstattet[765].

Negative Folgen für den Geschädigten können sich jedoch dann ergeben, wenn der Schädiger und dessen Haftpflichtversicherung nicht alleine haften, sondern eine Haftungsverteilung und damit eine entsprechende Schadensquotelung zugrunde zu legen sind. Wäre dem Geschädigten bei dieser Konstellation das höhere Restwertangebot des Versicherers bekannt gewesen, dann hätte er das Fahrzeug zu diesem Preis veräußern und den höheren Erlös vereinnahmen können.

Wurde das Fahrzeug noch nicht repariert, hat der Geschädigte jedoch bereits einen Werkstattauftrag erteilt, wäre es zwar möglich, dass er von einer Reparatur Abstand nimmt. Dann allerdings besteht die Gefahr, dass er sich seinerseits Schadensersatzansprüchen durch den Werkstattinhaber wegen Vertragsbruches ausgesetzt sieht, sei es auch nur insofern, als dieser bereits Kosten auslösende Verfügungen, die nicht mehr rückgängig zu machen sind, getroffen hat, wie beispielsweise der Erwerb von Ersatzteilen etc. Aber auch wenn der Geschädigte selbst derartige Vorbereitung, etwa für eine Eigenreparatur oder eine Reparatur in Nachbarschaftshilfe getroffen und insbesondere bereits Ersatzteile, gebraut oder neu, erworben oder sogar bereits mit den Reparaturarbeiten begonnen hat, sind diesem Aufwendungen entstanden, die auf die Kalkulation des Restwertes im Gutachten zurückzuführen sind. Wäre ihm das höhere Restwertangebot bereits bekannt gewesen, hätte sich die Kalkulationsgrundlage für ihn möglicherweise geändert. Er hätte dann das Fahrzeug zu diesem höheren Preis verkauft und keine Disposition für eine Reparatur getroffen, sondern ein Ersatzfahrzeug angeschafft. Die insoweit getätigten Aufwendungen waren damit umsonst. Bei dieser Konstellation ist jedoch § 254 Abs. 2 BGB zu beachten. Im Rahmen seiner Schadensminderungspflicht wäre der Geschädigte gehalten, die erworbenen Ersatzteile, sei es auch mit Verlust, wieder zu veräußern, so dass sich der Schadensbetrag reduzieren würde.

---

765 grundlegend BGH, VersR 92, 61; BGH, NJW 72, 1800.

### 2. Fahrzeug bereits veräußert

Bei dieser Fallgestaltung ergeben sich für den Geschädigten wirtschaftliche Nachteile, wenn er das Fahrzeug einerseits bereits veräußert hat und er sich andererseits bei der Schadensabrechnung eine Mitverantwortlichkeit anspruchsmindernd zurech nen lassen muss. Ist der Betrag, der sich aus dem Angebot des Versicherers ergibt höher, als derjenige, den er selbst durch den Erlös erzielt hat, bleibt ihm in der auf ihn entfallenden Haftungsquote ein Schaden zurück. Hat er das Fahrzeug beispielsweise für 500,00 € veräußert, die Versicherung ihm aber ein Angebot von 1.000,00 € unterbreitet und liegt schließlich eine 50 %-ige Mitschuld auf beiden Seiten vor, beläuft sich sein Schaden auf 250,00 €. Bei rechtzeitiger Übermittlung des Restwertangebotes durch seinen Anwalt wäre dieser Schaden nicht eingetreten.

## Ausblick und Ziel der Arbeit

### 1. Ziel der Arbeit

Das Ziel dieser Arbeit ist es die vielfältigen Probleme aufzuzeigen, die sich rund um den Restwert ergeben, nicht zuletzt wegen seiner zunehmend steigenden enormen wirtschaftlichen Bedeutung.

Es muss berücksichtigt werden, dass die neuen Medien wie Internet etc. mittlerweile zum täglichen Leben gehören. Die dadurch entstandenen Möglichkeiten sollten damit auch Eingang in die Schadensabwicklung finden und von allen Beteiligten, sei es vom Sachverständigen, dem Geschädigten sowie den Versicherern berücksichtigt werden. So war es vielleicht noch vor einigen Jahren als überobligatorisch anzusehen, wenn ein Geschädigter bei mehreren Gebrauchtwagenhändlern etc. vorgesprochen hat, um einen möglichst hohen Kaufpreis für sein verunfalltes Fahrzeug zu erhalten, so dass ihm der Mehrerlös zustand. Durch die neuen Medien und Telekommunikationsmöglichkeiten ist es ein Leichtes geworden, über örtliche und regionale Grenzen hinaus, Interessenten zu erreichen. Eine überobligatorische Anstrengung liegt in der Bedienung des Internets und in einem anschließenden Telefonat sicher nicht.

Die hiervon abweichende Rechtsprechung des BGH[766] wird diesen veränderten Gegebenheiten und Möglichkeiten nicht mehr gerecht. Sie begünstigt einseitig den Geschädigten und lässt die Möglichkeiten, die sich ergeben, um eine gebotene und sachgerechte Reduzierung der Schadensersatzleistungen zu erreichen, was letztlich allen Versicherten zugute kommt, unberücksichtigt[767]. Deshalb sollte diese Rechtsprechung nicht nur kritisch überdacht, sondern gegebenenfalls ausgehend von den Instanzgerichten aufgegeben werden. Hierdurch würden auch die Sachverständigen veranlasst, die Restwertermittlung anhand der tatsächlichen Verwertungsmöglichkeiten und erzielbaren Preise vorzunehmen. Sie könnten sich nicht weiterhin auf eine letztlich veraltete und nicht mehr den tatsächlichen Gegebenheiten[768] entsprechende BGH-Rechtsprechung berufen, nach der weiterhin nur der örtliche Markt abzufragen

766 BGH, NJW 05, 3134.
767 Greiner, zfs 06, 63, 64.
768 LG München II, DAR 05, 287.

ist. Auch sie müssten die neuen Medien einsetzen und sich der Restwertbörsen bedienen und vor allen Dingen die Ergebnisse auch verwerten, um, nicht zuletzt im Interesse aller Versicherter, einen möglichst hohen Preis für das verunfallte Fahrzeug zu ermitteln. Nur über eine Änderung der Rechtsprechung wird sich eine erweiterte Verpflichtung der Sachverständigen mit der Folge begründen lassen, dass eine unterlassene Ermittlung des tatsächlich erzielbaren Restwertes zu Schadensersatzverpflichtungen der Sachverständigen führen kann[769]. Schließlich hat sich auch für Sachverständige der Aufwand dank der neuen Medien minimiert. Örtliche Grenzen, selbst über Landesgrenzen hinaus, gibt es de facto nicht mehr. Europa wächst immer mehr zusammen.
Die DEKRA und die neueste Empfehlung des Verkehrsgerichtstages (VGT) in Goslar berücksichtigen im Übrigen seit 1995 die veränderte Marktsituation. Auch die DEKRA bezieht, neben anderen Wertermittlungsquellen, seit längerer Zeit die Restwertbörsen in die Ermittlung des Restwertes ein[770]. Der Bundesverband der freiberuflichen unabhängigen Sachverständen für das Kraftfahrzeugwesen e.V. (BVSK)[771], in dem ca. 800 Kfz-Sachverständige zusammengeschlossen sind, empfiehlt in seiner neuerlichen Restwertrichtlinie, seinen Mitgliedern gleichfalls die Restwertbörse zu berücksichtigen[772]. Fraglich ist, ob die Richtlinie in ihrer jetzigen Form aufgrund der aktuellen BGH-Rechtsprechung[773] noch haltbar ist. Dies wird man ablehnen müssen, da sie mit dieser unvereinbar und deshalb für die Sachverständigen rechtlich unverbindlich ist[774]. Hieran schließt sich die Aussage an, dass die Sachverständigen auch ohne eine gebotene Änderung dieser Rechtsprechung, die neuen Medien und die hiermit verbundenen Möglichkeiten bei ihrer Restwertermittlung zugrunde legen sollen. Das eigentliche Problem, das sich für die Sachverständigen ohne eine geänderte Rechtsprechung stellt, ist, dass ihnen konkrete rechtlich abgesicherte Vorgaben fehlen, wie die Ermittlung zu erfolgen hat. Dies gilt etwa für die Frage, ob die ermittelten Höchstbeträge zugrunde zu legen sind oder „Sicherheitsabschläge" von diesen zu machen sind oder gar ein Durchschnittswert ermittelt werden soll. Entsprechendes gilt für die Frage, in welcher Art und Weise, mit welcher Beschreibung, mit welchen Bildern, zu welchen Geboten und wie lange, das Fahrzeugwrack im Internet eingestellt werden soll. Hieran schließt sich das weitere Ziel dieser Arbeit an, nämlich einen sowohl rechtlich als auch praktisch gangbaren Weg aufzuzeigen, wie zukünftig die Restwertproblematik gehandhabt werden sollte. Fraglich ist, ob das letzte BGH-Urteil vom 12.07.2005[775] eine Beruhigung bringen wird. Damit zu rechnen ist jedoch eher nicht.

## 2. Lösungsvorschlag

Im Ergebnis sind die Versicherer, wegen der veränderten Möglichkeiten aufgerufen von ihrem Recht Gebrauch zu machen, die verunfallten Fahrzeuge selbst zu ver-

---

769 LG Koblenz, SP 03, 251.
770 Gebhardt, VerkR 04, 131, 134.
771 www.bvsk.de.
772 Gebhardt, a.a.O.
773 BGH, NJW 05, 3134.
774 Kilger, zfs 05, 2/6, 2/7; so auch OLG Köln, VersR 04, 1145 ff.; BGH, NJW 05, 3134.
775 BGH, NJW 05, 3134.

markten[776]. Dies kann entweder versicherungsintern erfolgen oder aber durch Beauftragung entsprechender Firmen. Dies kann einmal dadurch erreicht werden, dass die Fahrzeuge bestmöglich d.h. zum höchsten Preis veräußert werden oder einfach als Teilespender dienen, um damit der Möglichkeit einer zeitwertgerechten Reparatur neuen Schwung zu verleihen, indem ausreichend Ersatzteile vorhanden sind. Außerdem wäre auf diesem Wege der Streit und die Diskussion um den „richtigen Restwert" erledigt.

Warum unterbreiten die Versicherer nur Angebote von Restwerthändlern oder vermitteln solche und holen die Fahrzeuge nicht selbst durch Vertragsunternehmen ab ? Warum endet das Schadensmanagement der Versicherer an dieser Stelle und wird nicht auch auf die Verwertung des Fahrzeugwracks ausgeweitet ?
Würden die Versicherer diesen Weg einschlagen, würde sich auch der zeitliche Wettlauf mit dem Geschädigten erübrigen, in dem dann gerade nicht mehr versucht werden müsste, diesem vor einer Veräußerung des Fahrzeugs ein höheres Restwertangebot. Es käme dann auch nicht mehr zu den Diskussionen, ob das Angebot den Anforderungen der BGH-Rechtsprechung[777] entspricht. Die Versicherer könnten dann in aller Ruhe die Verwertung des Fahrzeugwracks veranlassen. Dies könnte über eine eigene Restwertbörse, in die alle Versicherer Fahrzeuge einstellen dürften, erfolgen oder aber auch über die bestehenden Börsen, wobei dann als Veräußerer nicht mehr der Geschädigte, sondern der Versicherer selbst aufträte. Die verunfallten Fahrzeuge müssten seitens der Versicherer beim Geschädigten abgeholt und an zentralen Plätzen gesammelt werden, von wo aus dann die Abwicklung zu erfolgen hätte. Mietwagenunternehmen beispielsweise praktizieren diese Art der Verwertung ihrer verunfallten Fahrzeuge. Es gibt bei diesen „Carpools", an denen die Fahrzeuge gesammelt, begutachtet und dann veräußert werden. Eine solche Vorgehensweise müsste auch bei den Versicherern möglich sein.

Dies würde die gesamte Problematik der Restwertdiskussion im Kraftfahrthaftbereich erheblich minimieren. Dass das System der Veräußerung der Fahrzeuge funktioniert, zeigt sich daran, dass die Kasko-Versicherer entwendete und wieder aufgefundene Fahrzeuge bereits selbst verwerten und sich der Versteigerung über die Internetbörsen bedienen. Eine große deutsche Versicherung beispielsweise verwertet auf diese Weise jährlich zwischen 800 bis 1.000 Fahrzeuge[778].

Letztlich entspricht die bisherige Praxis, wonach der Wert des Wracks durch Sachverständigengutachten ermittelt, dieser Wert vom Wiederbeschaffungswert des zerstörten Fahrzeuges abgezogen wird und der Geschädigte dann nur die Differenz zwischen dem Wiederbeschaffungswert und dem Restwert erhält, weder den Interessen des Geschädigten noch denen des Schädigers[779]. Sachgerecht ist es vielmehr, dass der Geschädigte den vollen Wiederbeschaffungswert erhält, dafür aber das Wrack an den Schädiger bzw. dessen Haftpflichtversicherer herausgegeben

---

776 OLG Köln, VersR 04, 1145, 1147.
777 BHG, NJW 00, 800.
778 Frankfurter Allgemeine Zeitung, v. 16.08.03, Nr. 189, 48.
779 Grunsky, NZV 00, 4, 6.

werden muss. Diese mögen es dann in ihre eigene Tasche verwerten[780]. Ein Streit über den Restwert käme in diesen Fällen nicht auf.

Ein weiterer Vorteil bei dieser Vorgehensweise läge darin, dass die immer wieder herangezogene Zahl gestellter Unfälle erheblich zurückgehen würde. Gerade in den letzten Jahren wurde sowohl von der Versicherungswirtschaft als auch von den Gerichten eine explosionsartige Zunahme von Betrugsfällen zum Nachteil von Versicherungen verzeichnet. Begünstigt wird dies durch ein fehlendes Unrechtsbewusstsein in diesem Bereich, da den Tätern nicht bestimmte Personen als Geschädigte gegenüberstehen, sondern eine Versicherung als anonyme Institution bzw. die Versichertengemeinschaft, die „ohnehin über genügend Geld verfügt“[781]. Das Risiko der Aufdeckung ist bei kaum einer anderen Straftat so gering, wie beim Versicherungsbetrug mit Kraftfahrzeugen. Die Bearbeitung und Regulierung solcher Schäden ist für die Versicherung ein Massengeschäft und wird im Rahmen täglicher Routinearbeit erledigt. Kontrollen sind schwer durchzuführen und werden auch nur dann vorgenommen, wenn bereits irgendwelche Verdachtsmomente vorhanden sind. Zwar wird gerade von Juristen häufig argumentiert, bei vorsätzlich herbeigeführten Beschädigungen sei ja der Schaden tatsächlich eingetreten, so dass kein Gewinn zu erzielen sei. Diese Behauptung ist jedoch nur auf den ersten Blick zutreffend. Sie greift nur dann ein, wenn ein intakter Gegenstand bewusst zerstört und später durch einen gleichwertigen ersetzt wird. Sie kann jedoch nicht auf den Bereich des Kraftfahrzeugschadens mit seinen nach wie vor gegebenen Abrechnungsmöglichkeiten übertragen werden. Ein beträchtlicher Gewinn kann hier dadurch erzielt werden, dass entweder die Abrechnung auf der Basis der Kosten einer ordnungsgemäßen Reparatur erfolgt und anschließend eine Billigreparatur durchgeführt wird[782] oder aber bei einem Totalschaden eine Abrechnung auf der Basis des Wiederbeschaffungswertes abzüglich eines Restwertes erfolgt, wobei das Fahrzeug dann zu einem erheblich höheren Wert veräußert oder ohne großen Aufwand und Mühen für geringes Geld wieder instand gesetzt wird.

Derartigen Machenschaften, gerade bei der Abrechnung auf Restwertbasis, könnte der Boden entzogen werden, wenn das Fahrzeugwrack an den Haftpflichtversicherer herausgegeben werden müsste. Die jetzige Art und Weise der Abwicklung lädt, wie ihre Kritiker immer wieder vorhalten, bestimmte Personengruppen geradezu ein, betrügerisch tätig zu werden. Würde die Möglichkeit genommen, über die Verwertung des beschädigten Fahrzeuges Geschäfte zu machen, würde auch der Sinn und Zweck des Schadensersatzrechts, nämlich Kompensation des Schadens wieder mehr in den Vordergrund gestellt werden[783]. Der Geschädigte würde seinen Schaden ersetzt erhalten, ohne jedoch daran etwas zu verdienen, was derzeit die häufig anzutreffende Praxis gerade bei der fiktiven Abrechnung ist[784]. Letztlich käme dies allen Versicherten durch reduzierbare Versicherungsbeiträge zugute, so dass sowohl Versicherer als auch Gerichte aufgerufen sind, die erforderlichen Vorgaben zu machen und Schritte einzuleiten, um dieses Ziel zu erreichen.

---

780 Staudinger/Schiemann, § 251, Rdnr. 55.

781 Weber, Kap. 1, 1.

782 Schiemann/Haug, VersR 06, 160, 161.

783 Greiner, zfs 06, 63, 64; BGH, NJW 03, 2085.

784 Schiemann/Haug, a.a.O.

**Zusammenfassung**

- Für das bei einem Unfall erheblich beschädigte Fahrzeug erschließen sich eine Vielzahl neuer Verwertungsmöglichkeiten. So ist etwa das Interesse, vorzugsweise im osteuropäischen Ausland, an solchen Fahrzeugen stetig gewachsen, mit der Folge, dass sich ein florierender Export entwickelt hat. Dort wird das Fahrzeug entweder kostengünstig aufbereitet und wieder hergestellt oder dient als Teilelieferant. Aber auch in Deutschland selbst gewinnt die Verwertung von Unfallfahrzeugen an Bedeutung. Begünstigt durch gesetzliche und verordnungsrechtliche Vorgaben kommen sie gleichfalls als Teilelieferant, etwa für eine zeitwertgerechte Instandsetzung anderer Unfallfahrzeuge in Betracht.

- Durch den Einsatz neuer Medien und Kommunikationsmittel, insbesondere des Internets, wird diese Nachfrage in einen boomenden überregionalen Markt für Unfallfahrzeuge umgesetzt, so dass höhere Restwerterlöse für solche Fahrzeuge zu erzielen sind. Dies haben in erster Linie die Kfz-Versicherer aufgegriffen und verweisen den Geschädigten bei der Regulierung von Kfz-Haftpflichtschäden häufig auf einen wesentlich höheren Restwert, als er auf der Grundlage eines regional begrenzten Marktes von dem Gutachter des Geschädigten ermittelt oder erzielt wurde. Die Frage, welcher Restwert bei der Schadensabrechnung zugrunde zu legen ist, ist wohl der zur Zeit neben den Mietwagenkosten (Unfallersatztarif) am meisten diskutierte und umstrittenste Bereich im Rahmen der Kfz-Schadensregulierung, insbesondere wenn sie mit einer fiktiven Schadensabrechnung durch den Geschädigten verbunden ist.

- Die Regulierung von Kfz-Schäden, selbst wenn es sich um einen Totalschaden handelt, erfolgt auf der Grundlage des § 249 BGB. Für die hierin vorgegebene Naturalrestitution hat der Geschädigte zwei Möglichkeiten. Er kann den Schaden fachgerecht instand setzen lassen und die hierfür tatsächlich entstandenen Kosten abrechnen. Alternativ kann er gemäß § 249 Abs. 2 Satz 1 BGB statt der Herstellung den dazu erforderlichen Geldbetrag verlangen und damit fiktiv abrechnen. In seiner Disposition über diesen Betrag ist der Geschädigte frei. Begrenzt wird diese fiktive Abrechungsmöglichkeit allerdings auf den Wiederbeschaffungsaufwand, d.h. den Betrag, der sich aus der Differenz zwischen dem Wiederbeschaffungswert für ein vergleichbares Fahrzeug und dem Restwert für das beschädigte Fahrzeug ergibt. Hierin liegt die wesentliche Bedeutung des Restwertes, für dessen Bestimmung der BGH Grundsätze aufgestellt hat, an denen er nach wie vor festhält.

- Nach diesen Grundsätzen des BGH[785] kann sich der Geschädigte auf die Restwertermittlung des von ihm beauftragten Sachverständigen verlassen und das Fahrzeug zu diesem Wert veräußern. Bei dieser Restwertermittlung hat der Sachverständige nur einen allgemeinen, regional auf den Geschädigten bezogenen Markt zugrunde zu legen; ein darüber hinausgehende Sondermarkt, etwa die Restwertbörsen im Internet sind nicht heranzuziehen. Von dem Kfz-Haftpflichtversicherer des Schädigers unterbreitete oder vermittelte Restwertangebote sind nach den Grundsätzen des

785 BGH, VersR 92, 457; BGH, VersR 93, 769; BGH, VersR 00, 467 = NJW 00, 800; BGH, SP 05, 90; BGH, NJW 05, 3134.

BGH dann zu berücksichtigen, wenn das Fahrzeug noch nicht veräußert wurde und das Angebot so gestaltet ist, dass von dem Geschädigten über die bloße Zusage hinaus keine weiteren Tätigkeiten verlangt und gefordert werden[786]. Sofern der Geschädigte das Fahrzeug zu einem höheren als im Gutachten kalkulierten Restwert veräußert hat, wird ihm dieser Mehrerlös nicht auf die Schadensersatzleistung angerechnet, wenn er durch besondere Anstrengungen, das so genannte überobligationsgemäße Verhalten des Geschädigten, erzielt wurde[787].

- Im Gegensatz hierzu steht ein Verstoß des Geschädigten gegen seine Schadensminderungspflicht gemäß § 254 II BGB. Ein solcher kommt in Betracht, wenn der Schädiger zu einer fehlerhaften Restwertermittlung durch den Sachverständigen beigetragen hat, etwa durch falsche oder unvollständige Angaben. Des Weiteren liegt ein solcher Verstoß vor, wenn er das Unfallfahrzeug veräußert, obwohl ihm bereits ein höheres, nach den Grundsätzen der Rechtsprechung zu beachtendes Restwertangebot unterbreitet wurde. Entsprechendes gilt für die Fälle, in denen er das Fahrzeug zu einem geringeren, als von seinem Gutachter veranschlagten Restwert veräußert oder eine Veräußerung zu einem Zeitpunkt vornimmt, zu dem noch kein Gutachten und damit keine Restwertermittlung auf die er sich berufen könnte, vorliegt. Überhaupt erscheint es sinnvoll und sachgerecht den Geschädigten zu verpflichten, vor einer Veräußerung des Unfallfahrzeuges, zunächst das Gutachten an den Versicherer des Schädigers weiterzuleiten und diesem innerhalb eines kurzen Zeitraumes die Möglichkeit zu geben, hierauf zu reagieren. Leider will die Rechtsprechung eine solche Andienungspflicht des Geschädigten bisher nicht anerkennen[788].

Hält sich demgegenüber der Geschädigte an die Vorgaben des ihm vorliegenden Sachverständigengutachtens, wird ihm regelmäßig kein Verschuldensvorwurf und damit kein Verstoß gegen die Schadensminderungspflicht zu machen sein.

- In diesen Fällen sieht sich allerdings der Sachverständige zunehmend Regressforderungen des regulierenden Kfz-Haftpflichtversicherers des Schädigers ausgesetzt. Dieser beruft sich darauf, dass der Gutachter fehlerhaft einen zu geringen Restwert angegeben habe, den er, der Versicherer, jedoch bei der Schadensregulierung zugrunde legen müsse. Der Kfz-Haftpflichtversicherer des Schädigers wird über das Rechtsinstitut des Vertrages mit Schutzwirkung zugunsten Dritter in den Schutzbereich des Gutachtervertrages zwischen dem Geschädigten und seinem Gutachter, einem Werkvertrag, einbezogen. Einen Bewertungsfehler durch den Sachverständigen sehen die Versicherer regelmäßig darin, dass der Sachverständige die Wertermittlung nur anhand des regionalen, allgemeinen Marktes und nicht unter Berücksichtigung eines überregionalen Sondermarktes und der Teilnahme spezieller Restwertaufkäufer, die über das Internet zugänglich sind, ermittelt habe. Solange allerdings der Bundesgerichtshof genau diese Grundsätze für die Restwertbestimmung vorgibt und den besagten Sondermarkt nicht berücksichtigen will, wird man einem Sachverständigen, der sich hieran orientiert, keinen Bewertungsfehler vorwerfen können. Ein solcher käme dann nur in Betracht, wenn offensichtliche Fehler, wie et-

786 BGH, NJW 00, 800.
787 BGH, SP 05, 90.
788 BGH, NJW 05, 3134.

wa die Einholung gänzlich ungeeigneter Angebote oder das Fehlen jeglicher rechnerischer Wertermittlung vorzuwerfen und nachzuweisen sind.

- Die Rechtsprechung des Bundesgerichtshofs einschließlich des letzten Urteils[789] entspricht nicht mehr den tatsächlichen Gegebenheiten und Möglichkeiten. Sie verkennt, dass sich der von ihr als Sondermarkt beschriebene Bereich über die Möglichkeiten des Internets derart fortentwickelt hat, dass er nunmehr auch einem Geschädigten problemlos zugänglich ist. Sie führt im Ergebnis dazu, dass eine effektive und in der Umsetzung leicht zu handhabende Möglichkeit, den Schaden und damit die von allen Versicherern aufzubringenden Schadensersatzleistungen im Kfz-Bereich zu reduzieren, verwehrt wird. Verbunden mit der zulässigen fiktiven Schadensabrechnung eröffnet sie vielmehr sogar dem Geschädigten die Möglichkeit, sich mit einem geringen eigenen Aufwand bei der Fahrzeugverwertung auf Kosten der Versichertengemeinschaft zu bereichern, was nach den Grundsätzen des Schadensersatzrechtes eigentlich ausgeschlossen sein soll. Über eine Änderung der Rechtsprechung und eine Öffnung hin zu den Sondermärkten wird deshalb nicht nur nachzudenken sein; dies ist vielmehr dringend angeraten. Überhaupt erscheint es sinnvoll, den Schädiger bzw. dessen Kfz-Haftpflichtversicherer, der die Schadensersatzleistung aufbringen muss, stärker in die Verwertung des Unfallfahrzeuges einzubinden. Denkbar wäre etwa, dass der Versicherer vollen Schadensersatz ohne Berücksichtigung eines Restwertes leistet und im Gegenzug das Fahrzeugwrack zu seiner eigenen Verwertung erhält. Gerade aufgrund der immer größer werdenden Spanne zwischen dem Restwert, den der Sachverständige auf dem örtlichen allgemeinen Markt ermittelt hat und demjenigen, der im Falle einer Weiterveräußerung über den Restwertaufkäufer zu erzielen ist, sollten die Versicherer die Verwertung des verunfallten Fahrzeuges selbst in die Hand nehmen. Aus betriebswirtschaftlicher Sicht würde sich dies auf jeden Fall rechnen. Der gegenwärtige Streit um die Bestimmung des Restwertes wäre damit obsolet.

## Ergebnis und Schlussthesen

1. Für das bei einem Unfall erheblich beschädigte Fahrzeug gibt es eine Vielzahl neuer Verwertungsmöglichkeiten. Hierzu gehört zum einen der Export, vorzugsweise in das osteuropäische Ausland, wo das Fahrzeug entweder kostengünstig aufbereitet und wieder hergestellt wird oder verwertbare Fahrzeugteile ausgebaut werden. Zum anderen gewinnt die Verwendung von Fahrzeugteilen für andere Unfallfahrzeuge, begünstigt durch gesetzliche und verordnungsrechtliche Vorgaben, auch im Inland an Bedeutung.

2. Durch den Einsatz neuer Kommunikationsmittel, insbesondere des Internets, hat sich der Markt für verunfallte Fahrzeuge deutlich verändert. Dieser hat sich von einem ursprünglich regional geprägten zu einem überregionalen, globalen Markt für Unfallfahrzeuge gewandelt. Folge hiervon ist, dass heute für verunfallte Fahrzeuge ein sehr viel höherer Restwert zu erzielen ist als noch vor wenigen Jahren. Treibender Motor hinter dieser Entwicklung sind die internetgeschützten Restwertbörsen.

---

789 BGH, SP 05, 90; BGH, NJW 05, 3134.

3. Fraglich ist nun, wie sich diese rechtstatsächlichen Veränderungen, insbesondere der nunmehr erzielbare höhere Restwert auf die Schadensabwicklung auswirkt. In der Praxis versuchen jedenfalls die Kfz-Versicherer, den Geschädigten bei der Schadensregulierung auf die wesentlich höhere Restwertangebote aus den „Online-Börsen" zu verweisen.

4. Dieses Vorgehen der Versicherer ist im Kaskobereich weitgehend unproblematisch. Grundlage hierfür sind nämlich die vertraglichen Beziehungen zwischen dem Geschädigten, der gleichzeitig Versicherungsnehmer ist und seinem Versicherer. Diese räumen dem Kasoversicherer ein umfassendes Weisungsrecht auch in Bezug auf die Verwertung des Fahrzeuges durch den Geschädigten ein.

5. Anders stellt sich die Rechtslage aber für die Haftpflichtversicherer da. Grundlage für eine Liquidation des Schadens sind hier nämlich allein die gesetzlichen Regelungen in §§ 249 ff BGB. Danach hat der Geschädigte zwei Möglichkeiten. Er kann den Schaden fachgerecht reparieren lassen und die hierfür entstandenen Kosten (konkret) abrechnen. Alternativ kann er gemäß § 249 Abs. 2 Satz 1 BGB statt dieser Herstellung den dazu erforderlichen Geldbetrag verlangen und damit fiktiv abrechnen. In seiner Disposition über diesen Betrag ist der Geschädigte grundsätzlich frei.

6. Nach dem Gebot der Wirtschaftlichkeit muss sich der Geschädigte – hM nach - auf die günstigste von mehreren gleichwertigen Alternativen der Schadensregulierung verweisen lassen. Dies hat zur Folge, dass die fiktive Abrechnung auf den Wiederbeschaffungsaufwand beschränkt ist. Der Geschädigte kann danach nur den Betrag verlangen, der sich aus der Differenz zwischen dem Wiederbeschaffungswert für ein vergleichbares Fahrzeug und dem Restwert für das beschädigte Fahrzeug ergibt.

7. Im Einzelfall kann fraglich sein, ob der Geschädigte fiktiv oder konkret abrechnet. Dies gilt etwa für den Fall, dass der Geschädigte die Reparatur in Eigenregie selbst oder in Form einer Billig- oder Notreparatur durch einen Dritten durchführen lässt. Abgerechnet werden allerdings nicht die tatsächlich entstandenen sondern die im Gutachten veranschlagten, fiktive Reparaturkosten. Ein Restwert bleibt hierbei unberücksichtigt, so dass der Geschädigte die fiktiven Reparaturkosten einschließlich eines etwaigen merkantilen Minderwertes, bis zur Höhe des Wiederbeschaffungswertes abrechnen darf.

8. Grundlage für eine fiktive Schadensabrechnung ist bei kleineren Beschädigungen (so genannte Bagatellschäden) regelmäßig ein Kostenvoranschlag. In allen anderen Fällen wird der Schaden auf der Grundlage eines Gutachtens abgerechnet, das der Geschädigte beim Sachverständigen in Auftrag gegeben hat. Fraglich ist, ob der Geschädigte zwischen einer Schadensabrechnung auf Gutachten- oder auf der Basis eines Kostenvoranschlages frei wählen kann. Die Frage ist für die Versicherer deshalb von Relevanz, weil die Kosten für den Nachweis des Schadens ebenfalls vom Schädiger zu ersetzen sind und ein Kostenvoranschlag in aller Regel kostengünstiger (dafür aber nicht so detailliert) ist. Die Grenze wird bei rund 700,00 € zu veranschlagen sein, so dass der Geschädigte bei Reparaturkosten ab diesem Betrag auf jeden Fall ein Sachverständigengutachten in Auftrag geben darf. Aber auch bei geringeren Reparaturkosten kann letztlich nicht der erst zu ermittelnde Kostenbetrag entscheidend sein sondern die Frage, ob der Geschädigte aus seiner Sicht die Einholung eines Sachverständigengutachtens für geboten und erforderlich halten durfte.

9. Der Geschädigte ist bei der Auswahl dese Sachverständigen, der das Gutachten erstellen soll, grundsätzlich frei. Sieht man einmal von der hoheitlichen Sachverständigentätigkeit ab, dann gibt es keine berufsrechtlichen Vorgaben, die die Ausbildung, Qualifikation und Tätigkeit des Sachverständigen regeln, obgleich dies in Anbetracht der Bedeutung seiner Tätigkeit und des von ihm erstellten Gutachtens für die Schadensregulierung geboten wäre.

10. Bestandteil des Schadensgutachtens ist unter anderem eine Restwertermittlung. Hierbei hat der Sachverständige nach der Rechtsprechung des BGH nur einen allgemeinen, regional auf den Geschädigten bezogenen Markt zugrunde zu legen. Ein darüber hinausgehender Sondermarkt, etwa die Restwertbörsen im Internet, hat der Sachverständige bei der Restwertermittlung nicht heranzuziehen. Diese Rechtsprechung entspricht nicht mehr den tatsächlichen Gegebenheiten. Sie verkennt, dass sich der von ihr als Sondermarkt beschriebene Bereich aufgrund der Möglichkeiten des Internets nunmehr jedermann und damit auch dem Geschädigten jederzeit problemlos zugänglich.

11. Folge der Rechtsprechung des BGH ist, dass der Geschädigte auf der Basis der fiktiven Schadensabrechnung Vorteile erlangt, die er ohne das schädigende Ereignis nicht erzielt hätte. Dies steht freilich mit den Grundsätzen des Schadensrechtes in einem Spannungsverhältnis.
12. Empfohlen wird daher, dass die Rechtsprechung künftig die künstliche und wenig praxisnahe Unterscheidung zwischen lokalem Markt und Sondermarkt bei der Restwertermittlung aufgibt.

13. Eine andere Möglichkeit könnte darin bestehen, den Schädiger bzw. dessen Kfz-Haftpflichtversicherer stärker in die Verwertung des Unfallfahrzeuges einzubinden. Anknüpfungspunkt hierfür könnte eine „volle Schadensersatzpflicht" des Versicherers (ohne Berücksichtigung eines Restwertes) sein, der die Zug um Zug Übergabe des Fahrzeugwracks gegenübersteht.

14. Grundsätzlich kann sich der Geschädigte auf die Restwertermittlung des von ihm beauftragten Sachverständigen verlassen und das Fahrzeug zu diesem Restwert veräußern. Wäre ein höherer Restwert erzielbar gewesen, so hat der Geschädigte nicht gegen seine Schadensminderungspflicht nach § 254 verstoßen.

15. Von dem Kfz-Haftpflichtversicherer des Schädigers unterbreitete oder vermittelte (gegenüber dem Gutachten höhere) Restwertangebote sind allerdings dann von dem Geschädigten zu berücksichtigen, wenn das Fahrzeug noch nicht veräußert wurde und das Angebot so gestaltet ist, dass von dem Geschädigten über die bloße Zusage hinaus keine weiteren Tätigkeiten verlangt oder gefordert werden.

16. Sofern der Geschädigte das Fahrzeug zu einem höheren als im Gutachten kalkulierten Restwert veräußert hat, wird ihm der Mehrerlös nicht auf die Schadensersatzleistung angerechnet, wenn dieser durch besondere Anstrengungen (so genanntes überobligationsgemäße Verhalten) verzielt wurde.

17. Der Geschädigte verstößt gegen seine Schadensminderungspflicht gemäß § 254 Abs. 2 BGB, wenn er zu einer fehlerhaften Restwertermittlung durch den Sachverständigen beiträgt, etwa durch falsche oder unvollständige Angaben.

18. Der Geschädigte verstößt des Weiteren gegen seine Schadensminderungspflicht, wenn er das Unfallfahrzeug veräußert, obwohl ihm bereits ein höheres, nach den Grundsätzen der Rechtsprechung zu beachtendes Restwertangebot unterbreitet wurde oder er das Fahrzeug zu einem geringeren als im Gutachten veranschlagten Restwert verkauft.

19. Da das Gutachten des Sachverständigen die Grundlage für die Schadensabrechnung zwischen Geschädigtem und Schädiger bzw. Versicherer bildet, stellt sich die Frage, ob der Schädiger bzw. der Versicherer im Falle eines fehlerhaften Gutachtens beim Gutachter Regress nehmen kann. Letzteres ist zu bejahen. Grundlage hierfür ist das Rechtsinstitut des Vertrages mit Schutzwirkung zugunsten Dritter. Danach ist der Versicherer in den Schutzbereich des Gutachtervertrages zwischen dem Geschädigten und dem Gutachter einbezogen.

20. Haftungsrelevant sind in jedem Fall die Angaben des Gutachters zum Restwert. Ist dieser nämlich zu niedrig angesetzt, so droht dem Versicherer ein Schaden, wenn der Geschädigte das Fahrzeug zu diesem Wert veräußert. Fraglich ist daher, welches Bewertungsziel der Gutachter bei der Restwertermittlung zugrunde zu legen hat, insbesondere ob er auf den erzielbaren Wert auf dem lokalen oder aber auf dem überregionalen (Restwert-)Markt abzustellen hat. Nach Ansicht des BGH ist bislang insoweit allein der regionale, dem Geschädigten ohne weiteres zugänglichen Markt relevant. Folglich verletzt der Sachverständige seine Pflichten aus dem Werkvertrag nicht, so lange er sich an dieser Rechtsprechung orientiert.

21. Auch für den Anwalt könnten im Zusammenhang mit der Liquidation des Schadens Haftungsfragen auftreten. So macht sich der Anwalt gegenüber dem Geschädigten dann schadensersatzpflichtig, wenn er schuldhaft ein höheres Restwertangebot des Versicherers nicht oder verspätet an den Geschädigten weiterleitet und diesem hierdurch die Möglichkeit nimmt, auf ein solches, höheres Angebot einzugehen.

**Abkürzungsverzeichnis**

| | |
|---|---|
| a.A. | anderer Ansicht |
| a.a.O | am angegebenen Ort |
| ABIEG-L | Amtsblatt der europäischen Gemeinschaften Reihe L – Rechtsvorschriften |
| Abs. | Absatz |
| a.F. | alte Fassung |
| AG | Amtsgericht |
| AKB | Allgemeine Kraftfahrtbedingungen |
| Anh. | Anhang |
| Anm. | Anmerkung |
| Aufl. | Auflage |
| BAG | Bundesarbeitsgericht |
| BeWG | Bewertungsgesetz |
| BGB | Bürgerliches Gesetzbuch |
| BGBl | Bundesgesetzblatt |
| BGH | Bundesgerichtshof |
| BVSK | Bundesverband der freiberuflichen und unabhängigen Sachverständigen für das Kraftfahrzeugwesen e.V. |
| bzgl. | bezüglich |
| bzw. | beziehungsweise |
| ca. | circa |
| DAR | Deutsches Autorecht |
| DEKRA | Deutscher Kraftfahrzeug Überwachungsverein |
| ders. | derselbe |
| EG | europäische Gemeinschaft |

| | |
|---|---|
| EGBGB | Einführungsgesetz zum Bürgerlichen Gesetzbuch |
| f. | folgende |
| ff. | fortfolgende |
| FS | Festschrift |
| GewO | Gewerbeordnung |
| h.M. | herrschende Meinung |
| JuS | Juristische Schulung (Jahr, Seite) |
| Kap. | Kapitel |
| KfsachvG | Kraftfahrtsachverständigengesetz |
| Kfz | Kraftfahrzeug |
| KG | Kammergericht |
| LG | Landgericht |
| MittBl der Arge VerkR | Mitteilungsblatt Arbeitsgemeinschaft Verkehrsrecht des Deutschen Anwaltsvereins |
| MDR | Monatszeitschrift Deutschen Rechts |
| MOE | Mittelosteuropastaaten |
| m.w.N. | mit weiteren Nachweisen |
| NJW | Neue Juristische Wochenschrift |
| NJW-COR | Neue Juristische Wochenschrift – Computer – Report |
| NJWE-VHR | Neue Juristische Wochenschrift – Entscheidungsdienst Versicherungs-/Haftungsrecht |
| NJW – RR | Neue Juristische Wochenschrift Rechtsprechungs-Report |
| n.v. | nicht veröffentlicht |
| NZV | Neue Zeitschrift für Verkehrsrecht |
| OLG | Oberlandesgericht |
| PflVG | Pflichtversicherungsgesetz |

| | |
|---|---|
| Rdnr. | Randnummer |
| r+s | Recht und Schaden |
| RVG | Rechtsanwaltsvergütungsgesetz |
| SP | Schadenpraxis |
| StVG | Straßenverkehrsgesetz |
| StVZO | Straßenverkehrszulassungsordnung |
| SVR | Straßenverkehrsreport |
| UStG | Umsatzsteuergesetz |
| u.U. | unter Umständen |
| UWG | Gesetz gegen den unlauteren Wettbewerb |
| VAG | Versicherungsaufsichtsgesetz |
| VerkR | Verkehrsrecht |
| VersR | Versicherungsrecht |
| VDI | Verein Deutscher Ingenieure |
| vgl. | vergleiche |
| VGT | Verkehrsgerichtstag |
| VHB | Versicherungshausratbedingung |
| VRS | Verkehrsrechtssammlung |
| VVG | Versicherungsvertragsgesetz |
| z.B. | zum Beispiel |
| zfs | Zeitschrift für Schadenrecht |
| zit. | zitiert |

**Literaturliste**


Anselm, Dieter — Die Unfallinstandsetzung mit gebrauchten Ersatzteilen, NZV 99, 149

Bachmeier, Werner — Die Verwertung digitaler Lichtbilder im Verkehrsunfallprozess, NZV 03, 3

ders. — Verkehrsunfallschaden und Schadensminderungspflicht, Jahrbuch VerkR 00, 39 ff.

Bamberger, Heinz Georg — Kommentar zum Bürgerlichen Gesetzbuch, Band 1, München 2001

Baumbach/Lauterbach, Albers / Hartmann — Zivilprozessordnung, Beck Verlag, München 03, 64. Aufl. München 2006

Beaumont, Werner — Was ist ein Sachverständiger? in: Der Sachverständige, Heft 7/8, 96, 8

Beck, Markus — Die Restwertproblematik aus Sicht des Sachverständigen, VGT 02, 135 ff.

Becker, Helmut — Kraftverkehrs-Haftpflichtschäden, 22. Aufl., Heidelberg 2002

Becker/Böhme/Biela — Die Kraftverkehrshaftpflichtschäden, 22. Aufl., Heidelberg 2002

Berz/Burmann, Verfasser — Handbuch des Straßenverkehrsrechts, 5. Aufl., München 2005

Bollweg, Hans-Georg — Gesetzliche Änderungen im Schadensrecht, NZV 00, 185

ders. — Sonderheft zfs 02, 1 ff.

Budel, Manfred — Kfz-Instandsetzung mit gebrauchten Ersatzteilen, zfs 00, 89-91

Buschbel, Hans — Münchener Anwaltshandbuch, Straßenverkehrsrecht, München 2001

Cramer/Berz/Gontard — Straßenverkehrsentscheidungen, 34. EL, München 2005

Crentzig, Jürgen — Recht des Autokaufs, Band 1: Neuwagen, München 1980, 152 ff.

| | |
|---|---|
| Diehl, Hans | Anmerkung zu Urteil BGH vom 12.07.05, zfs 05, 600, 602, 603. |
| Dornwald, Werner | Allgemeiner Markt und Sondermarkt für Fahrzeugreste, VersR 93, 1075 ff. |
| Eggert, Christoph | Verkehrsrecht Aktuell 2005, 115, 117 |
| Engelke, Dierk | Welchen Platz nimmt der Kfz-Sachverständige zukünftig im Schadensmanagement der Versicherer ein ?, SP 01, 280 ff. |
| Erman/Verfasser | Bürgerliches Gesetzbuch, 11. Aufl., Köln 2004 |
| Esser/Schmidt | Schuldrecht, Band I: Allgemeiner Teil, Teilband 2, 8. Aufl. Heidelberg 2000 |
| Etzel/Thomas | Außergerichtliche Schadensfeststellung durch Sachverständige bei Straßenverkehrsunfällen, VersR 93, 405 |
| Feyock/Jacobsen/Lemor | Kraftfahrzeugversicherung 2. Aufl., München 2002 |
| Ferner/Wolfgang, Verfasser | Handbuch Straßenverkehrsrecht, 1. Aufl., München 2003 |
| Fleischmann/Hillmann | Das verkehrsrechtliche Mandat, Band 2, 4. Aufl., Bonn 2005 |
| Freyberger, Dietrich | Das neue Schadensersatzrecht - Die praktische Abwicklung von Verkehrsunfällen seit dem 01.08.02 - MDR 02, 867 |
| ders. | Die 130 %-Grenze im Lichte der neuesten Rechtsprechung des BGH |
| Fuchs, Elmar | Der Restwertregress gegen Kfz-Sachverständigen, 5. Aufl., Berlin 2002 |
| Fuchs, Elmer / Otting, Joachim | Droht Kfz-Sachverständigen eine Welle Regressprozes sen wegen fehlerhaft ermitteltem Restwert ? in: Der Sachverständige 1997, 27 f. |
| ders. | Anmerkung zu Urteil OLG Düsseldorf v. 07.06.04, I-1U 12/04, SP 04, 413 ff. |
| ders. | BVSK – Restwertrichtlinie – praxisgerechte Hilfe für Sachverständige und Anwälte, DAR 02, 189 ff. |
| ders. | Der Restwert in der schadensrechtlichen Diskussion, Jahrbuch, VerkR 00, 81 ff. |

Gebhardt, Hans-Jürgen — Neue Aspekte der Restwertermittlung als Voraussetzung für eine zeitwertgerechte Reparatur, SP 97, 26 ff.

ders. — Der Restwert bei der Regulierung von Fahrzeugschäden, NZV 02, 249

ders. — Der fiktive Schaden unter Berücksichtigung des Restwertes, DAR 02, 395

ders. — Der Restwert bei der Regulierung von Fahrzeugschäden, Anwaltsblatt 02, 320 ff.

ders. — Der Restwert bei der Regulierung von Fahrzeugschäden, MittBl der Arge VerkR 02, 6 ff.

ders. — Anmerkung zu OLG Köln vom 11.05.2004, 22 U 190/03, MittBl der Arge, VerkR 04, 131 ff.

ders. — Die Verhältnismäßigkeit von Reparaturkosten – statt Reparatur nur noch Ersatzbeschaffung?, DAR 91, 373 ff.

Geigel/Verfasser — Der Haftpflichtprozess, 24. Aufl., München 2004

Giesen, Dieter — Kraftfahrzeug-Totalschaden und Haftpflichtrecht, NJW 79, 2065

Gotthardt, P.J. — Zum Herstellungsaufwand des „verständigen Mannes“, VersR 75, 977 ff.

Greger, Reinhard — Haftungsrecht des Straßenverkehrs, Großkommentar, 3. Aufl., Berlin 1997

ders. — Kurskorrekturen beim Kraftfahrzeugschaden. Die neue Rechtsprechung des BGH zur Reparatur-, Wiederbeschaffungs- und Mietwagenkosten, NZV 06, 1 ff.

ders. — Der Streit um den Schaden, NZV 94, 11

ders. — Ein Beitrag des Prozessrechts zur Versachlichung der fiktiven Reparaturkostenabrechnung, NJW 02, 1477

ders. — Nur zwei Worte – Ein Gesetzesvorschlag zur Eindämmung von Missständen bei der Schadenregulierung, NZV 00, 1 f.

Greiner, Hans-Peter — Die Rechtsprechung des Bundesgerichtshofes (VI. Zivilsenat) zum Fahrzeugschaden seit dem 2. Schadensrechtsänderungsgesetz, Teil 1, zfs 06, 63 ff.

| | |
|---|---|
| Griebenow, Claudia | Unfallersatzwagentarif und kein Ende – oder doch?, NZV 05, 113 ff. |
| dies. | Erstattungsfähigkeit von unfallbedingten Mietwagenkosten- Erste Erfahrungen mit der neuen BGH-Rechtsprechung in NZV 06, 13 ff. |
| Grunsky, Wolfgang | Zur Ersatzfähigkeit unangemessener hoher Sachverständigenkosten, NZV 00, 4 ff. |
| ders. | Die Rechtsprechung des Bundesgerichtshofes zum Schadensersatzrecht seit 1992 Teil 1 und 2, JZ 97, 764 ff., 825 ff. |
| Gülpen, Marcus | Anmerkung zu Urteil LG Berlin vom 09.07.1998 – 59 S 466/97, SP 03, 242 |
| Halbgewachs, Ernst fenau, 1984 | Der Kraftfahrzeug-Sachverständige in der Praxis, Gra- |
| Harneit, Paul | Restwerterlös und Mietwagenkosten – Inhalt und Grenzen der Schadensminderungspflicht, DAR 94, 93 |
| Haug, Richard | Die Rechtsprechung des BGH zur Dispositionsfreiheit, NZV 03, 545 ff. |
| Heidrich, Jost | Anmerkung zu Urteil AG Halle, NZV 03, 391 f., NZV 03, 392 |
| Heinrich, Thomas | Die Erstattung der Mehrwertsteuer bei wirtschaftlichem Totalschaden, NJW 04, 1916 |
| Hellwig, Karl-Heinz | Der Schaden, 97. Aktualisierung, R 120, Regensburg, Stand 02/06 |
| ders. | Der Schaden Loseblattsammlung 8. Aufl., (63. Aktualisierung), Regensburg 1999 |
| Heß, Rainer | Anmerkung zu Urteil BGH, NJW 05, 1108 ff.; NJW 05, 245 |
| ders. | Die MWSt-Abrechnung nach dem 2. Schadensrechtsänderungsgesetz, zfs 02, 367 ff. |
| Himmelreich, Klaus | Jahrbuch VerkR 00, 64 |
| Himmelreich/Halm/ Brücken | Kfz-Schadensregulierung, Neuwied, Stand 06/05 |
| Hofmann, Edgar | Haftpflichtrecht für die Praxis, München 1989 |

| | |
|---|---|
| Höke, Bernd-Matthias | Aspekte zur Restwertermittlung aus Sicht der Versicherungswirtschaft, VGT 02, 160 ff., NZV 02, 254 |
| Honsell, Heinrich / Harrer, Friedrich | Schaden und Schadensberechnung, JuS 91, 441 ff. |
| Hopfner, Christian | Restwertbestimmung von Unfallfahrzeugen – Berücksichtigung des Sondermarktes durch den Sachverständigen, MDR 02, 801 ff. |
| Hörl, Henner | Der Kraftfahrzeug-Sachverständige in der Unfall schadenregulierung, zfs 00, 422 |
| ders. | Der technische Sachverständige in Verkehrssachen-Unabhängigkeit, Qualifikation und Zertifizierung, Haftung, zfs 03, 269 |
| Huber, Christian | Das neue Schadensersatzrecht, 1. Aufl., München 2003 |
| ders. | Gedanken zum 2. Schadenrechtsänderungsgesetz, DAR 00, 20 ff. |
| ders. | Der Restwert I, DAR 02, 337 ff. |
| ders. | Der Restwert II, DAR 02, 385 ff. |
| ders. | Fiktive Kfz-Sachschadensabrechnung de luxe, -die DEKRA Entscheidung - MDR 03, 1205 ff. |
| ders. | Eine bedeutsame Klarstellung im Rahmen der Kfz-Sachschadensabrechnung – die Karosseriebaumeister – Entscheidung des BGH, MDR 03, 1334 ff. |
| Jagusch/Hentschel | Straßenverkehrsrecht, 36. Aufl., München 2001 |
| Jauernig/Verfasser | Kommentar zum Bügerlichen Gesetzbuch, 11. Aufl., München 2004 sowie 10 Aufl., München 2003 |
| Jordan, Michael Harald | Die Abwicklung des Kraftfahrzeug-Totalschadens, VersR 78, 688, 691 |
| Jung, Eckart | Die zivilrechtliche Haftung des Kfz-Sachverständigen für sein Gutachten, DAR 84, 45 |
| Kääb, Ottheinz | Wer trägt das Restwertrisiko, NZV 93, 465 |
| Kaiser, Gisbert | Bürgerliches Recht, 9. Aufl., Heidelberg 1984 |
| Kempgens, Klaus | Ruhe an der Restwert-Front, NZV 92, 307 ff. |

| | |
|---|---|
| Kilian, Mathias | Praxis der Schuldrechtsreform; 2. Aufl., 2003 |
| Kilger, Hartmut | Freie Rechtsberatung in Verkehrssachen? Schlussvortrag des 43. Verkehrsgerichtstages 2005 in zfs 2005, 216 ff. |
| Kirchhoff, Guido | Der Verkehrsunfall im Zivilprozess – Die Sachschadenspositionen, MDR 99, 273 ff. |
| Klein, Günter R. | 130%-Rechtsprechung im Gesamtüberblick, SP 03, 133 |
| Kohl, Heribert/ Platzer, P. Hans-Wolfgang | Arbeitsbeziehungen in Mittelosteuropa, 2. Aufl., Baden-Baden 2004 |
| Köhler, Helmut | Abstrakte oder konkrete Schadensberechnung des Geldersatzes nach § 249 Satz 2 BGB, Festschrift für Larenz, 83, 249 |
| Krieger, Reinhard | Haftungsrecht des Straßenverkehrs, 3. Aufl., 1997 |
| ders. | Der Streit um den Schaden, NZV 94, 11 |
| Krumbholz, Helmut | Rechtsfragen zum manipulierten Unfall, DAR 04,67 |
| Küppersbusch, Gerhard | Inhalt und Grenzen der Schadensminderungspflicht – Probleme in der Regulierungspraxis - VGT 94,163 ff. |
| Lange, Hermann / Schiemann, Gottfried | Handbuch des Schuldrechts, Schadensersatz, 3. Aufl., Tübingen 2003 |
| Larenz, Karl | Schuldrecht Allgemeiner Teil, 14. Aufl., München 1987 |
| Lemcke, Hermann | Abrechnung des Fahrzeugschadens nach § 249 Abs. 2 BGB n.F., r+s 02, 265 |
| ders. | Anmerkung zu BGH, r+s 05, 41 f.; r+s 05, 43 f.; r+s 05, 45 ff. |
| ders. | Anmerkungen zu LG Saarbrücken, r+s 97, 332 |
| Luckey, Jan | Fiktive Schadensabrechnung bei wirtschaftlichem Totalschaden, VersR 04, 1525 ff. |
| Lütkers/Meier/Wagner/ Emmerich | Straßenverkehr-Kommentar 2. Aufl., 140. Ergänzungslieferung, Stand Oktober 2004 |
| Macke, Peter | Aktuelle Tendenzen bei der Regulierung von Unfallschäden, DAR 00, 506 ff. |

| | |
|---|---|
| Marcelli, Walter | Ruhe an der Restwertfront, NZV 92, 432 |
| Medicus, Dieter | Die teure Autoreparatur – BGH, NJW 1972, 1800, JuS 73, 211 ff. |
| Mühlhausen, Peter/ Prell, Gerhart | Verwendung digitalisierter Fotos in technischen Gutachten, NJW 02, 99 ff. |
| Münchener Kommentar/ fasser | Bürgerliches Gesetzbuch, Schuldrecht Allgemeiner Ver- Teil, 4. Aufl., München 2003 |
| ders. | Bürgerliches Gesetzbuch, Schuldrecht Besonderer Teil, 4. Aufl., München 2005 |
| ders. | Kommentar zur ZPO, Aktualisierung zur ZPO-Reform, 2. Aufl. München 2002 |
| Nickel, Karin | Der Restwertregress, zfs 98, 409 |
| Otting, Joachim | Unfallschadenbeseitigung mit gebrauchten Ersatzteilen: Zeitwertgerechte Reparatur, Jahrbuch VerkR 99, 182 ff. |
| Palandt/Verfasser | Bürgerliches Gesetzbuch, Kommentar, 64. Aufl., München 2005 |
| Pamer/Jochen | Die zeitwertgerechte Instandsetzung, DAR 00, 150 |
| Prölls/Martin/Verfasser | Versicherungsvertragsgesetz, 27. Aufl., München 2004 |
| Reinking, Kurt | Kfz-Reparaturen mit Gebrauchtteilen, DAR 99, 56 |
| Reinking, Kurt / Eggert, Christoph | Der Autokauf, Rechtsfragen beim Kauf neuer und gebrauchter Kraftfahrzeuge sowie beim Leasing, 9. Aufl., Neuwied/München 05 |
| ders. | 130 % Reparaturkosten auf Leasingfahrzeuge, DAR 97, 425 ff. |
| ders. | Kfz-Reparatur mit Gebrauchtteilen, DAR 99, 56 ff. |
| RGRK/Bearbeiter | Das Bürgerliche Gesetzbuch, mit besonderer Berücksichtigung der Rechtsprechung des Reichsgerichtes und des Bundesgerichtshofes, hrsg. v. Mitgliedern des BGH |
| | Bd. II, 1. Teil: §§ 241 – 413, 12. Aufl., Berlin 1976 |
| | Bd. II, 4. Teil: §§ 631 – 811, 12. Aufl., Berlin 1978 |

Riedmeyer, Oskar — Umsatzsteuerersatz beim wirtschaftlichen Totalschaden, DAR 03, 159

ders. — Restwertrichtlinie des BVSK in Widerspruch zur BGH-Rechtsprechung?, DAR 02, 43

Rischar, Hans — Zwei unterschiedliche Restwerte für ein und dasselbe Fahrzeug, VersR 99, 686 ff.

Rode, Christian — Restwertfragen im Lichte der neuen Restwertbörsen, DAR 98, 52

Röttgering, Derk — 130 % auch bei Selbstreparatur und nicht nachgewiesenem erhöhten Kostenaufwand?, zfs 95, 441

Ross, Carl Christian — Rechtliche Probleme bei Kfz-Sachverständigengut- achten, NZV 01, 321

Scheiber — Verkehrsunfall und Fahrzeugtechnik 04, 95 ff.

Schiemann, Gottfried — Die Grenzen des § 249 Satz 2 BGB, DAR 02, 309

Schiemann, Gottfried/ Haug, Richard — Die aktuelle Rechtsprechung des BGH zur Begrenzung von fiktiven Schadensposten in VersR 06, 160 ff.

Schmidt, Friedrich — Wirtschaftlicher Totalschaden: § 249 BGB oder § 251 BGB?, SP 03, 308 f.

Schneider — ADAC-Motorwelt 11/97, 95

Schulze, Rainer — Bürgerliches Gesetzbuch Handkommentar, 2. Aufl., Baden-Baden 2002

Soergel/Verfasser — Bürgerliches Gesetzbuch, Kommentar, Band 2, Schuldrecht I; 12. Aufl., Stuttgart, Berlin, Köln 1990

Speer, Detlev — Der Restwert – Thema des Arbeitskreises IV des 40. Deutschen Verkehrsgerichtstages 2002, VersR 02, 17 ff.

Spindler, Gerald — Das Gesetz zum elektronischen Geschäftsverkehr – Verantwortlichkeit der Dienstanbieter und Herkunftlandsprinzip, NJW 02, 921

Splitter, Bernd Christian/ Kuhn, Paul — Schadensverteilung bei Verkehrsunfällen, 5. Aufl., 2005

Staudinger / Bearbeiter — Kommentar zum Bürgerlichen Gesetzbuch, Buch 2, Schadensersatzrecht, §§ 249-254, Neubearbeitung der 13. Bearbeitung Berlin 2005

| | |
|---|---|
| Staudinger | Gesetz zur Regelung des Rechts der Allgemeinen Geschäftsbedingungen, 13. Aufl., Berlin 1998 |
| ders. | Kommentar zum Bürgerlichen Gesetzbuch, Buch 2, §§ 631-651, 12. Aufl., Berlin Nachbearbeitung 2003 |
| ders. | Kommentar zum Bürgerlichen Gesetzbuch, Buch 2, §§ 255-304, 12. Aufl., Berlin, Nachbearbeitung 2004 |
| Steffen, Erich | Die Haftung des Kfz-Sachverständigen für sein Bewertungsgutachten unter besonderer Berücksichtigung der Ermittlung des Restwertes, DAR 97, 297 |
| ders. | Zur Restwertproblematik bei Kfz-Haftpflichtschäden; zfs 02, 161 |
| ders. | Der normative Unfallschaden, NJW 95, 2057 |
| ders. | Die Rechtsprechung des Bundesgerichtshofs zur fiktiven Berechnung des Fahrzeugschadens, Homburger Tage 91, 7 ff. |
| Stiefel/Hofmann | Kraftfahrtversicherung, AKB-Kommentar, 17. Aufl., München 2000 |
| Thomas, Heinz / Putzo, Hans | Zivilprozessordnung, 27. Aufl. 2005, Beck-München |
| Trost, Markus | Probleme bei der Bestimmung des Restwertes eines Unfallfahrzeuges, VersR 02, 795 |
| Ulrich, Jürgen | Neues zum Restwert: Die Zeiten ändern sich, SP 02, 273 ff. |
| van Bühren/Verfasser | Anwaltshandbuch Verkehrsrecht, Köln 2003 |
| ders. | Unfallregulierung, 4. Aufl., Bonn 2005 |
| von Gerlach, Jürgen | Die Rechtsprechung des BGH zum Haftpflichtrecht, DAR 00, 241 ff. |
| Wagner, Gerhard | Das zweite Schadensrechtsänderungsgesetz, NJW 02, 2049 |
| Walter, Karl | Die zeitwertgerechte Kfz-Reparatur mit geprüften Gebrauchtteilen, NZV 99, 19 ff. |
| Walzer, Elisabeth | Anm. zu Urteil LG München II v. 25.01.05, 2 S 5663/04, DAR 05, 288 |

| | |
|---|---|
| Weber, Dipl.Ing., Michael | Die Aufklärung des Kfz-Versicherungsbetruges 1. Aufl., Münster 1995 |
| ders. | Die Aufklärung des Kfz.-Versicherungsbetruges, Ing. Schimmelpfennig und Becke, FHB München 95 |
| Weber, Reinhold | Dispositionsfreiheit des Geschädigten und fiktive Reparaturkosten, VersR 90, 934, |
| Weigel, Florian | Anm. zu BGH, DAR 00, 159 ff., DAR 00, 161 |
| Wellner, Wolfgang | Neues im Schadensrecht seit dem 01.08.02, Homburger Tage 03, 27 ff., Bonn 2004 |
| Wenker, Rainer | Zur fiktiven Abrechnung des Fahrzeuges, VersR 05, 915f |
| Wenning, Ulrich | Unfallersatztarif – Ein Ausweg aus dem Dilemma über den Nutzungsausfall, NZV 05, 169 ff. |
| Witte, Gerhard | Chancen für Autofahrer und Versicherer in der Krise, Verwendung von Identteilen bei der Unfallreparatur, SP 03, 95 ff |
| ders. | Neue Aspekte der Restwertermittlung als Voraussetzung für eine zeitwert gerechte Reparatur, SP 97, 26 ff. |
| Wortmann, Fried-rich-Wilhelm | Die Schadensregulierung bei Verkehrsunfällen - insbesondere die Sachverständigenkosten, VersR 98, 1204 f. |
| ders. | Ersatz der Ersatzpreisaufschläge auch bei Schadensberechnung auf Gutachterbasis, zfs 99, 365 ff. |
| Wussow/Verfasser | Unfallhaftpflichtrecht, 15. Aufl., Köln, Berlin, Bonn, München 2002 |
| Zemlin, Rüdiger | Abzug von Mehrwertsteuer bei Abrechnung auf Totalschadenbasis, NJW 03, 1225 |
| Zöller, Verfasser | Kommentar zur Zivilprozessordnung, 25. Aufl., Köln 2005 |

Kolibri 360 GmbH
Ferdinand-Jühlke-Straße 7
99095 Erfurt, Deutschland
produktsicherheit@kolibri360.de

Druck:
CPI Druckdienstleistungen GmbH
im Auftrag der
Kolibri 360 GmbH
Ferdinand-Jühlke-Str. 7
99095 Erfurt